KB266463

글로벌 성공을 꿈꾸는 브랜드와 마케터를 위한

ONE & ONLY

틱톡 플레이북

캡스톤벤처스 지음

박영사

시작하기에 앞서

왜 지금 이 시점에, 꼭 이 책을 쓸 수밖에 없었는가?

이커머스(전자상거래)와 관련된 환경, 기술 등은 20년 이상 계속해서 고도화되어 왔다. 특히 코로나 팬데믹으로 인해 수많은 인구가 사실상 반강제적으로 이커머스로 대폭 유입되었다. 온라인 구매의 편의성을 경험한 소비자들은 익숙하게 이를 이용하였고, 이커머스는 점차 일상 속에 자연스럽게 자리 잡게 되었다.

여기에 전 세계적으로 스마트폰 보급률이 높아지고 온라인 결제와 관련된 각종 핀테크(Fintech)가 발달함에 따라, 애플페이와 같은 간편 결제, 그리고 BNPL(Buy Now Pay Later)과 같은 후불제 서비스가 상용화되었다. 온라인 구매가 어려웠던 사람들도 과거에 비해 쉽고 간편하게 온라인상에서 결제하고 구매할 수 있게 된 시대다. 이렇듯 이커머스를 활용하는 인구는 더 늘어나고 있으며, 앞으로도 계속해서 확장될 전망이다.

이러한 흐름 속에서 글로벌 진출을 꿈꾸는 국내 기업과 브랜드, 특히 B2C(Business to Customer) 혹은 D2C(Direct to Customer) 비즈니스 모델을 활용함에 있어서 어떤 방식으로든 이커머스의 활용은 사실상 필수가 되었다. 이커머스가 오랜 시간에 걸쳐 진화하면서, 전 세계적으로 온라인을 통해 제품이나 서비스를 구매하고 이용하는 소비자들의 구매 여정은 상당 부분 고착화되어 왔다. 그런데 이처럼 오랜 기간 정착되어 온 익숙함을 깨뜨린 것이 바로 틱톡이다.

글로벌 이커머스 업계에 10년 이상 몸담아 온 필자진의 입장에서는 어느 순간 혜성처럼 등장한 틱톡 서비스가 수십 년간 고착화된 이커머스의 구매패턴에 엄청난 변화를 일으켰던 충격을 아직도 잊을 수가 없다. 다만 이 변화는 아쉽게도 틱톡의 정책상 국내에서 활동하는 기업, 브랜드, 실무자, 학생 등의 입장에서는 '그런 일이 있었나' 싶을 정도로 인지하기조차 어렵고, 체감 역시 거의 불가능한 상황이다.

사람들은 더 이상 제품을 '찾지' 않는다. 이제는 콘텐츠 속에서 '발견'한다.

필자진은 몇 년 전부터 특히 미국에서 틱톡이 변화시킨 소비자들의 구매 여정을 감지하고, 틱톡 에이전시로서 글로벌 진출을 희망하는 브랜드들의 정착과 지속가능한 성장을 돕고 있다. 미국 진출을 희망하여 찾아온 국내 기업의 실무진과 임원진들을 만나다 보니 현 상황에 큰 문제가 있음을 알게 되었다. 국내 온라인상에 틱톡(TikTok)과 관련된 수많은 오류와 잘못된 정보가 진짜 정보와 구분하기 어려울 만큼 혼탁하게 섞여 있어, 기업과 브랜드가 글로벌 시장에서 틱톡을 활용하기 위해 필요한 정보를 획득하는 것 자체가 어려운 상황이라는 것이다.

이에 우리 필자진은 글로벌 비즈니스의 성공에 있어 틱톡을 활용하고자 하는 이 시대의 요구에 부응하고자 한다. 특히 신뢰도 높은 정보를 전달해야 한다고 생각하기 때문에 지금도, 앞으로도 국내에 단 하나뿐일 『ONE & ONLY 틱톡 플레이북』을 출간하게 되었다.

2025년 10월 현재, 한국에는 틱톡 코리아가 존재하기 때문에 직접 틱톡 서비스를 소개하거나 운영 노하우를 알려주는 등 다양한 세미나와 세션이 활발하게 진행되고 있다. 그럼에도 불구하고, 국내에서 유통되고 있는 대부분의 관련 정보는 기업 혹은 개인이 틱톡을 실제로 활용하거나 도입하기에는 여러모로 부족한 것이 사실이다. 상황이 이러하다 보니 몇몇 기업 혹은 에이전시, 나아가 일부 개인들이 주관적이며 부분적인 틱톡 정보를 온라인에 게시하거나 출처가 불분명한 주장, 혹은 신뢰하기 어렵고 알 수 없는 정보들이 무분별하게 산재되어 있는 형국이다. 심지어 Chat GPT와 같은 최근의 여러 가지 AI도구를 활용한 검색에서도 올바른 틱톡 활용을 위해 필요한 정보를 구하기 어려운 것은 매한가지이다.

즉, 현재 틱톡의 경우 서비스 도입, 운영 실무와 관련하여 정보의 불균형이 존재하는 상황이다. 따라서 제대로 된 정보를 확보하고 있는 이해관계자들은 이를 레버리지하여 틱톡 활용을 위해서는 그들에게 큰 비용을 지급하게끔 수익화를 하는 등 그들만의 요새를 만들어두었다. 오죽하면 국내에서 미국에 틱톡 콘텐츠를 송출할 수 있는 휴대폰 하나를 만들어주면서 몇백만 원씩 청구하겠는가?(참고로, 국내에서 틱톡앱에 콘텐츠를 올린다고 해서, 미국에 노출되기란 거의 불가능하다. VPN을 사용해도 마찬가지이다. 그 이유에 대해서는 뒤에 자세히 서술하겠다.)

이러한 작태를 보다 못한 필자진은 지난 몇 년간 틱톡 서비스, 즉 틱톡 모바일앱(TikTok Mobile Application, 이하 틱톡앱), 틱톡샵(TikTok Shop, 이하 틱톡샵), 그리고 틱톡광고(TikTok Ads, 이하 틱톡광고)를 다양한 카테고리에서 직·간접적으로 운영 및 활용해 오며 쌓아 온 핵심 노하우를 이 책을 통해 공개하고자 한다. 이를 통해 틱톡을 활용하고자 하는 많은 국내 기업 및 실무자, 그리고 개인에게 올바른 정보를 바탕으로 글로벌 진출의 발판을 마련해 주고자 한다.

ONE & ONLY 글로벌 이커머스 컨설팅 No.1 전문기업 '캡스톤벤처스'를 운영 중인 필자진은 이커머스 플랫폼 운영, 자사몰 운영, 마케팅 운영, B2B 지원 등 다양한 글로벌 이커머스 관련 전문성을 보유하고 있다. 특히 이커머스 플랫폼 부문만 봐도 2010년부터 미국, 유럽 및 일본을 중심으로 한 아마존(Amazon, 이하 아마존)과 미국 이베이(Ebay, 이하 이베이)를 직접 운영하거나 컨설팅 및 운영 대행을 시작으로 하여, 동남아의 라자다(Lazada, 이하 라자다), 쇼피(Shopee, 이하 쇼피), 일본의 큐텐(Qoo10, 이하 큐텐), 라쿠텐(Rakuten, 이하 라쿠텐), 중국의 알리바바, 타오바오, 콰이쇼우, 샤오홍슈, 그리고 무엇보다 일찍 시작한 미국과 동남아의 틱톡샵 등 현재까지 세계 여러 지역의 글로벌 이커머스 플랫폼들을 사실상 전부 운영해 보며 장기간 경험과 노하우를 축적해 왔다.

이번 『틱톡 플레이북』에는 글로벌 성공을 꿈꾸는 브랜드 및 마케터, 개인 크리에이터를 위한 미국 시장에서의 틱톡앱, 틱톡샵, 그리고 틱톡 광고 운영 노하우를 담았다. 물론 어떤 이들은 우리가 이 책에 담은 정보들이 세상에 공개되는 것을 원치 않을 수도 있고, 또 어떤 이들은 이 정보들을 본인들의 이익을 위해서 활용할 수도 있다. 하지만 대학교에서 선발된 학부생들으로 대상으로 하는 산업통상부 주관의 지역특화 청년 무역전문가 양성사업(Glocal Trade Expert Incubating Program, 이하 GTEP)을 6년 전부터 현재까지 전담하며 수출 전문 인력 양성에 매진하고 있는 필자진은 틱톡에 대한 올바른 정보를 더 많은 사람들에게 공유하는 것이 거시적인 관점에서 봤을 때 향후 한국 기업들의 글로벌화와 수출 촉진에 도움을 줄 수 있고, 나아가서 무역 흑자를 늘려가는 데에 조금이나마 기여할 수 있을 것이라고 믿어 의심치 않는다.

이 책을 읽는 여러분에게는 틱톡을 활용하여 이루고자 하는 바가 있을 것이다. 그 목표를 달성하는 데에 우리의 경험과 노하우가 도움이 되기를 바란다.

팀 캡스톤벤처스

목차

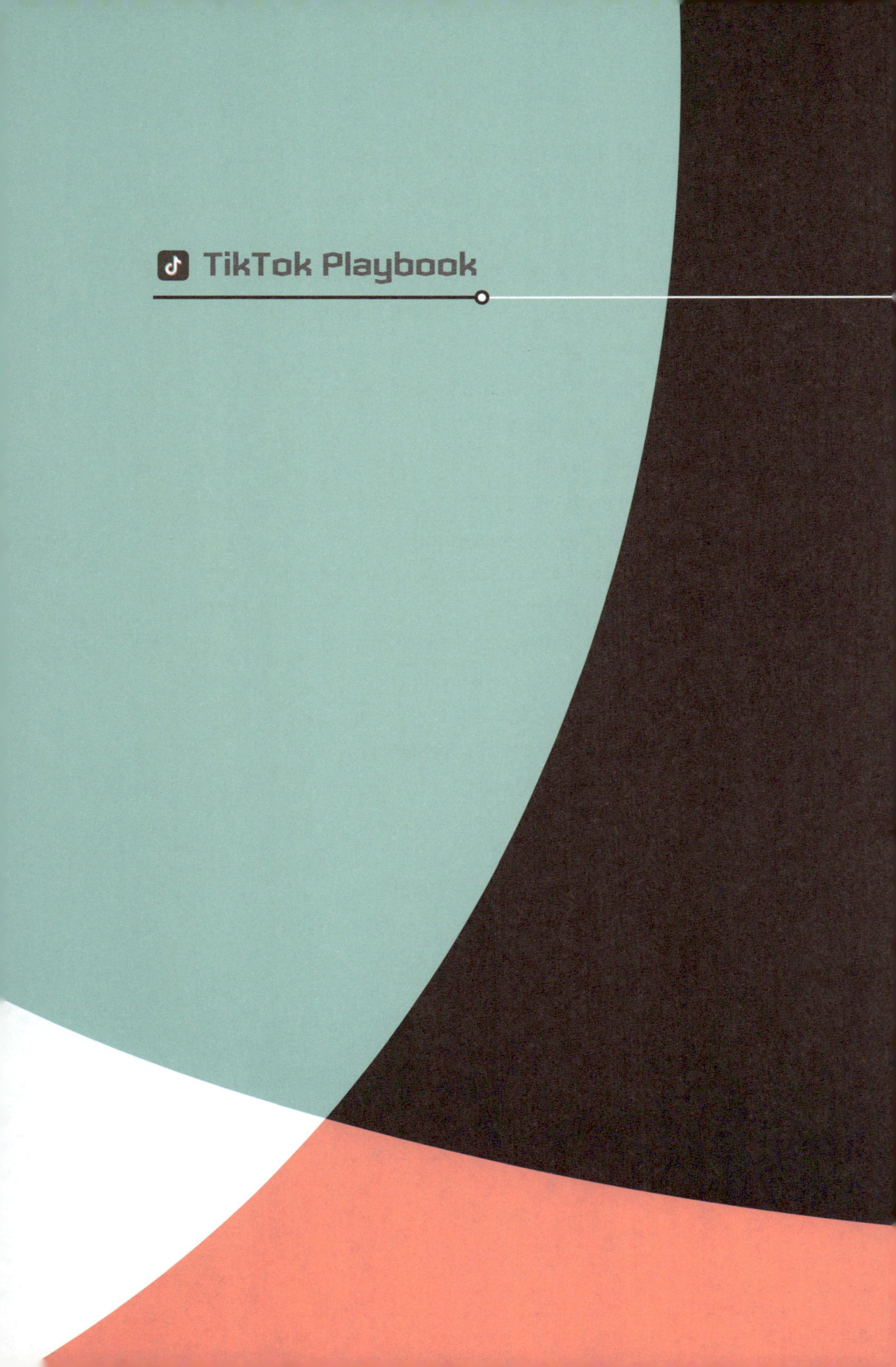
TikTok Playbook
TikTok Playbook

1부

세상은 지금 '틱톡화'되고 있다

1장

대체 틱톡이
뭐길래?

현재 유튜브의 쇼츠, 인스타그램의 릴스 등 대부분의 콘텐츠 플랫폼에 적용되어 있는 숏폼 콘텐츠 서비스의 전 세계적인 대유행을 불러일으킨 장본인이 바로 중국의 바이트댄스사가 서비스하는 글로벌 콘텐츠 플랫폼인 '틱톡'이다. 2025년 4분기인 현재에도 전 세계에서 가장 빠르게 성장하는 콘텐츠 플랫폼을 꼽는다면, 단연 틱톡이다. 2022년부터는 이커머스 플랫폼 역할을 하는 틱톡샵 서비스를 런칭하면서, 기존에 틱톡에서 제공하던 개인 간의 콘텐츠를 공유하며 소셜링이 가능한 SNS 및 콘텐츠 플랫폼으로써의 기본적인 기능뿐만 아니라 새로운 형태의 이커머스 플랫폼으로 진화해 나가며 그 영향력이 더욱 막강해지고 있다고 할 수 있다.

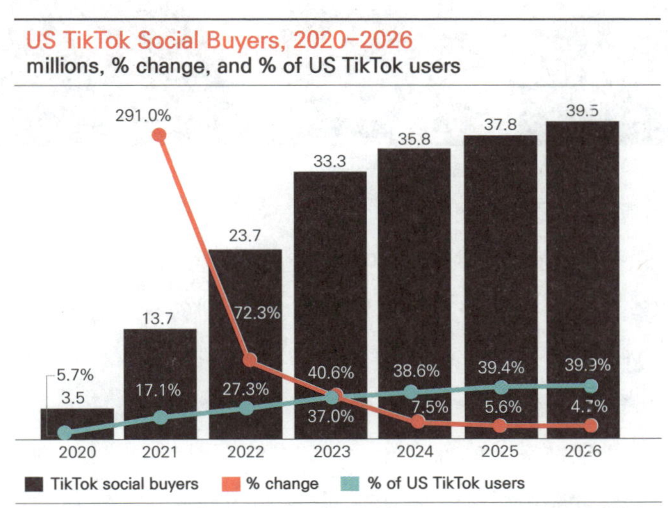

출처: eMarketer

그 영향력을 단적으로 보여주는 사례가 바로 2025년 9월, 미국 트럼프 대통령과 중국 시진핑 주석이 틱톡 관련 논의를 했다는 사실이다. 전 세계의 두 경제 강국의 수장들이 틱톡 미국 서비스의 거취와 행방에 대해서 협상을 거쳤다. 그만큼 틱톡은 이제 단순한 서비스를 넘어 국가의 경제에 큰 영향력을 줄 수 있는, 그 자체로 하나의 경제수단이라는 것이 증명된 것이라고 볼 수 있다.

틱톡은 사람들이 콘텐츠를 소비하는 방식은 물론, 심지어 제품이나 서비스를 구매하는 방식에까지 혁신적인 변화를 가져왔다. 그 결과 개인과 기업, 나아가서 국가의 경제활동에 이르기까지 중요한 영향력을 행사하는, 매우 독특하고 혁신적인 서비스가 되었다.

그러면 틱톡은 대체 어떻게 세상을 '틱톡화'하게 되었을까? 이를 알기 위해서는 먼저 틱톡의 개발 및 서비스사인 바이트댄스의 콘텐츠 배포 알고리즘에 대해서 이해할 필요가 있다. 바이트댄스는 2012년 중국에 설립되었으며, 뉴스·정보 앱인 토타우(Jinri Toutiao)를 첫 주요 제품으로 출시하면서 '추천 알고리즘 기반 콘텐츠 배포' 알고리즘을 도입했다.

출처: 위키피디아

TIP

여기서 잠깐! 국내에서 많은 사람들이 흔히 사용하는 각종 모바일앱(카카오톡, 인스타그램 등)을 서비스하는 기업들의 가장 중요한 목표는 '사용자가 자신들의 서비스에 최대한 오래 머무르게 하는 것'이다. 그 이유는 사용자가 해당 서비스에 오래 머무를수록 재방문 가능성과 충성도가 올라갈 수 있으며, 이로 인해 광고 노출, 인앱구매, 추천 콘텐츠 소비 등이 증가하여 서비스사의 수익이 커질 가능성이 높아지기 때문이다. 따라서 유튜브, 페이스북, 인스타그램, 틱톡과 같이 추천 알고리즘이나 콘텐츠 배포 전략을 가진 서비스에서는 사용자의 체류시간이 짧으면 '바이럴' 혹은 '공유'로 이어지기 어려운 구조가 되므로 이용자들이 계속해서 체류하며 콘텐츠를 소비할 수 있도록 하기 위한 알고리즘의 개발과 도입이 매우 중요할 수밖에 없다.

여타 알고리즘과 마찬가지로, 바이트댄스의 알고리즘은 인간의 개입 없이 인공지능과 딥러닝 방식을 통해 서비스의 사용자에게 개인화된 맞춤형 콘텐츠를 선택하여 제공하는 것이 핵심이다. 하지만 이는 구글, 유튜브의 모기업인 알파벳이 개발하여 채택한 콘텐츠 배포 알고리즘과 페이스북, 인스타그램의 모기업인 메타가 개발하여 채택한 콘텐츠 배포 알고리즘과는 차이가 있다.

바이트댄스가 공개한 콘텐츠 배포 프레임워크인 '모놀리스(Monolith)'에 대하여 연구한 각종 연구 및 논문들을 바탕으로 요약하면, 틱톡의 배포 알고리즘은 콘텐츠 프로파일(content profile), 사용자 프로파일(user profile), 환경 프로파일(environment profile) 데이터를 바탕으로 사용자에게 적합한 콘텐츠를 제공하는 방식이다. 조금 더 구체적으로 예를 들자면 사용자의 과거 행동 기록, 콘텐츠의 특징, 환경 변수를 분석해 '맞춤형 피드(틱톡에서는 For You 서비스)'를 제공하는 형태인 것이다.

기존의 많은 전통 미디어/플랫폼은 사용자가 콘텐츠를 '찾아서 소비하는 방식(pull 방식)'이었다면, 바이트댄스는 사용자에게 콘텐츠를 '밀어주는 방식(push 방식)'을 사용한다. 사용자-콘텐츠 간 상호작용 데이터를 실시간으로 수집하고 즉각 반영함으로써, 콘텐츠가 어떤 유저에게 반응하는지 빠르게 학습하고 적응하는 구조가 만들어지는 실시간 트레이닝이 핵심이다.

이 실시간 데이터를 활용해 추천 알고리즘 기반으로 콘텐츠 소비가 되도록 설계하여 빠른 확산(viral) 구조를 가능하게 한 것이 바이트댄스의 알고리즘이라 할 수 있다. 바이트댄스는 이 콘텐츠 배포 방식이 이용자들의 만족도가 높다고 판단하여 해당 추천 엔진을 바탕으로 숏폼 동영상 플랫폼인 도우인(중국 버전) 서비스를 2016년에 런칭했다. 이어 2017년에 틱톡(글로벌 버전) 서비스를 런칭하며 해당 알고리즘을 도입함으로써 '바이럴 및 추천' 콘텐츠 기반으로 급성장하게 되었다.

▲ 중국 내수용 서비스 '도우인'

▲ 글로벌 서비스 '틱톡'

이러한 알고리즘을 탑재하여 2017년, 글로벌 사용자들을 위한 서비스인 틱톡을 런칭하였지만 사실 초기부터 숏폼 콘텐츠 플랫폼으로서 각광을 받았던 것은 아니다. 틱톡이 글로벌 시장에서, 특히 미국에서 급격하게 확장하게 된 중요한 전환점은 당시 미국에서 크게 인기를 누리고 있던 뮤지컬리(Musical.ly, 이하 뮤지컬리)를 2018년에 인수하면서부터라고 볼 수 있다.

출처: 위키피디아

 뮤지컬리는 주로 15초에서 1분 길이의 립싱크(lip-sync) 동영상을 제작·공유·감상할 수 있는 영상 공유 앱 서비스로, 전 세계적으로 2억 명이 넘는 사용자들을 보유하고 있었다. 워너뮤직과 메이저 레이블 라이센싱 계약을 맺고 애플뮤직과 스트리밍 계약을 맺는 등의 제휴를 통해 사용자들이 양쪽 플랫폼에서 음악 전곡을 스트리밍할 수 있도록 했다.

 때문에 사용자가 다양한 음악 트랙을 저작권 문제없이도 배경음악으로 설정하여 동영상을 찍고 속도 조절, 필터, 효과 등을 적용할 수 있었고, 주로 10대 청소년층 사이에서 빠르게 인기를 끌게 되었다. 뮤지컬리에서는 지금 틱톡에서도 볼 수 있는 영상 편집 기능(속도 조절 등), 필터, 특수효과 등이 제공되었으며 뮤져스(musers)로 불리는 인기 사용자를 팔로우하고, '좋아요'하거나 댓글을 달고 공유할 수 있었다. 해시태그를 이용하거나 챌린지를 통해 사용자를 참여시키는 인기 챌린지, 공동 제작(듀엣) 기능 또한 뮤지컬리에서 활용하던 기능이었다.

 바이트댄스는 틱톡과 뮤지컬리, 2개의 앱을 통합하면서 앞서 설명한 뮤지컬리의 순기능을 흡수하고 자신들의 알고리즘을 접목하여 숏폼 전성시대를 열게 됨과 동시에 급격한 속도로 글로벌 유저를 확장했다. 무엇보다 인수 당시 뮤지컬리가 이미 미국 등에서 청소년층 중심으로 강한 인지도를 갖고 있었기 때문에, 틱톡은 이 기반을 활용해 초기 진입 비용을 크게 줄일 수 있었고 초기부터 폭발적으로 사용자를 확보하며 성장

동력을 얻을 수 있었다.

이에 더하여, 2018년 당시 가장 대중적인 영상 플랫폼은 유튜브였는데, 대부분 10분 내외의 미드폼 영상, 라디오와 유사한 방식의 팟캐스트, 또는 다소 재생 시간이 긴 형태의 롱폼 영상을 기반으로 콘텐츠가 소비되고 있었다. 반면 틱톡의 영상 콘텐츠들은 주로 15~120초 내외의 짧은 형식의 영상, 즉 숏폼을 중심으로 설계되었다. 전 세계적으로 스마트폰의 보급율이 높아지고 모바일 환경이 대중적으로 자리 잡아 가는 시기와 맞물리면서 이러한 포맷이 모바일에 적합한 '짧고 강렬한 콘텐츠 소비' 패턴에 부합하게 된 것이다. 따라서 이 신선한 숏폼 포맷은 빠르게 주류가 될 수 있었고, 나아가 현재와 같은 하나의 문화 현상(챌린지, 밈, 춤 영상 등)으로까지 자리 잡게 된 것이다.

무엇보다 중요한 것은 틱톡이 가져온 패러다임의 전환이었다. 틱톡은 기존의 영상 플랫폼들 간의 경쟁에서 익숙하게 받아들여진 방식인 '계정의 팔로워 기반'으로 콘텐츠를 노출시키는 방식보다는, 팔로워 기반이 약하더라도 '알고리즘에 의해' 콘텐츠가 다수의 사용자에게 노출되는 새로운 방식을 경험하게 해주었다. 이는 신규 계정 가입자나 10대~20대 사용자 층에게 특히 기회를 줌과 동시에 매력적으로 다가오는 구조였다. 즉 유튜브나 인스타그램 등에서 팔로워 수를 점진적으로 늘려가면서 계정 자체를 성장시키고, 지속적으로 운영과 유지를 해야 하는 어려움과 부담이 있었던 구조에서 계정의 영향력과 큰 상관 없이 콘텐츠 자체가 알고리즘에 의해 폭발적으로 확산될 수 있는 구조로 바뀌면서 누구든 틱톡에서는 콘텐츠로 영향력을 가질 수 있게 된 것이다.

단적인 예로, 2023년 무중력 댄스(일명 공중부양춤)를 추는 영상을 틱톡에 올렸던 한국 중학생의 일화가 있다. 틱톡 알고리즘의 영향으로 단기간 동안 누적 조회수 2억 뷰를 돌파하는 반짝인기를 누리며 공중파 예능 프로그램에 나오고, 특정 브랜드로부터 협찬을 받았다. 현재에도 그

중학생이 여전히 많은 사람들에게 관심의 대상이자 영향력을 행사하는 인플루언서일까를 생각해 본다면 "어? 그 학생 지금 뭐하고 있지?"라는 대답이 나올 것이다. 이것이 바로 틱톡을 가장 잘 설명해 주는 예시라고 할 수 있겠다.

정리하자면, 어떤 사람이든 틱톡에 올리는 콘텐츠를 통해서 다른 콘텐츠 플랫폼에서의 성장 속도보다 압도적으로 빠르게 성장할 수 있다. 반면에 해당 콘텐츠의 수명이 다하면 그 성장세 역시 물거품처럼 빠르게 사라질 수 있다는 것이다. 이 현상을 두고 필자진은 틱톡 콘텐츠 특유의 '휘발성'이라고 표현하는데, 말 그대로 순식간에 타서 사라지는 특성을 의미하는 것이다.

이러한 틱톡의 특성을 올바르게 이해하지 못하고 국내에서 인스타그램이나 유튜브를 운영하는 것처럼 틱톡을 대한다면 이해할 수 없는 지표와 성과로 인해 혼동을 겪거나 낭패를 볼 수 있다. 그렇기에 올바른 이해를 바탕으로 알맞게 활용하여야 틱톡화되고 있는 현재의 글로벌 시장에서 생존하고 성장할 수 있을 것이다.

2장

지역별로 다른 틱톡?

　앞서 틱톡 서비스의 태동과 진화에 대해서 개략적인 설명을 하였으니, 이제 본격적으로 틱톡 서비스의 세부적인 특징들을 살펴보자. 이미 글로벌에서 틱톡을 활용하고 있다면 알고 있겠지만, 틱톡을 전혀 사용해 보지 않았거나 국내에 거주하며 틱톡을 사용해 왔다면 틱톡 서비스가 지역별로 다르다는 것을 모르고 있을 확률이 높다.

　틱톡은 특정 지역별로 제공되는 서비스에 차이가 있다. 서비스의 접근이나 기능이 특정 지역에 한정되거나 다른 지역에서는 제한되는 메커니즘, 일종의 'Zoning' 개념에 있다. 이는 사용자의 위치 정보(국가/지역)를 비롯해 IP 주소, SIM 카드 정보, 기기의 언어 설정, GPS 정보 등을 기반으로 해당 지역에 맞는 콘텐츠를 추천하는 틱톡의 알고리즘 구조로 인한 불가피한 선택으로 보인다.

　틱톡의 공식 지원 문서에 따르면, 이러한 위치 정보는 '귀하가 위치한 지역에서 인기 있는 콘텐츠'를 보여주거나 해당 광고 또는 콘텐츠를 더 관련성 있게 제공하기 위한 목적이라고 명시되어 있다. 즉, 사용자의 위치가 콘텐츠 추천·노출에 직접적인 영향을 미치는 중요한 변수라는 것이다. 이러한 내용으로 짐작해 보면, 무작정 지역 제한을 걸어둔 것이 아니라 글로벌 전체에 콘텐츠를 단순히 무작위로 노출시키는 것 대신에, 지역·언어·문화 적합성 및 사용자 위치 정보를 바탕으로 먼저 해당 지역 사용자에게 노출하고 그 이후 필요에 따라 더 넓은 지역으로 퍼질 수 있도록 설계한 것으로 이해할 수 있다. 또한 틱톡샵을 도입하면서 특정 국가 내 마켓(광고, 쇼핑 등)을 지역화하기 위해 지역별 기능을 달리 제공하는 것도 같은 맥락이다.

　콘텐츠는 업로드된 국가의 사용자에게 우선적으로 노출되며, 그 외

국가의 사용자에게는 노출될 가능성이 상대적으로 낮다. 해외에 있는 사용자가 해당 계정을 직접 검색해 콘텐츠를 시청하는 것은 가능하지만, 오가닉 노출도는 현저히 낮기 때문에 국가별 노출 특성을 고려한 운영이 필요하다. 다만 틱톡샵 옐로우 카트가 연결된 영상의 경우, 타 국가에서는 재생이 제한된다.

한국에서 콘텐츠를 올릴 경우 기본적으로 한국 사용자 혹은 한국어 사용자 기반으로 노출이 많이 되고, 미국 사용자(영어권·미국 문화권)에게 상시 노출되는 것은 구조적으로 쉽지 않을 수 있다. 혹자는 "틱톡앱이 설치된 휴대폰에서 VPN을 통해 지역을 미국으로 설정한 후에 콘텐츠를 영어 기반으로 제작하고, 업로드 시 영문 해시태그, 키워드 등을 사용하여 업로드하면 미국 사용자들에게 노출될 수 있다"고 주장한다. 하지만 그것 또한 100% 노출될 수 있는 방식은 아니라고 할 수 있다. 콘텐츠가 미국 틱톡 사용자들에게 노출되기 위해서는 초기 노출 단계에서 미국 사용자들의 반응이 좋아야 하며, 그러려면 미국 틱톡 계정 소유자여야 하거나 혹은 미국에 머무르고 있는 사용자여야 가능한 것이다. 이러한 이유로 특히 한국에서 틱톡을 활용하여 제품을 판매하고자 하는 기업 및 브랜드, 콘텐츠 크리에이터가 미국 시장 및 소비자를 대상으로 직접 틱톡 콘텐츠를 유통시키는 데에는 장벽이 존재하게 된다.

이 장벽을 넘기 위해 다양한 방법들을 시도하는데, 그 중에서도 확실한 방법이 있기는 하지만, 높은 비용과 설정 난이도가 있다. 따라서 상대적으로 손쉽게 시도해 볼 수 있는 방법을 이 책을 구매하고 인증한 독자들에 한해 소개하겠다. 오해가 없도록 미리 설명하자면, 이 방법을 통해 컨텐츠를 업로드하면, 미국 노출도를 90%이상 확보할 수 있다. 이 책에서 상식적이고 합리적인 방법을 소개하되, 설정과 순서에 중요한 부분이 있으니 반드시 인증 후 가이드에 맞춰서 설정하기를 바란다.

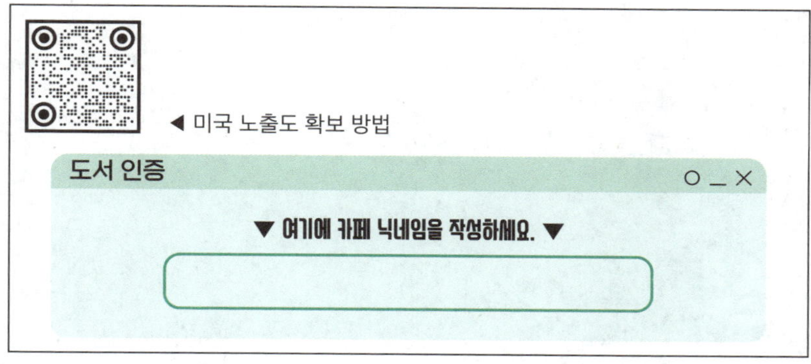

이렇게 우회하는 방법으로 해당 틱톡에 접속할 수 있으며 계정 IP 관리를 철저히 해야 한다. 그렇지 않으면 업로드하는 영상이 해당 국가에 노출이 잘 안 되고, 애먼 한국 유저들에게 보일 수도 있다. 가장 큰 문제는 계정을 잃을 수도 있다는 것이다. 틱톡에서는 Region Violation 정책이 있다. 계정이 접속한 IP가 지속적으로 국가를 넘나들면 틱톡은 이 계정을 가짜 계정으로 인식하여 규제한다. 이렇게 된 계정은 다시 살릴 수 없다.

많은 브랜드들, 그리고 실무자들이 이 IP 관리의 중요성을 잘 몰라서 좋은 콘텐츠를 만들고도 해당 국가 유저들에게 도달하지 못하는 경우가 많다. 오랜 시간을 들여 잘 키웠던 계정을 하루아침에 날려버리는 경우도 종종 발생한다. 이건 글로벌 틱톡을 위한 아주 기본적인 사항이며, 다소 유난스럽게 보이더라도 민감하게 챙겨야 할 사항이다.

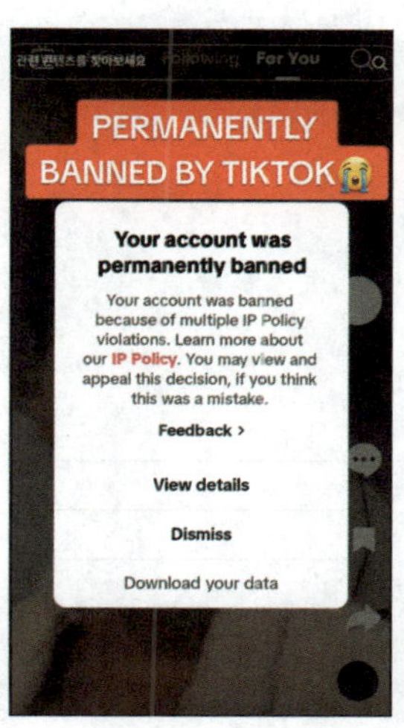

3장

틱톡 = 단순한 SNS가 아닌
소비 생태계 + 제휴 마케팅
(feat. 유튜브)

 SNS란 사회관계망서비스를 의미하는 'Social Network Service'의 약자로, 사용자가 온라인상에서 개인의 프로필을 만들고, 친구나 지인 혹은 관심사가 유사한 사람들과 온라인상에서 관계(연결)를 맺을 수 있는 서비스이다. 이때 다양한 콘텐츠(텍스트·이미지·동영상 등)를 생성하고 공유하며 상호작용할 수 있다. 이 개념을 기준으로 보자면 카카오톡, 라인, 위챗, 왓츠앱과 같은 메신저 서비스라기보다는 **사용자 생성 콘텐츠 + 네트워크 형성 + 다수 간 공유·상호작용**이 핵심인 서비스라고 볼 수 있다. 그간 인터넷, PC 보급, 웹과 모바일 기술의 발전과 그 궤를 함께하여 SNS 역시 진화해 왔다. 그중 틱톡이 왜 SNS를 넘어 소비 생태계가 되었는지에 대한 이해를 돕기 위해, 먼저 SNS의 역사를 간단히 되짚어보자.

 SNS의 태동기는 1970년대로 볼 수 있는데, 당시 일리노이 대학교에서 개발하고 Control Data Corporation에서 상업적으로 판매한 '플라토(PLATO)'라는 컴퓨터 시스템이 그 시작이라고 볼 수 있다. 플라토에는 메시지 게시가 가능한 노트 기능과 온라인 채팅방 기능이 구현되어 있는 등 현재의 메신저와 SNS가 제공하는 기능의 원형이 되는 서비스가 포함되어 있었다.

▲ 플라토 시스템

▲ 윈도우 버전 1

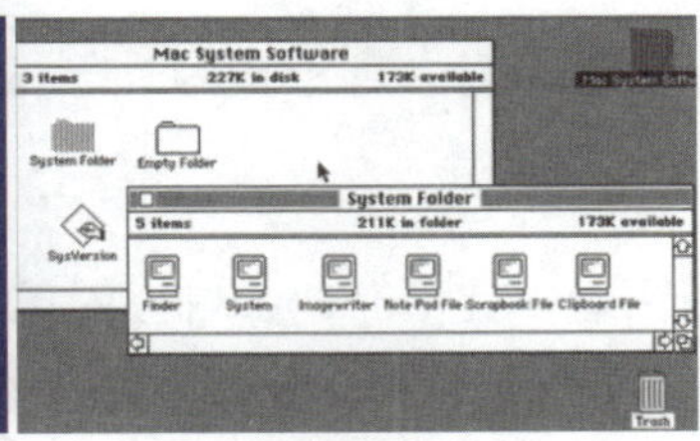

▲ 맥OS 버전 1

1980~1990년대에 들어서 PC와 인터넷 보급이 확대되면서 마이크로소프트사의 윈도우(Windows), 애플사의 맥(Mac OS)과 같은 그래픽 사용자 인터페이스를 갖춘 운영 체제가 등장하고 인기를 얻으면서 SNS가 번성하고 존재할 수 있는 환경이 조성되었다. 이 시기에 게시판 시스템과 인터넷 릴레이 채팅(IRC)이 널리 사용되었으며, IRC의 경우 카카오톡과 같은 메신저나 페이스북과 같은 SNS에 여전히 사용되고 있다.

1990년대 말에서 2000년대 초에는 현재 우리가 익숙하게 사용하고 있는 프로파일 기반 SNS가 등장하여 사용자가 이메일을 활용하여 서비스에 가입하고, 자신의 프로파일을 구성하여 친구 추가를 할 수 있는 기능이 제공되었다. 그러다 2004년 페이스북(Facebook, 현 Meta)이 등장하면서 단순한 친구 간 연결 외에도 뉴스피드, 좋아요(Like) 버튼, 사용자 콘텐츠 유통망 등으로 SNS의 서비스가 고도화되기 시작하였다. 시간이 지나 모바일 시대가 열림에 따라 2006년에 트위터(Twitter), 2010년에 인스타그램(Instagram) 등 각각의 특장점을 가진 SNS 서비스로 확장되며 대중적인 서비스로 자리 잡게 되었다.

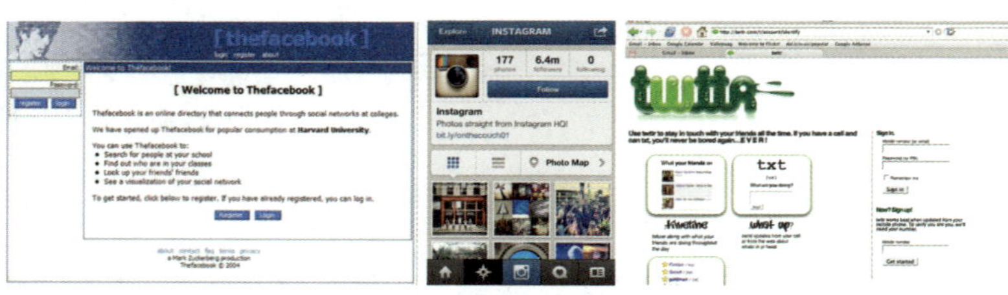

▲ 페이스북의 초기 버전　　▲ 인스타그램 초기 버전　　▲ 트위터 초기 버전

그러던 중, SNS보다는 사실상 검색엔진에 더 가까운 대표적인 영상 콘텐츠 플랫폼인 유튜브(Youtube)가 2005년 등장하게 된다. 틱톡의 현 상황을 더 잘 이해하기 위해서 유튜브를 먼저 이해해 볼 필요가 있겠다. 유튜브 서비스 시작의 계기는 소위 '니플게이트'라고 불리는 불운한 실수와

관련이 있다. 그래서 그 출발은 다소 우스꽝스러웠다고 볼 수도 있겠다.

출처: 위키피디아

미국에서 가장 인기 있는 스포츠인 미식축구의 최고 이벤트로 불리는 '슈퍼볼'은 국가적인 문화 행사로 매우 인기가 있다. 따라서 슈퍼볼 중계 방송은 미국에서 가장 많은 사람들이 TV를 통해서 시청하고 있다. 2004년 미국 제38회 슈퍼볼 경기의 하프타임 시간에 유명 가수인 저스틴 팀버레이크와 자넷 잭슨의 축하 공연이 진행되었다. 자넷 잭슨의 겉옷 중 일부분을 뜯어내는 연출 파트가 있었는데, 사전에 합의된 퍼포먼스 사항은 저스틴 팀버레이크가 자넷 잭슨의 상의를 뜯어서 빨간색 속옷을 보이며 마치는 것이었다. 그런데 저스틴 팀버레이크의 실수로 자넷 잭슨의 의상과 속옷이 함께 뜯어져버리는 바람에 당시 중계방송을 시청하던 약 1억 명의 미국인들에게 자넷 잭슨의 신체 부위가 생방송으로 노출이 되어버렸다.

이 방송사고 영상은 당시 어마어마한 화제가 되었고, 해당 영상을 인터넷에서 찾아보려고 했던 수많은 인터넷 사용자들은 아무리 찾아봐도 그 어디에서도 찾을 수 없었기 때문에 불만과 좌절이 들끓었다. 당시 페이팔 직원이었던 채드 헐리, 스티브 첸, 자베드 카림 세 사람은 이 사건에 깊은 인상을 받았고, 이러한 영상을 공유할 수 있는 온라인 플랫폼이 없음을 깨달았다. 이들은 최초의 대규모 비디오 공유 플랫폼의 기능을 할 수 있는 웹사이트를 고도화하여 2005년 2월 14일 영상 공유 서비스를 공동 창업하였다.

이들이 생각한 아이디어는 표준 웹 브라우저와 당시 최신의 인터넷 속도를 기반으로 컴퓨터를 잘 다루지 못하는 사람들에게 스트리밍 비디오를 배포하고, 업로드하고, 시청할 수 있으며 소통할 수 있는 기능을 포함하여 모두가 쉽게 이용할 수 있는 영상 콘텐츠 플랫폼의 제작이었다. 계속하여 서비스를 업데이트하며 운영하던 중, 2006년 11월 13일 미국의 검색 엔진 기업이었던 구글(Google)이 유튜브를 인수하였고 이후 구글의 콘텐츠 배포 알고리즘이 탑재되어 현재 우리가 사용하고 있는 서비스가 된 것이다.

유튜브를 소개한 이유는 현재 틱톡 콘텐츠의 주요 포맷 중의 하나인 사용자 생성 영상 콘텐츠(UGVC, User Generated Video Contents) 시대가 유튜브로부터 본격화되었기 때문이다. 물론 페이스북, 인스타그램, 트위터 등의 SNS 서비스가 유행하며 텍스트·이미지를 이용자가 직접 만들어서 공유하는 형태의 사용자 생성 콘텐츠(UGC)가 일반화된 것은 사실이다. 하지만 그중에서도 유튜브는 영상 콘텐츠를 중점으로 한 플랫폼으로서 스마트폰 시대가 도래함과 동시에 모바일 중심의 글로벌 영상 소비의 일상화에 지대한 영향을 미쳤다.

이렇게 유튜브가 전 세계적으로 수많은 사용자를 확보하면서 지배적이고, 지속가능한 영상 플랫폼으로 자리 잡는 데에 크게 기여한 요소가 있다. 무엇일까? 바로 '돈'이다.

우리는 현재 한국에서 어떤 경제적·사회적 체계하에 살고 있을까? 우리 모두 알고 있다시피 '자본주의'이다. 자본주의 체제하에서는 생산수단(토지·공장 등)을 개인 또는 민간이 사적으로 소유하는 것을 기본으로 한다. 생산 활동은 수익을 목적으로 이루어지고, 자본을 통해 투자-생산-재투자가 반복되는 체계이다. 시장은 자원 분배의 핵심 메커니즘으로 작동하며 경쟁과 자유거래가 중요한 요소가 된다. 이러한 체계 속에 살고 있는 우리 개개인 대부분은 당연히 자신의 경제적 이익을 추구하고, 자신의 자산·재산에 기반해 행동하고 살아가게 된다.

틱톡 관련 이야기도 아니고, 왜 유튜브 소개를 하다가 난데없이 자본주의를 설명하는지 혹시 감이 오는가? 틱톡이 지금과 같이 세상을 틱톡화하기 이전에 유튜브가 돈, 경제적 이익, 재산 등과 같은 자본주의를 활용하여 경제 생태계를 구축했기 때문이다. 물론 틱톡은 훨씬 혁신적인 방법으로 유튜브가 공고히 쌓아 올린 생태계를 더욱 진화시켰지만 말이다.

미국이라는 세계 최고의 자본주의 국가에서 운영되고 있는 글로벌 거대기업 구글은 전 세계 최상위 수준의 데이터베이스와 데이터 처리 시스템, 그리고 독자적인 알고리즘을 보유하고 있다. 이러한 구글이 인수한 유튜브 플랫폼에는 구글의 알고리즘만 도입된 것이 아니라 구글의 수익화 전략도 함께 녹아들게 되었다.

구독자 수와 영상 조회수가 매우 높은, 소위 대형(메가) 유튜버들이 세계 각국에서 천문학적인 수익을 벌고 있다는 이야기는 뉴스 기사나 주변을 통해 익히 들어봤을 것이다. 유튜브는 자본주의 시스템을 정확히 이용해서 자신들의 서비스에 콘텐츠 크리에이터, 즉 유튜버들이 수많은 시간과 노력을 쏟아내도록 만든다. 이를 통해 계속해서 새로운 것이 보이는 콘텐츠 세상 속에 사용자들이 체류하도록 하여 전 세계 1위 콘텐츠 플랫폼의 위치를 차지하게 된 것이다.

앞서 언급했던 것처럼, 자본주의하에서의 생산 활동은 수익을 목적으로 이루어지는 것이 기본이다. 그러면 유튜브 플랫폼 내의 영상 크리에이터인 유튜버들은 그들이 기획·촬영·편집하여 업로드한 영상 콘텐츠를 통해서 어떻게 돈을 버는 것일까? 실제 유튜버들의 수익 구조는 상당히 다양하지만, 여기서 주목할 부분은 '구글이 지급하는 광고 수익'에 대한 것이다. 이는 브랜드와 협의하여 별도의 광고 콘텐츠를 촬영하여 업로드하는 것과는 다르다.

혹시 '구글 애드센스(Google AdSense)'라는 것을 들어본 적 있는가? 유튜버들이 조회수, 광고 수익으로 돈을 번다는 것 정도는 요즘 어느 정도의 상식으로 알고 있는 사람들이 많아졌지만, 블로거나 유튜버가 아니라면 이 애드센스가 무엇인지 알고 있는 경우가 생각보다 많지 않은 것 같다.

구글은 2000년 10월, 자신들의 광고 테크놀로지를 적용한 온라인 광고 플랫폼인 '구글 애즈(Google Ads, 과거 명칭 Google Adwords)'를 런칭했다. 당시만 해도 구글 애즈 서비스는 이용하는 광고주(Advertiser)의 숫자도 적었을 뿐만 아니라 제공하는 서비스 역시 키워드 입찰 방식의 광고뿐이었다. 광고주가 광고를 노출시키고 싶은 키워드에 일정 비용을 입찰한 후, 구글 검색엔진에서 사용자가 해당 키워드를 검색했을 때 광고가 노출되면 사용자가 해당 광고를 클릭해야 비용이 발생하는 구조인 'PPC(Pay-Per-Click)'를 기반으로 했다. 더욱 더 많은 광고주들이 자신들의 디지털 광고 솔루션을 이용하기를 원했던 구글은 이 초기 모델을 발전시켜 나가며 마케터들 사이에서 흔히 '배너광고 서비스'로 불리는 '구글 디스플레이 네트워크(GDN)'를 구축하였다. 쉽게 말해 온라인 뉴욕 타임즈, 누군가의 블로그 페이지, 누군가의 웹사이트 페이지 등 온라인상의 다양한 페이지를 광고를 노출시킬 수 있는 지면으로 삼아 제휴를 맺고 구글 광고주들의 이미지, 영상 광고를 수많은 온라인상 지면에 노출시키면서 성과를 쌓아왔다.

바로 여기에서 2003년 구글이 런칭한 애드센스가 작동한다. 당신이 블로거라고 가정해 보자. 당신이 여러 가지 블로그 콘텐츠를 작성하여 게시한 후 원활하게 노출되면 블로그로 유입되는 사람들이 많아지고, 소위 '트래픽 유입량이 많은 블로그'가 되면 당신은 구글 애드센스를 통해 블로그 페이지에 구글의 광고를 노출시킬 수 있도록 할 수 있다. 구글은 당신의 블로그 페이지가 광고를 노출시키기에 적합한지 여부를 검토하고, 문제가 없다고 판단되면 페이지 본문 내용 주변의 광고를 넣을 수 있는 공간에 광고주들의 이미지 혹은 영상 광고를 노출시키게 된다. 블로거는 광고를 노출시켜 준 지면의 소유자로서 이에 대한 보상으로 해당 광고의 노출, 클릭에 대한 수익을 얻게 된다. 유튜브 역시 동일한 방식으로 이해하면 된다. 유튜브 영상 콘텐츠의 앞, 중간, 뒤 등에 광고가 노출되게 되면 유튜버 역시 구글 애드센스를 통해 수익을 확보하게 되는 것이다.

이 방식은 20년 이상 콘텐츠를 만들어 온라인에 게시하는 사람들의 수익화 기준이 되어왔는데, 틱톡은 자신들이 가장 잘할 수 있는 방법으로 생태계에 혁신을 불러일으켰다. 완전히 새로운 개념이 아닌, '제휴 마케팅(Affiliate Marketing)'을 틱톡앱과 틱톡샵에서 아주 손쉽게 사용할 수 있도록 인앱(in-app)화 한 것이다. 틱톡커는 틱톡 광고주들의 광고가 노출되는 지면을 가지게 되는 것은 아니다. 그렇지만 일정한 조건만 갖추면 틱톡샵을 보유하고 있는 수많은 브랜드의 상품을 찾아 자신이 업로드

하는 콘텐츠에 제품을 링크 방식으로 올릴 수 있고, 콘텐츠 시청자들은 원한다면 틱톡커가 연결해 둔 링크를 눌러 해당 제품을 즉시 구매할 수 있다. 이런 방식으로 판매가 되면 틱톡커는 제품 판매가격 기준의 일정 비율, 예를 들어 10~20% 정도를 수수료로 얻게 된다. "생각보다 작네?"라고 생각할 수도 있겠고, "그렇게 해서 수익이 제대로 나올까?" 싶기도 할 것이다. 아래는 2025년 10월 1일부터 31일까지 30일간 틱톡에서 가장 큰 뷰티 카테고리에서 활동 중인, 1위에서 10위까지 틱톡커들의 월간 수익이다.

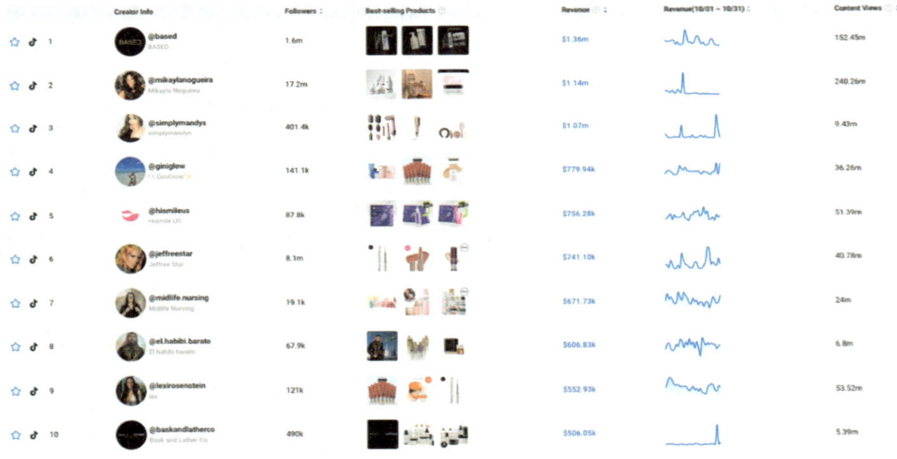

놀랍지 않은가? 위 리스트에는 없지만, 심지어 팔로워가 0명인데도 몇백 달러씩 수익을 올리고 있는 틱톡커들도 있다. 이렇게 미국에서는 틱톡을 통해 생계를 유지하거나 사업 등의 경제활동을 하는 사람들이 정말 많고, 앞으로도 계속 많아질 예정이다. 즉 틱톡은 10대들이 나와서 춤을 추는 그런 SNS가 아니라, 오히려 네이버 스마트스토어, 쿠팡, 유튜브, 인스타그램처럼 수익을 창출시킬 수 있는 플랫폼이라는 것이다.

다음으로, 소비 측면에서는 어떨까? 위와 같이 틱톡커들이 콘텐츠를 통해 제품을 판매하고 수익을 가져갈 수 있는 이유는 당연하게도 틱톡 사용자들이 그만큼 틱톡에서 제품을 많이 구매하기 때문이다. 그 이유가 무엇이라고 짐작되는가? 콘텐츠가 유달리 참신하고 재미있어서 제품을 구매하는 것일까? 사실 콘텐츠만으로 구매까지 연결된다는 것은 정말 어려운 일이다. 그런데 틱톡에서는 어떻게 이 어려운 일이 쉽게 이루어지는 것처럼 보이게 되는 걸까?

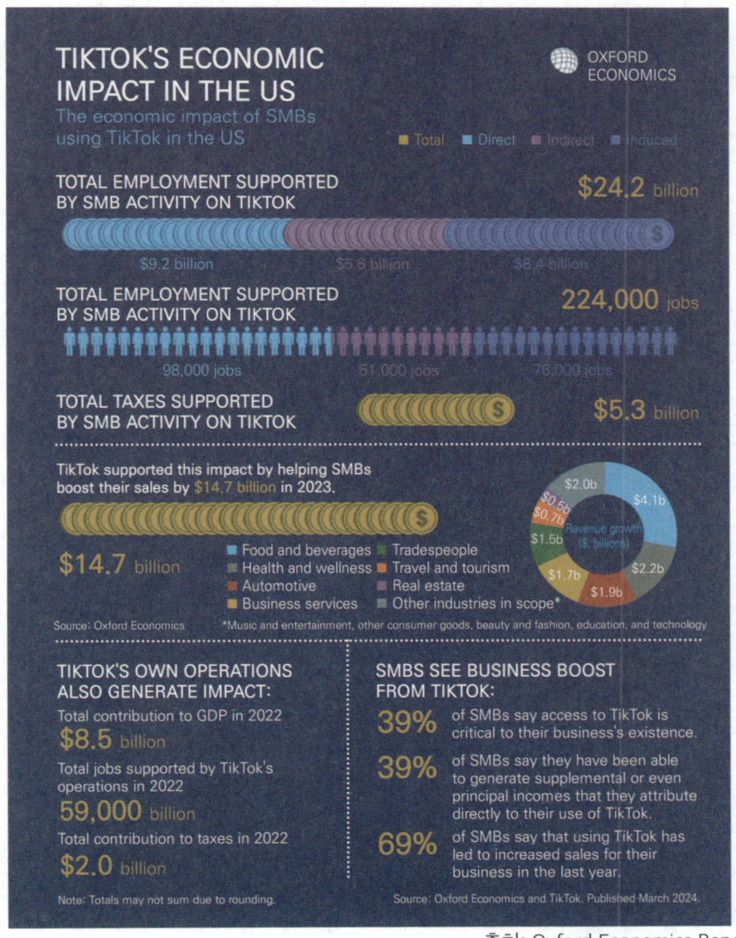

출처: Oxford Economics Reports

　그 이유는 바로 단순히 콘텐츠 요소뿐 아니라, 틱톡 측에서 소비자와 제품을 판매하는 셀러 혹은 브랜드들에게 각종 혜택을 제공함으로써 소비 생태계를 만들기 때문이다. 조금 더 구체적으로 설명하자면, 소비자 입장에서는 저렴한 가격에 틱톡앱을 통해 손쉽게 제품을 구매할 수 있다. 그리고 브랜드 입장에서는 낮은 판매 수수료와 틱톡이 지원해 주는 배송비 할인, 그리고 가격 할인에 대한 부담을 줄일 수 있다는 것 등으로 다른 판매 채널에서보다 더욱 파격적이고 공격적으로 판매 활동을 할 수 있다. 이미 미국에서는 이러한 소비 생태계가 자리를 굳건히 잡아감에 따라, 틱톡에서 새로운 제품을 발견하고 구매하는 것은 더 이상 낯선 경험이 아니게 되었다.

　이러한 생태계의 변화를 한국의 많은 사람들은 거의 알지 못한다는 현실이 안타깝다는 생각이 든다. 혹자는 제대로 된 틱톡 정보를 업계 사람들끼리만 점유하고 통제함으로써 레버리지를 가져가는 것을 권장하고, 굳이 왜 이런 책을 통해서 정보를 풀어내는지 의아하게 생각하거나 심지어는 불만을 가질 수도 있겠다. 그러나 필자진은 더 많은 사람들이 틱톡이 바꿔버리고 있는 콘텐츠와 혜택을 기반으로 한 소비 생태계를 올바르게 이해하고, 이 책에 담긴 내용을 어떤 식으로든 활용하여 틱톡을 통해 수익적인 목표를 만들고 이루어내길 바란다.

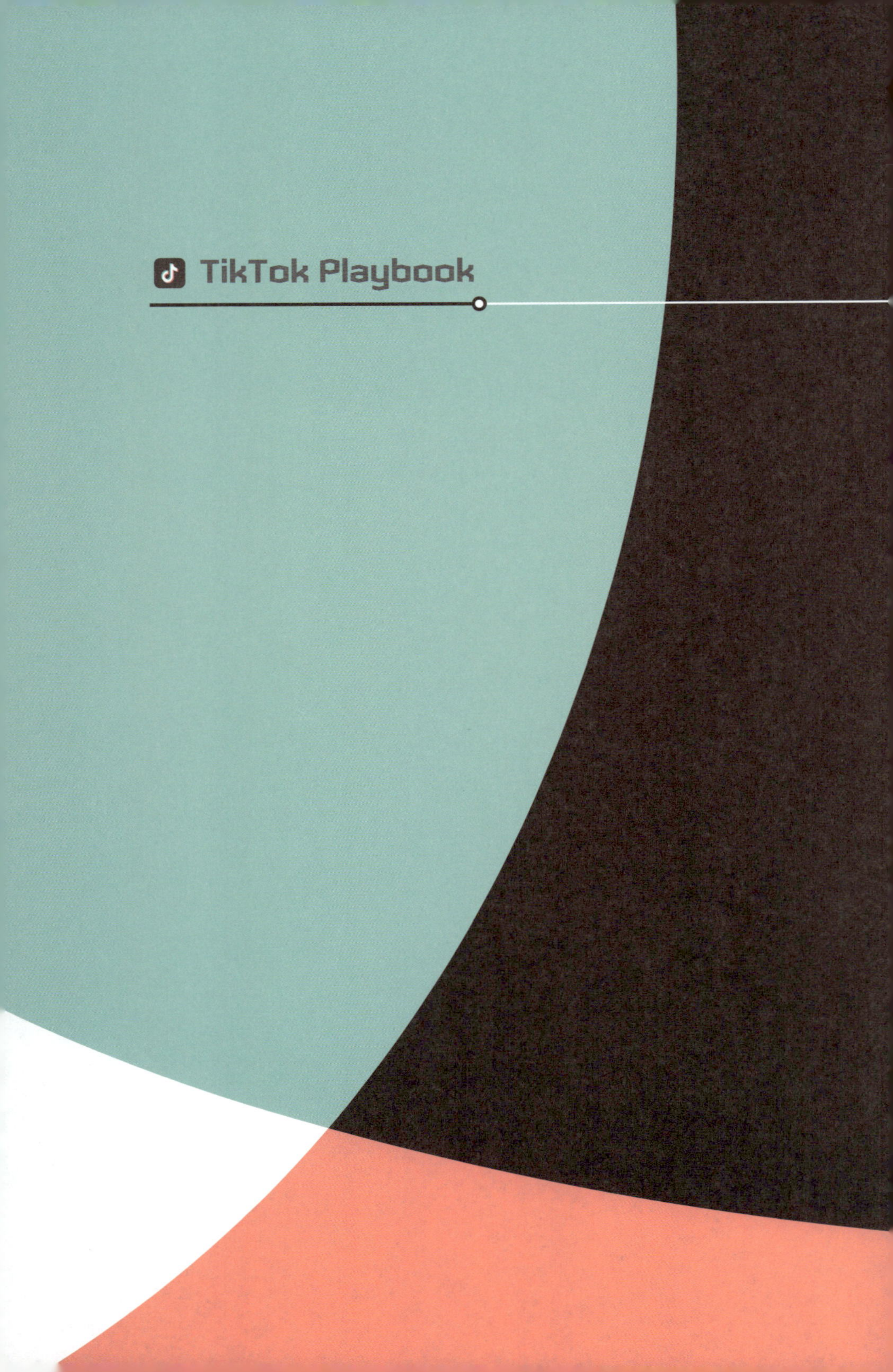

TikTok Playbook

2부

미국 틱톡샵 이해하기

1장

미국 틱톡샵 소개

이제 적어도 앞부분을 읽은 독자들이라면 누군가 "틱톡이 뭐야?"라고 물었을 때 "10대 애들이 춤추는 영상 나오는, 뭐 그런 거 아니야?"라고 답하는 수준은 벗어났을 것이다. 물론 여전히 틱톡은 '인스타그램 공화국'으로 불리는 우리나라에서는 SNS로서 비주류이지만, 해외에선 그 위상이 다르다는 것을 다시 한번 강조한다.

그럼 틱톡앱과 틱톡샵은 대체 무엇이 다른 걸까? 2023년 9월 미국에서 '틱톡샵' 서비스가 런칭되었다. 우선 어떻게 생겼는지 한국에서 볼 수 있는 틱톡에서의 화면과 비교해서 살펴보자.

▲ 한국에서 틱톡에 접속
　 시 보이는 화면

▲ 미국에서 틱톡에 접속 시 보이는 화면

　사람들이 틱톡 내에서 콘텐츠를 보고 바로 구매할 수 있도록 이커머스 기능이 추가되었다. 영상의 주황색 카트 아이콘의 정식 명칭은 옐로우 카트다. 이 아이콘을 클릭하면 바로 구매가 가능한 화면이 나온다. 유저가 콘텐츠를 보고 제품이 마음에 들면 바로 구매할 수 있게 된 것이다. 대부분의 미국 소비자들은 틱톡과 같은 SNS에서 제품을 발견하고 구글에 검색해서 아마존에서 사는 패턴을 보였다. 하지만 틱톡은 샵 서비스를 런칭함으로써 틱톡에서 이탈하지 않고도 구매가 가능한 폐쇄형 루프를 구축해냈다.

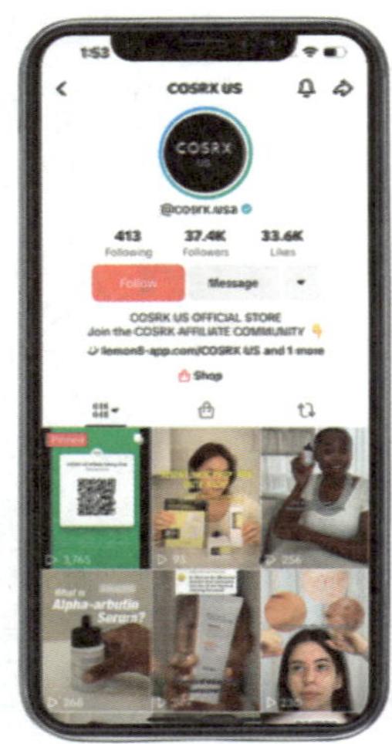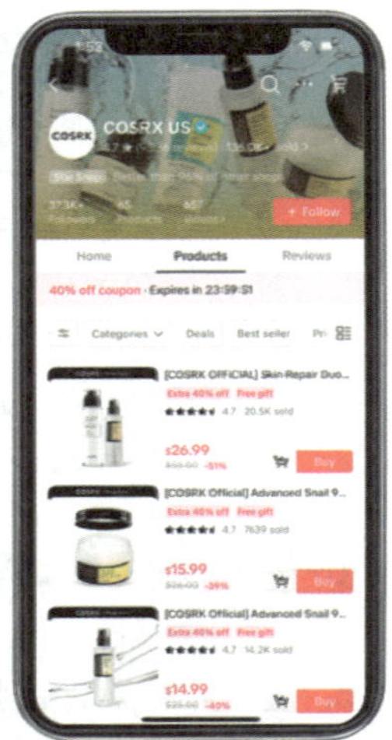

이 서비스는 성공적으로 미국에 안착했다. 2024년 틱톡샵 거래액은 90억 달러, 한화 12조 8,133억 원이다. 2025년 거래액은 상반기 58억 달러를 달성했고 하반기에 거래액이 가파르게 상승하는 미국 시장의 행태로 보아 2024년 대비 200% 성장할 것으로 예상된다.

틱톡은 비단 샵 기능만 오픈한 것이 아니라 '모두가 셀러가 될 수 있는 환경'을 구축했다. 어필리에이트(Affiliate) 프로그램을 통해 크리에이터가 브랜드로부터 무료로 샘플을 받아 영상을 만들어 올리면, 사람들이 그 영상을 통해 제품을 구매할 때마다 일정 수수료를 받는다. 미국에서는 이 어필리에이트 프로그램을 통해 남편의 연봉을 뛰어넘는 가정주부들이 등장하기 시작했고, 6개월에 1억은 우습게 버는 고소득 크리에이터들이 생겨남에 따라 전업으로 활동하는 크리에이터들이 폭발적으로 증가했다. 이렇게 쉽게 돈을 벌 수 있는데 누가 안 하고 싶을까? 획기적인 샵 구조와 수익 구조로 브랜드와 크리에이터들이 몰려들었다.

그렇다면 우리는 왜 틱톡샵을 본 적이 없을까? 왜 이렇게 생소할까? 답은 앞서 말한 'Zoning' 개념에 있다. 틱톡은 국가별로 운영되는 서비스가 다르다. 한국은 틱톡샵 서비스 대상 국가가 아니다. 틱톡 코리아에서 매년 한국도 곧 오픈할 것이라고 이야기하지만, 아직 구체적인 실현 날짜는 정해진 바가 없다. 2025년 10월을 기준으로 다음 이미지와 같이 틱톡샵 서비스 대상 국가를 확인할 수 있다. 2025년에는 맥시코, 브라질, 일본, 이탈리아, 프랑스, 독일 총 5개 국가에 틱톡샵 서비스가 오픈되었다.

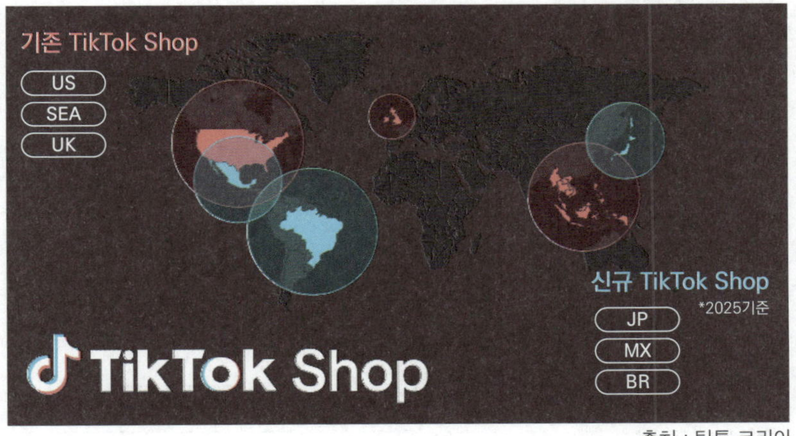

출처 : 틱톡 코리아

틱톡샵 입점

2024년까지는 미국 현지 법인이 있어야 틱톡샵 입점이 가능했으나 2025년 2분기부터 한국 법인으로 크로스보더 입점이 가능해졌다. 이전에는 미국 현지 법인에 미국 시민권 혹은 영주권자 대표가 있어야만 입점이 가능했기 때문에 많은 브랜드에게 큰 진입장벽으로 작용했지만, 그 규제가 완화되면서 많은 브랜드들이 입점하고 있다.

동남아의 경우 각 국가별로 현지 법인을 세우는 대신, 홍콩 법인이 있으면 크로스보더로 동남아 국가들을 모두 입점할 수 있다. 2025년 하반기부터 동남아 국가 역시 한국 법인을 통해 입점할 수 있도록 규제가 완화되었다.

틱톡 캠페인

틱톡은 매년 월별로 크고 작은 캠페인이 있다.

미국 틱톡샵 Y25년 캠페인 캘린더

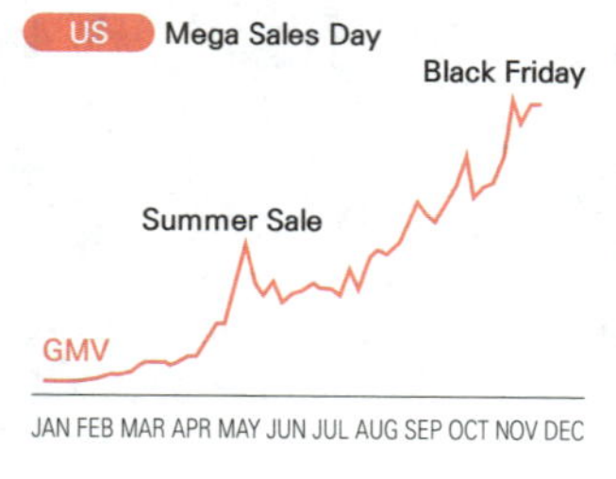

아마존이 일 년에 2번 프라임데이 행사를 진행하는 것에 비해 꽤 자주 진행되는 편이다. 매출은 하반기로 갈수록 우상향을 그리는 것이 특

징이다. 이 캠페인 기간에는 틱톡에서 쿠폰을 지원받을 수 있고, 해당 캠페인 뱃지가 상품에 붙어 노출도가 높아진다. 그리고 탑뷰 광고, 랜딩 페이지, 샵탭, 라이브 쇼핑, 검색창 배너 등 다양한 구좌에 노출될 수 있다.

캠페인을 등록할 때는 플랫폼에서 제공하는 다양한 지원 항목을 함께 확인해야 한다. 대표적으로 노출 구좌, 쿠폰 지원 등 여러 형태의 프로모션 요소가 제공될 수 있는데, 이러한 지원 사항은 캠페인마다 다르게 설정되는 경우가 많다. 따라서 캠페인 등록 단계에서 어떤 지원이 포함되어 있는지 반드시 사전에 확인하는 것이 필요하다.

잊지 말아야 할 커머스라는 본질

많은 브랜드, 에이전시들이 틱톡샵을 운영하며 한 가지 간과하는 사실이 있다. 틱톡샵은 단지 마케팅 수단이 아니라 본질적으로 '커머스'라는 것이다. 다만 그 형태가 새로울 뿐이다. 여기에 마케팅만 하던 사람들이 운영에 대거 참여하면서 커머스의 기본적인 부분들을 챙기지 못하는 경우를 많이 보았다. 무작정 시딩하고 노출도를 높이는 데만 집중하다 보면 재고가 구멍나고, 부정리뷰로 가득 덮이고, 배송사고가 나서 고객의 구매 경험 자체를 망칠 수 있다. 커머스에 익숙한 집필진의 시선에는 이들 모두가 괴짜로 보이고, 다음과 같은 생각이 들었다. "캠페인을 앞두고 왜 재고 준비는 안 하고 영상 수량 확보에만 목을 매는 거지?", "틱톡샵에서 살만한 가격적·혜택적 메리트가 없는데 왜 영상으로만 호객하려고 하지?", "오배송 사고를 왜 고객 입장에서 처리하지 못하는 걸까?"

그중에서도 눈에 띄는 패턴은 아마존의 미러링이다. 아마존과 틱톡은 아주 다르다. 틱톡은 수요를 만들어내는 곳이다. 여기에 아마존과 같은 가격, 같은 구성으로 샵을 운영한다면 소비자들이 아마존의 빠른 배송과 할인 혜택을 버리고 굳이 틱톡샵에서 사야 할 이유가 무엇인가? 틱톡샵은 충동구매로 전환되는 환경을 구축해야 한다. 소비자들이 제품의 효능감을 바로 느끼고 구매로 이어졌을 때, 쉽게 구매할 만한 가격대가 되어야 구매퍼널에서 이탈하지 않고 결제까지 이루어질 수 있다. 틱톡 샵 탑 셀러들의 Hero Sku 가격 현황을 살펴보면 틱톡샵이 아마존에 비해 훨씬 낮은 가격대로 형성되어 있는 것을 확인할 수 있다. 최소 3불에서 6불 정도 틱톡샵이 더 저렴하다.

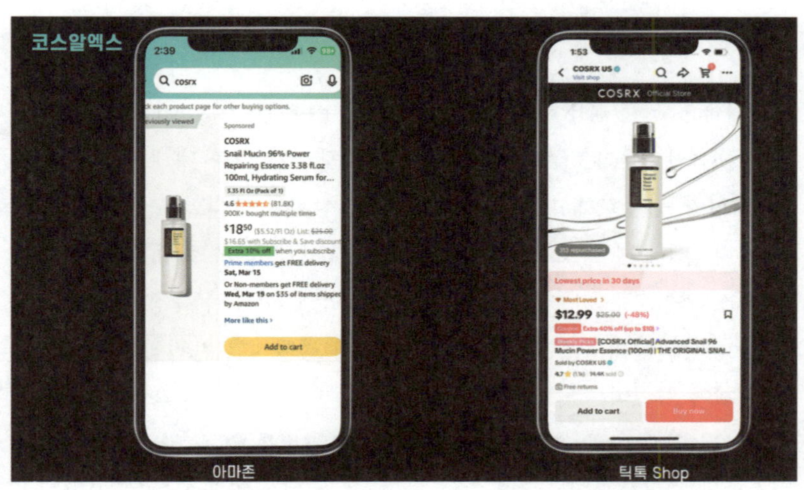

상품구성

콘텐츠화, 스토리텔링이
가능한 틱톡 Shop 독점상품 생성

가격

세트상품 / 번들링을 통한
높은 단가 + 할인율 제시

쇼핑광고

틱톡 플랫폼 내 노출 강화 및
바이럴리티 상승을 통한
타 커머스 채널 낙수 효과

브랜드 콘텐츠

오가닉 / 슈퍼볼 숏폼 /
라이브스트리밍을 통해 브랜딩
+ 커뮤니티빌딩

캠페인

참여가능한 모든 캠페인 등록을 통한
플랫폼 노출도 강화

어필리에잇

높은 커미션으로 채택 확률 인상
+ 크리에이터 수익보장

샘플링

공격적인 샘플링을 통한 콘텐츠화
유도 + 다양한 유저그룹에게 노출

이 톱니바퀴가 잘 굴러갈 때 틱톡샵은 좋은 결과를 볼 수 있다.

틱톡샵 광고(GMV MAX)

틱톡 광고를 운영해 본 사람이라면 누구나 'TikTok Ads Manager'라는 플랫폼에 익숙할 것이다. 이 도구는 브랜드가 틱톡 내에서 광고를 만들고, 타겟을 설정하고, 예산을 배분하며, 성과를 분석할 수 있도록 지원해 왔다. 캠페인, 광고 그룹, 광고 형식, 타겟팅, 리포트 등 전통적인 광고 시스템의 모든 기능을 제공했지만 틱톡샵의 구조적 특징, 즉 유료·오가닉·어필리에이트 트래픽이 동시에 얽힌 생태계를 완전히 반영하기에는 한계가 있었다.

이러한 이유로 2025년 7월 15일부로 틱톡은 Ads Manager 내 PSA·LSA·VSA 광고 운영을 종료하고, 모든 틱톡샵 광고를 'GMV MAX'라는 새로운 솔루션으로 일원화했다. 이 변화는 단순한 툴의 교체가 아니라 틱톡샵의 광고 철학이 '노출 중심'에서 '총 매출 효율 중심(ROI 중심)'으로 진화했음을 의미한다.

GMV MAX는 이름 그대로 틱톡샵 전체의 총 매출(Gross Merchandise Volume)을 극대화하기 위한 광고 솔루션이다. 이 시스템은 광고의 성과를 단순히 '유료 광고로 발생한 매출'로 측정하지 않는다. 대신 유료 트래픽(Paid), 어필리에이트 트래픽(Affiliate), 오가닉 트래픽(Organic)을 하나의 통합 신호로 인식해 플랫폼 전체에서 발생하는 실질적인 ROI(투자 대비 수익)를 계산한다.

즉, 브랜드가 틱톡샵에서 지출한 모든 예산은 단순히 광고 효율이 아니라 '전체 트래픽 생태계 내에서의 매출 상승 효과'로 평가된다. GMV MAX는 이러한 데이터를 기반으로 광고비를 자동 배분하고, 브랜드가 설정한 제품, ROI 타깃, 예산 세 가지 변수만 입력하면 나머지를 AI가 자동으로 최적화한다.

GMV MAX의 핵심은 '시그널 시너지(Signal Synergy)'다. 유료 광고, 어필리에이트, 오가닉 콘텐츠에서 발생하는 모든 트래픽 데이터를 결합하여 AI가 실시간으로 예측 의사결정을 내린다. 이때의 시그널은 단순한 클릭 데이터가 아니다. 소비자가 어떤 영상에서 반응했는지, 어떤 제품 페이지에서 체류했는지, 어떤 어필리에이트를 통해 구매로 이어졌는지까지 포함한 플랫폼 전역의 행동 신호다. GMV MAX는 이러한 신호를 통합하여 '어떤 콘텐츠 조합이 가장 높은 전환율을 만들어내는가?'를 자동으로 학습한다. 이 과정에서 브랜드는 광고 집행 시 제품, 목표 ROI, 예산만 입력하면 된다. 나머지는 AI가 유료·어필리에이트·오가닉 신호를 결합하여 예측 가능한 최적화 결과를 도출한다. 즉, '데이터가 알아서 결정하는 광고 시스템'이다.

GMV MAX는 틱톡 내 모든 쇼핑 가능한 지면에 자동으로 노출된다. 검색 결과, 추천 피드(FYP), 쇼핑 탭(Shop tab), 제품 카드(Product Card) 등 광고 노출이 가능한 모든 영역을 한 번의 캠페인으로 포괄한다. 기존의 Ads Manager가 광고 형식별로 각각 설정을 요구했다면, GMV MAX는 AI 기반의 자동 지면 결정 기능을 통해 소비자에게 가장 높은 전환 가능성이 있는 위치에 광고를 자동 배치한다. 이 시스템은 단순히 유료 광고를 효율화하는 수준을 넘어, 오가닉 콘텐츠에서도 발생한 트래픽까지 측정 및 최적화한다. 즉, 브랜드가 광고를 집행할수록 오가닉 노출 효율까지 향상되는 '유료와 자연 노출의 선순환 구조'가 만들어지는 것이다.

GMV MAX는 AI 기반의 크리에이티브 자동 선택 시스템을 탑재하고 있다. 틱톡샵 내 승인된 영상들, 즉 브랜드 계정의 공식 영상, 비즈니스 계정 영상, 셀러센터 내 등록된 콘텐츠 또는 크리에이터 라이브러리(TTAM Library)의 Spark Ads 영상이 모두 크리에이티브 소스로 활용된다. AI는 이 크리에이티브 중 어떤 영상이 특정 타깃에게 가장 높은 반응을 유도할지를 학습해 자동으로 게재 대상을 결정한다. 이로써 브랜드는 콘텐츠 제작보다 '성과 있는 콘텐츠를 선별하고 확대하는 것'에 집중할 수 있다. 이는 기존의 수동 광고 운영 구조를 완전히 대체하는 AI 주도형 마케팅 자동화 시대의 전형적인 예다.

GMV MAX는 비용 제어 입찰 모델(Cost Control Bidding Model)을 기반으로 한다. 브랜드는 광고 예산의 상한선을 직접 지정할 수 있으며, AI가 실시간 성과를 반영해 효율적인 예산 집행을 수행한다. 덕분에 브랜드는 과도한 지출 없이 목표 ROI를 달성할 수 있고, 예산 대비 GMV 효율을 극대화할 수 있다. 즉, '얼마를 쓰느냐'보다 '얼마만큼의 매출을 만드는가'가 GMV MAX의 핵심 평가 기준이다.

GMV MAX의 도입은 브랜드 운영 전반에 세 가지 실질적인 이점을 가져온다.

① 통합된 성과 측정: 유료, 어필리에이트, 오가닉을 한 번에 분석

② AI 기반 효율화: 자동화된 예산 배분과 광고 형식 결정

③ 지속 가능한 성장: 단기 광고 매출뿐 아니라 전체 샵의 GMV까지 동반 상승

2장

틱톡으로 성공 신화를 써낸 브랜드들

(+) 라부부보다 많이 팔린 메디큐브

메디큐브는 2025년 가장 인기 있는 캐릭터 중 하나였던 라부부보다도 미국 틱톡샵에서 더 많이 팔렸다. 미국 틱톡샵 1위는 늘 메디큐브의 자리였다.

집에서 완성되는 리프팅: 기술이 만든 새로운 확신

메디큐브의 핵심 제품은 단순한 스킨케어가 아니다. 이 브랜드는 '집에서도 피부과 시술 수준의 효과를 낼 수 있다'는 믿음을 소비자에게 심어준다. 대표 디바이스들은 EMS(미세전류), RF(고주파), 초음파 기술을 활용해 피부 속 콜라겐을 자극하고, 리프팅과 탄력 개선 효과를 돕는다.

사용자는 디바이스를 얼굴에 댈 때마다 느껴지는 미세한 자극을 통해 '지금 내 피부가 반응하고 있다'는 감각을 직접 체험한다. 특히 'Age-R Booster Pro' 제품은 한 번만 사용해도 피부의 탄력이 되살아나고 윤곽선이 또렷해지는 변화를 보여주며 '집에서도 리프팅이 가능하다'는 새로운 관념을 틱톡 안에 심어주었다.

제형과 패키징으로 만든 콘텐츠화된 경험

메디큐브는 단순한 기능성 스킨케어 브랜드가 아니다. 이들은 제품 그 자체가 영상으로 말하게 만드는 구조를 설계했다. 예를 들어, 캡슐-젤 형태로 구성된 주요 크림 제품의 영상은 하나의 캡슐을 터트리면서 마치 연어알을 터뜨리듯 시각적으로 흥미롭게 다가오며, 사용자가 '지금 이 순간 이 성분이 내 피부에 작용하고 있다'는 느낌을 바로 경험하게 만든다.

패키징 또한 성분 라인에 맞춰 통일감을 유지했다. PDRN(살몬 DNA) 성분 라인을 핑크 톤으로 일원화하고, 캡슐 구조가 드러나는 디자인과 투명 요소를 활용해 '성분 + 기술'이 즉각 눈으로 인식될 수 있게 했다. 이렇게 디자인된 패키징은 단지 예쁘기만 한 게 아니라, 영상 콘텐츠의 시작점으로 기능했다. 영상은 크리에이터가 제품을 손에 들고 "이 안에 있는 캡슐을 터트려볼게요"라고 말하면서 시작된다.

이처럼 메디큐브는 제품 설계 단계에서부터 콘텐츠화 지점을 염두에 두었고, 그 결과 소비자는 브랜드 메시지를 '듣기'보다 '보는' 경험으로 받아들였다. 즉, 제품이 '영상 속 훅(hook)'이 되었고, 이는 자연스레 바이럴 구조로 이어졌다.

바이럴을 설계한 구조적 접근

메디큐브가 만든 것은 단발적인 영상 하나로 끝나는 광고가 아니라, 재생 가능한 콘텐츠 흐름이었다.

첫째, 캡슐을 터트리는 시각적 장면이 반복될 수 있게끔 여러 크리에이터에게 동일한 연출을 제안했다.

둘째, 패키징이 동일한 라인으로 통일되어 있어서 '저 제품 = PDRN 라인'이라는 인식이 빠르게 확장됐다.

셋째, 이 제품들을 디바이스로 피부에 더욱 깊이 흡수시킬 수 있다는 인식으로 연결되었다. '캡슐 젤 + 디바이스 세트' 형태의 프로모션 영상으로 소비자가 바로 행동할 수 있게 설계된 것이다.

이 구조 덕분에 사용자의 피드에는 자연스럽게 "내가 캡슐 터트릴 때는 이렇게 돼요"라는 리뷰 영상, "디바이스 + 캡슐 조합으로 리프팅 느낌 나네요"라는 체험 영상, 그리고 디바이스 사용을 하면서 자동으로 피부의 진동이 즉각적으로 보이는 영상이 연쇄적으로 등장했다. 이 바이럴은 우연이 아니라 '제품 → 콘텐츠 → 구매' 흐름이 설계된 결과물이었다. 결국 메디큐브는 제품을 콘텐츠에 녹였고, 콘텐츠가 다시 브랜드의 신뢰와 바이럴로 확장됐다. 제품이 영상의 주제가 되었고, 영상이 구매의 계기가 되었다.

PDRN 이후, 메디큐브는 '노란빛 트렌드'를 만들었다

PDRN으로 피부 재생의 붐을 일으킨 메디큐브는 이번에는 '코직애씨드(Kojic Acid)'를 중심으로 또 한 번 시장의 언어를 바꾸고 있다. 코직애씨드는 멜라닌 생성을 억제하고 피부 톤을 밝혀주는 미백 성분이다. 그 자체로는 이미 오래전부터 스킨케어 업계에서 잘 알려진 원료였지만, 메디큐브는 이 익숙한 성분에 '보여지는 이야기'를 입혔다.

새로운 'Kojic Acid Turmeric Niacinamide Serum' 제품은 이름 그대로 '코직애씨드 + 강황 + 나이아신아마이드'의 조합으로 만들어졌다. 이 세 가지 조합이 만들어내는 진한 노란빛 제형은 단지 기능을 암시하는 색깔이 아니라, 영상 속에서 즉각적인 변화를 보여주는 시각적 장치로 작동한다.

실제로 메디큐브는 이 노란 제형을 중심으로 "바르는 순간 톤이 살아난다", "노란빛이 피부에 스며드는 순간 투명해진다"와 같은 메시지를 영상화했다. 브랜드는 제품을 설명하지 않았다. 대신 색이 말하게끔 했다.

결과적으로 코직애씨드는 기능성 성분에서 영상 언어의 소재로 확장되었다. 이 진한 황색 톤은 피드에서 즉각적으로 시선을 끌었고, '노란 세럼'이라는 시각적 키워드 하나만으로도 메디큐브의 새로운 라인을 인식할 수 있게 했다.

즉, 코직애씨드 트렌드는 '어떤 성분을 썼는가'가 아니라 '그 성분을
어떻게 보여줬는가'에서 시작된 것이다. PDRN이 '터트리는 제형'으로
시작된 시각적 바이럴이었다면, 코직애씨드는 '빛으로 스며드는 제형'을
중심으로 설계된 트렌드다.

두 성분 모두 메디큐브의 콘텐츠 전략에서 하나의 공통점을 보여준
다. 제품이 곧 스토리이고, 색감이 곧 언어다.

⊕ 아누아

'보이는 효과'가 만든 확신: 사용 즉시 피지가 뽑히는 클렌징 오일

아누아의 클렌징 오일은 말보다 먼저 '보여주는' 제품이었다. 세안 직후 피지가 눈에 띄게 제거되는 장면은 소비자의 언어보다 빠르게 신뢰를 전달했다. 누군가의 말이 아니라 카메라가 증명한 결과였다.

이 단순한 시각적 자극은 틱톡 알고리즘과 완벽히 맞물렸다. 유저들은 직접 테스트해보는 영상을 자발적으로 올렸고, 각자의 피부에서 피지가 빠져나오는 장면은 또 다른 소비자의 호기심을 자극했다. 아누아는 이 '피지 제거'라는 솔직한 비주얼을 통해 광고가 아닌 경험으로 인식되었고, 자연스러운 UGC(사용자 제작 콘텐츠)의 확산을 이끌어냈다. 결국 이 제품은 '피지를 뽑는 오일'이라는 명확한 후킹 문장 하나로 브랜드 전체의 인지도와 신뢰를 동시에 끌어올렸다.

한 번에 더 많이: 미국 틱톡샵 번들 플레이의 시작

아누아는 단일 SKU 중심의 판매 구조에서 한발 더 나아갔다. 클렌징 오일을 중심으로 진정 앰플과 토너를 함께 묶은 번들을 출시하며 소비자에게 단순한 제품이 아닌 '루틴'을 제안했다.

틱톡의 알고리즘은 이 구조를 빠르게 학습했다. 하나의 제품을 소개하는 영상보다 세 가지 제품을 연속으로 보여주는 콘텐츠의 체류 시간이 길었고, 구매 전환율 또한 훨씬 높게 나타났다. 아누아는 소비자가 '무엇을 사야 할지'가 아니라 '어떻게 쓸지'를 상상하게 만들었다. 합리적인 가격 할인과 더불어 조합의 가치, 바로 그 지점이 틱톡에서의 차별화였다.

규모가 신뢰를 만든다: 대량 시딩의 힘

아누아는 틱톡에서 '신뢰'의 속도를 이해하고 있었다. 몇몇 유명 크리에이터에게 집중하기보다 수백 명의 마이크로 인플루언서에게 제품을 동시에 시딩했다. 이 전략은 단순한 노출이 아니라, 신뢰의 분산 구조였다. 서로 다른 피부 타입, 다른 콘텐츠 톤, 다른 팔로워를 가진 크리에이터들이 각자의 방식으로 제품을 보여주었다. 이로 인해 유저들이 같은 브랜드를 여러 번 보게 되는 상황이 발생했다.

서로 다른 피부 타입과 개성을 지닌 크리에이터들은 각자의 콘텐츠 톤으로 아누아의 제품을 소개했다. 그 결과, 아누아는 유저들의 피드에 서로 다른 맥락에서 반복 노출되는 브랜드가 되었다. 이는 광고보다 훨씬 자연스러운 신뢰감을 형성했다. '유명한 한 명'이 아니라 '많은 사람의 일상 속 브랜드', 이것이 아누아가 선택한 신뢰의 구조였다.

이 대량 시딩의 기반에는 한 가지 중요한 연결고리가 있었다. 아누아는 틱톡 어필리에이트들을 위해 전용 디스코드 채널을 개설했다. 이 공간에서 브랜드팀은 직접 크리에이터들과 소통하며 월별 캠페인 브리핑, 제품 소구점, 커미션 안내, 월별 리워드 프로그램 등을 공유했다. 또한 어필리에이트 간 교류와 정보 공유가 활발히 이루어지면서 하나의 '아누아 커뮤니티'가 형성되었다.

이 구조는 단순한 관리 채널이 아닌, 브랜드와 크리에이터가 같은 언어를 쓰는 협업의 장이 되었다. 브랜드는 크리에이터의 생생한 피드백을 얻었고, 크리에이터는 자신이 브랜드의 일원이라는 소속감을 느꼈다. 결국, 아누아의 시딩 전략은 제품을 전달하는 단계를 넘어 관계를 설계하는 단계로 진화한 것이다.

(+) 대기업의 반란, 라네즈

틱톡은 대기업에게 불리한 플랫폼이다. 트렌드는 하루가 다르게 바뀌고, 소비자의 주목은 몇 초 만에 이동한다. 그런데 대기업의 결재라인은 길고, 콘텐츠는 보수적이다. 논란 없고 검증된 셀럽을 섭외해 안전하게 마케팅을 진행하는 방식으로는 틱톡에서 살아남기 어렵다. 그런 환경에서, 시가총액 7조 원이 넘는 아모레퍼시픽의 브랜드 라네즈는 미국 틱톡 시장을 선점했다. 2025년 하반기 라네즈의 미국 틱톡샵 매출은 약 25억 원을 기록했다. 대기업의 느린 조직이 틱톡 세대의 속도를 따라잡은 비결은 Hero SKU 전략과 빠른 제품 출시 프로세스에 있었다.

트렌드를 읽는 감각

2025년 초, 미국에서는 헤일리 비버의 브랜드 'Rhode'의 '펩타이드 립 틴트'가 미국 전역을 휩쓸었다. 글레이즈 도넛에 설탕이 매끈하게 코팅되어 반짝이는 것처럼, 촉촉하고 반사광이 살아 있는 텍스처를 입술에 옮긴 듯한 이미지와 영상 콘텐츠들을 앞세웠다. '도넛처럼 매끄럽고 반짝이는 립글로스'라는 컨셉이 온갖 SNS를 통해 바이럴되고 베스트셀러가 되며 '도넛 립', '슈가 글레이즈', 'glazed skin' 같은 키워드가 순식간에 상승했다.

라네즈는 이 흐름을 빠르게 포착했다. '글레이즈 크레이즈 틴티드 립 세럼(Glaze Craze Tinted Lip Serum)'을 출시하며 제품의 팁을 도넛 형태로 디자인했고, 도넛 이미지와 질감이 강조된 영상 콘텐츠를 적극 활용하며 도넛 컨셉을 더욱 전면에 앞세웠다. 해당 제품은 성공적으로 미국 시장에 안착했고 라네즈는 트렌드의 후행자가 아니라 확장자로 자리를 잡았다.

푸드 키워드로 확장된 감각 마케팅

라네즈의 대표 제품인 '립 슬리핑 마스크(Lip Sleeping Mask)'는 미국 전역에서 '말차 붐'이 일어나던 시기에 '말차 그린'과 '타로 퍼플' 컬러를 출시하며 푸드 키워드를 제품에 녹여냈다. 이는 제품의 사용 경험을 감각적으로 확장시키는 동시에, SNS에서 트렌디하고 시각적으로 공유하기 좋은 소재가 되었다. 제품의 색감과 텍스처는 말차라떼와 버블티를 그대로 옮긴 듯했고, 말차 키워드 상승에 힘입어 새로운 베스트셀러가 되었다.

또한 한국에서는 보기 힘든 브라운 계열의 어두운 립 컬러를 선호하는 미국 소비자들의 취향을 반영해 컬러를 추가했고, 'tired girl', 'messy girl' 트렌드가 떠오를 시점에 맞춰 출시되면서 현지에서도 강한 경쟁력을 보여줬다. 여기에 이어서 '글레이즈 크레이즈 틴티드 립 세럼'과 '립 슬리핑 마스크'를 번들로 구성해 객단가를 높였다.

시즈널 마케팅

미국 소비자들은 시즈널(Sesonal) 경험 소비에 굉장히 익숙하고 민감하다. 할로윈이면 호박색, 다크 오렌지와 블랙 컬러를, 가을에는 브라운과 어두운 레드 계열을, 크리스마스에는 레드, 그린, 글리터를 선호하는 등 시즌과 트렌드를 연결시켜 구매 충동과 소장 욕구를 깊게 자극한다. 라네즈는 이를 정확하게 잘 활용하였다. 여름 시즌에는 피치 아이스티에서 따온 오렌지색과 베스킨라빈스와 립 슬리핑 마스크 콜라보를 통해 레인보우샤베트 아이스크림을 그대로 담은 듯한 립밤을 만들어냈다. 또한 할로윈에는 호박색 립 슬리핑 마스크를, 겨울 시즌에는 초콜릿 스모어를 연상시키는 브라운 컬러를 선보였다. 하리보 젤리를 연상시키는 컬러를 뽑아내거나 미국 젠지가 가장 좋아하는 바닐라를 접목시키는 등 틱톡 소비자들이 좋아하는 '소장 가치'를 자극하는 한정 제품 전략으로 지속적인 이목을 이끌었다.

이러한 시즈널 제품들은 단순한 이벤트성 마케팅일 뿐 아니라 라네즈를 트렌디한 브랜드로 브랜딩하는 데 큰 역할을 했다. 대기업이 감각적으로 움직일 수 있다는 가능성을 보여준 사례였다.

라네즈의 성공은 단순한 틱톡 히트상품의 이야기가 아니다. 이는 대기업도 틱톡의 속도로 움직일 수 있음을 보여준 실험의 결과다. 핵심 제품에 집중하고, 현지 트렌드와 컬러 감각을 빠르게 반영하며, SNS에서 소비자가 자연스럽게 콘텐츠를 만들 수 있도록 유도한 전략이다. 라네즈는 그 과정을 통해 대기업의 특유의 고루함을 극복해냈고, 이는 K-뷰티 브랜드가 글로벌 시장에서 새로운 존재감을 구축한 중요한 이정표가 됐다.

3장

브랜드 사이드의 전략

　틱톡샵 입점을 문의하는 브랜드들로부터 가장 많이 듣는 말은 "미국 진출 시작을 틱톡샵으로 하려고 해요"이다. 이 경우 나는 아주 적극적으로 말리는 편이다. 틱톡샵은 2023년 서비스 런칭 이후 폭발적으로 성장하고 있는 플랫폼이지만, 수십 년 넘게 자리를 버티고 있는 아마존에 비할 바가 되지 못한다. 틱톡샵은 아마존보다 아주 작은 규모이다. 미국에서의 성공 신화들이 틱톡에만 포커싱되어 있지만, 아마존과 자사몰(쇼피파이)의 힘이 더 컸다는 사실을 많은 사람들이 알아야 한다.

　틱톡샵에서 잘하고 있는 브랜드들 역시 틱톡샵 매출은 아마존 매출의 20% 수준이다. 25% 이상이라면 가히 기적이라고 볼 수 있다. 미국 소비자들은 한국 소비자만큼 까다롭지는 않지만, 처음 보는 물건이라면 구글과 아마존에 검색하여 찾아보는 성향이 있다. 특히나 아마존의 리뷰를 아주 신뢰하기 때문에, 아마존에 검색 결과가 없거나 리뷰가 없고 구글에서 자사몰이 검색되지 않는다면 구매 여정에서 그대로 이탈하게 된다. 게다가 틱톡샵 구조상 브랜드에게 많은 마진을 가져다주지 못한다. 간신히 마이너스만 면하는 수준만 돼도 선방이다. 글로벌에 도전하려는 많은 기업들이 이 부분을 간과하고 틱톡샵에만 몰두하려고 한다. '돈으로 찍어 누르는 마케팅을 하면 되지 않냐'고 생각할 수도 있겠지만, 그건 너무 어렵고 효율적이지 못하다(실제로 이런 플랜을 가지고 미팅을 한 브랜드도 있었다). 만약 그럴 돈이 있다면 틱톡이 아니라 아마존이나 쇼피파이 광고비에 쏟는 것이 마진을 더 많이 남길 수 있다.

　그 다음으로 가장 많이 받는 질문은 "기존에 운영하고 있는 아마존과 매출이 카니발라이제이션(cannibalization)되지는 않나요?"이다. 여기에 단호하게 "No"라고 답할 수 있다. 상위 티어(tier)에 있는 브랜드 관계자들과 이야기해 봐도 아마존 매출이 틱톡샵 때문에 빠지는 경우는 본 적이 없다. 애초에 소비자가 다르다. 아마존의 프라임 회원 혜택(무료배송, 당일 배송, 할인)을 누리는 사람들은 굳이 배송비가 있는 틱톡샵에서 구매하지 않는다. 틱톡샵은 충동구매 플랫폼이다. 콘텐츠를 보다가 홀린 듯이, 나도 모르게 구매하게 되는 사람들이 모여있다.

대부분의 사람들은 틱톡샵을 인하우스로 진행하려다가 많이들 실패한다. 현재 메디큐브, 아누아처럼 틱톡샵 서비스 오픈과 동시에 뛰어들어 상위권을 차지한 대형 브랜드가 아니라면 인하우스로 진행하는 것은 거의 불가능하다. 몇 가지 이유가 있는데 첫째, 인원을 채용하기가 거의 불가능하다. 틱톡샵 업무를 진행할 인원을 채용할 때 어떤 직무 설명(job description)을 써야 할지 난해하다. 온라인 MD가 와야 할까? 아니면 콘텐츠 마케터가 와야 할까?

온라인 MD가 오면 콘텐츠 부분에서 난항을 겪고, 콘텐츠 마케터가 오면 커머스 부분에서 난항을 겪는다. 그리고 운 좋게 온라인 MD와 콘텐츠 마케팅 경험이 모두 있는 사람을 찾았다 하더라도 영어를 할 수 있고 현지 사정에도 밝아야 하는데, 이런 사람은 채용시장에서 거의 찾을 수 없다고 보면 된다. 그렇다면 리드는 어떤 백그라운드를 가진 사람이 해야 할까?

전에 없던 형태의 이 플랫폼을 경험한 사람은 한국이 아니라 지구를 통틀어도 많지 않다. 틱톡샵을 원활하게 운영하기 위해서는 스토어 하나당 최소 5명의 인원은 두어야 한다. 캠페인과 라이브 일정에 맞춰서 가격과 제품 구성을 계속 업데이트해 줄 MD, 현지에서 잘 먹히는 광고 소재를 만들 줄 아는 콘텐츠 (시딩) 마케터, 일주일에 만 명 이상의 어필리에이터들에게 콜라보 제안할 어필리에이트 마케팅 담당자, 브랜드와의 유대 속에서 탑 어필리에이터들과 진정한 파트너십을 구축하고, 지속적인 교류를 통해 성장의 선순환을 이끄는 담당자, 그리고 이 모든 것을 총괄할 리드까지 있어야 한다.

둘째, 현지 크리에이터 풀이 없다 보니 돈은 돈대로 쓰고, 인게이지먼트는 저조한 현상을 계속 겪게 된다. 좋은 크리에이터들을 정해진 버젯 안에 사용하는 것이 능력인데, 라포 형성이 안 되어 있다 보니 비싼 금액에 인게이지먼트가 저조한 크리에이터들과 계속 협업하는 수밖에 없다.

셋째, 불안정한 틱톡 시스템 이슈를 해결할 경험치가 없다. 틱톡 시스템은 아주 불안정해서 오류가 잦다. 업데이트와 규정 변경도 잦은데 원인불명의 이슈로 샵의 판매에 영향을 준다면 틱톡 본사와 소통하여 이를 해결하여야 한다. 하지만 보통 컨택 포인트가 없어서 해결하는 데 애를 먹는다. 이럴 때 이런 이슈들을 경험해 보고, 틱톡 미국과 한국 본사와 소통할 수 있는 채널이 있는 에이전시와 함께라면 큰 도움이 된다.

이러한 이유 때문에 대부분의 브랜드가 에이전시에 맡겨서 진행을 하고 있다. 에이전시에 대행을 맡길 때는 유의해야 할 사항이 있다. 에이전시는 우리의 손과 발이 되어줄 뿐, 머리가 되어줄 수는 없다는 것이다. 그들의 경험과 인사이트를 활용하되 우리 브랜드에 맞게 움직여지고 있는지 확인해야 한다. 아래는 틱톡샵을 시작할 때 하지 말아야 할 5가지이다.

① 아마존과 쇼피파이 오픈 전에 틱톡 시딩을 시작하지 말아야 한다. 콘텐츠만 있을 뿐 구매 퍼널이 안 갖춰지면 소비자는 그대로 이탈한다.

② 핵심 상품(Hero Sku)을 시장의 선택에 맡기지 말아야 한다. 우리는 현지 베스트셀링 제품들을 분석하고 데이터를 뜯어보면서 전략적으로 밀 제품을 결정해야 한다. 제발 전 상품을 모두 시딩하고 반응을 기다리지 말자.

③ 유가 시딩 비용 절약을 위해 무가 시딩에만 집중하는 것도 피해

야 한다. 미국 크리에이터들에게는 정(情)을 기대하면 안 된다. 돈이 되지 않는다고 판단되면 제품을 받고 그대로 잠적해 버리거나 아주 성의 없는 영상만 업로드할 뿐이다.

④ 대량 시딩 캠페인에 영상에 녹일 수 있는 제품 포인트를 반드시 녹여야 한다. 제품 설명만 몇 줄 주고 몇천만 원을 태우는 일도 비일비재한데, 어떤 USP를 어떤 방식으로 영상에 녹일 수 있을지 꼼꼼한 설계가 필요하다.

⑤ 브랜드에서 크리에이터들이 보고 따라할 만한 USP를 강조한 영상이 없다면 처음부터 메가 인플루언서를 쓰지 말아야 한다. 백만 팔로워가 넘는 메가급 인플루언서 협업으로 시딩을 시작하는 것은 가장 돈버리기 좋은 방법이다. 에이전시에서는 돈이 되니까 부추기는 경우가 많은데, 메가 인플루언서의 영상을 보고 그 제품을 틱톡에 검색했을 때 보이는 영상이 별로 없거나 허접하다면 그대로 구매여정에서 이탈한다. 메가급은 어느 정도 영상 에셋이 쌓인 뒤에 진행해야 한다.

이제 브랜드에서 틱톡샵 입점 혹은 운영을 위해 틱톡샵의 기능적인 이야기를 해보려고 한다.

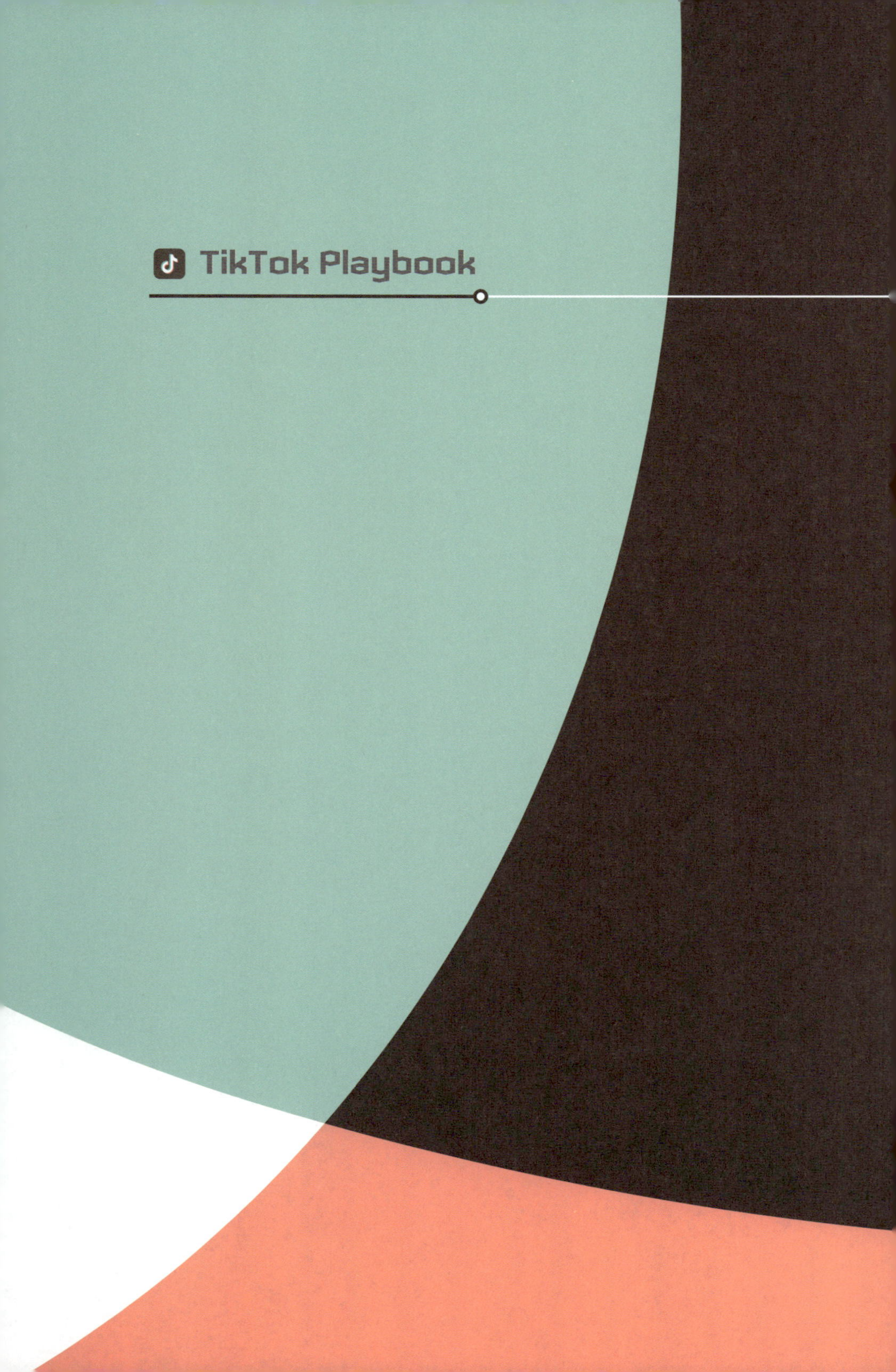
TikTok Playbook

3부

틱톡샵 사용 방법

1장

샵 세팅 - us 법인

가입 방법

옵션 1 TikTok 계정으로 가입하기

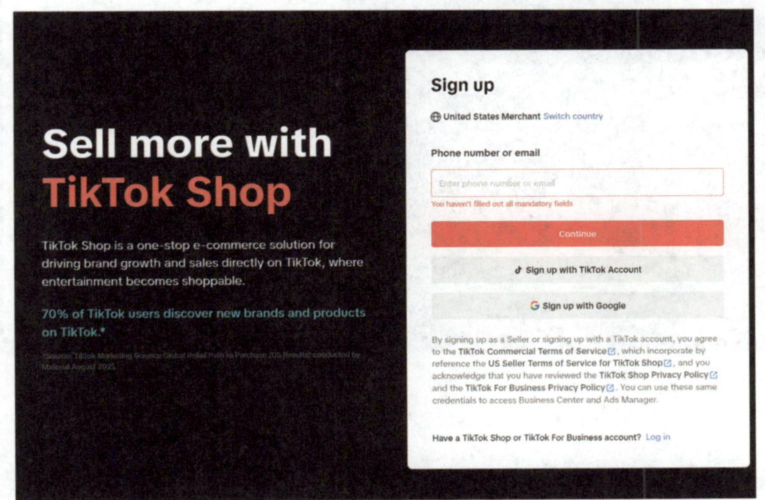

TikTok Shop에 가입하는 첫 번째 방법은 본인의 TikTok 계정을 사용하는 것이다. 'Use QR code'를 선택해 안내에 따라 진행하거나, TikTok 계정에 연결된 전화번호, 이메일, 또는 사용자 이름으로 로그인할 수 있다. 로그인 화면이 표시되면, 'Authorize(승인)' 버튼을 선택하여 계정 연동을 완료한다.

옵션 2 이메일 또는 전화번호로 가입하기

두 번째 방법은 이메일 주소 또는 전화번호를 입력해 인증 코드를 받아 가입하는 방식이다. 기본값은 이메일로 설정되어 있지만, 전화번호로 가입하는 옵션도 선택할 수 있다.

① 이메일 주소 또는 전화번호를 입력한다.

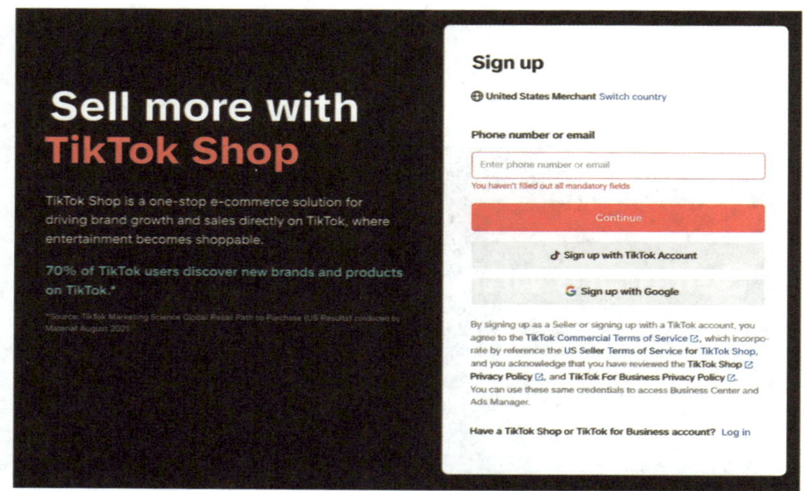

② 입력한 정보로 인증 코드가 전송된다. 이메일로 가입 시 이메일
로, 전화번호로 가입 시 문자 메시지로 코드가 도착한다.

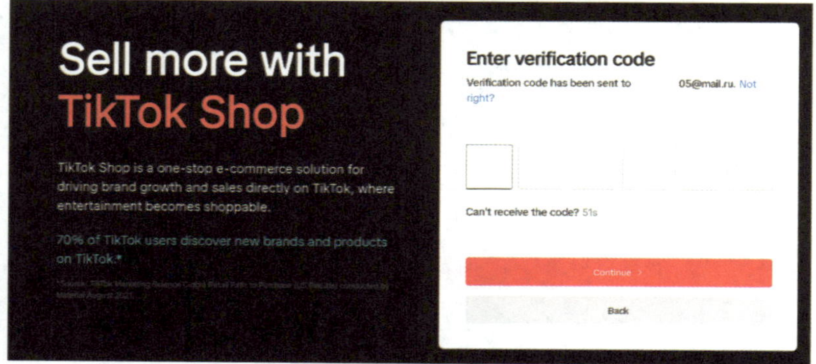

③ 수신한 인증 코드를 입력한다.
④ 비밀번호를 설정하면 등록이 완료된다.

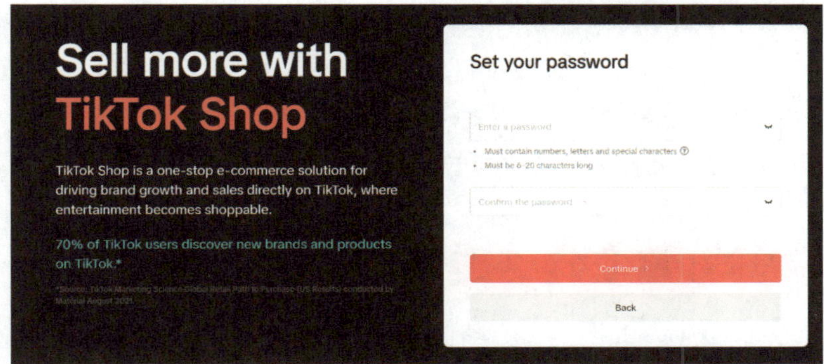

가입 중 발생할 수 있는 문제

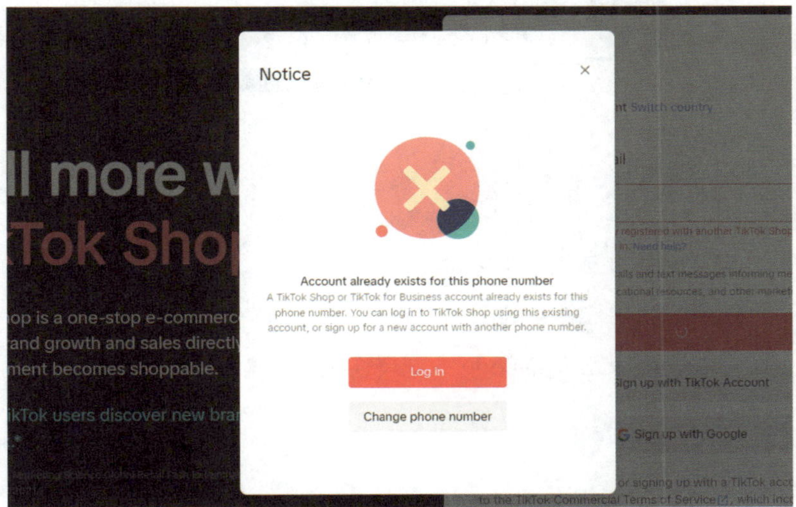

가입 과정에서 "Account already exists(계정이 이미 존재합니다)"라는
오류 메시지가 표시될 수 있다. 이는 입력한 이메일 주소나 전화번호가
이미 TikTok Shop 계정 또는 TikTok for Business(광고 계정 등)에 등록
되어 있는 경우다.

- 잘못 입력한 경우: 'Change phone number' 또는는 'Change email address'를 선택해 수정한다.
- 기존 계정으로 로그인하려는 경우: 'Log in'을 선택한다.

다음 화면에서, 가입 시 사용했던 방식(이메일 또는 전화번호)에 맞게 로그인 정보를 입력한다.

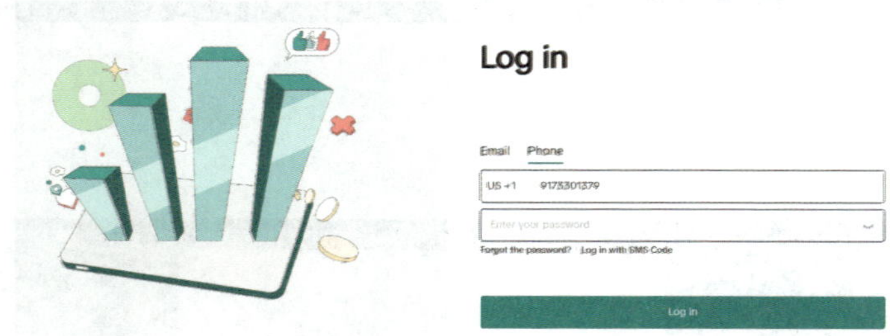

비밀번호를 잊은 경우

(1) 전화번호로 가입한 경우

옵션 1 SMS 코드로 로그인하기

① 'Log in with SMS code'를 선택한다.

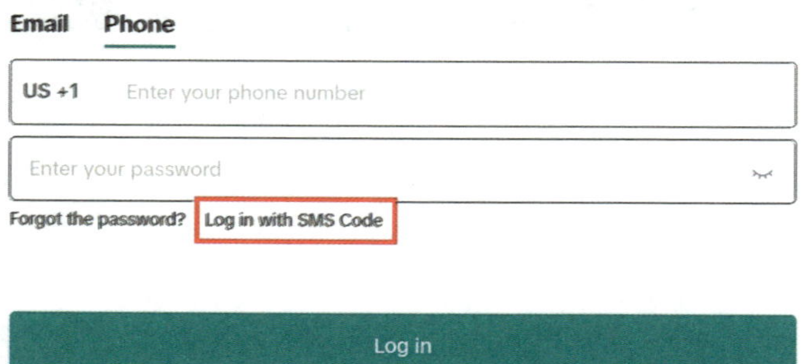

② 'Send code'를 눌러 문자 메시지로 인증 코드를 받는다.

③ 수신된 코드를 입력 후 'Log in'을 클릭한다.

옵션 2 비밀번호 재설정

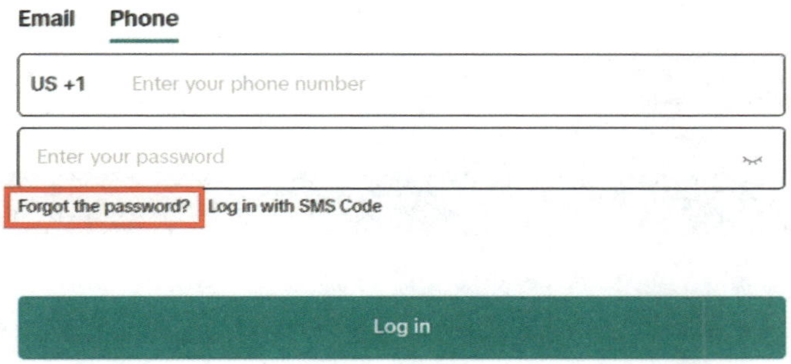

① 'Forgot the password?'를 선택한다.

② 문자 메시지로 전송된 인증 코드를 입력한다.

③ 새 비밀번호를 두 칸 모두 동일하게 입력한다.

④ 'Reset Password'를 클릭하여 비밀번호를 재설정한다.

(2) 이메일로 가입한 경우

옵션 3 비밀번호 재설정(이메일)

Log in

Email　**Phone**

Enter your email address

Enter your password

Forgot the password?

Log in

① 'Forgot the password?'를 선택한다.

② 이메일로 전송된 인증 코드를 확인하고 입력한다.

③ 새 비밀번호를 두 칸 모두 동일하게 입력한다.

④ 'Reset Password'를 클릭해 비밀번호를 재설정한다.

플랫폼 온보딩(가입 후 설정 단계)

(1) 비즈니스 유형 선택

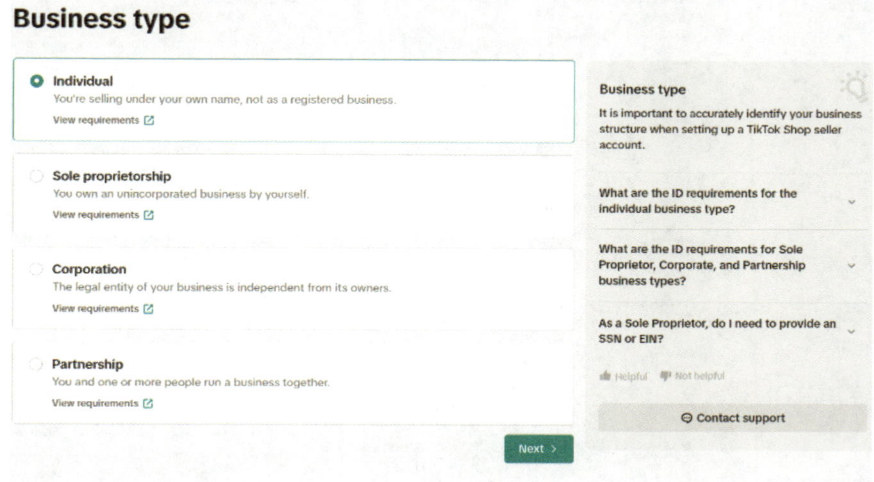

가입 후, 가장 먼저 비즈니스 유형을 선택해야 한다. 개인 판매자의 경우 'Individual'을 선택한다.

Individual

개인 명의로 판매를 진행하는 경우를 의미하며, 별도의 법인 등록이 되어 있지 않은 개인 판매자를 지칭한다.

(2) 판매자(계정 소유자) 정보 등록

TikTok Shop에서 판매를 진행하려면, 계정 소유자(대표자)의 신원 확인이 필수다. 개인 판매자는 다음 서류 중 하나를 제출해야 한다.

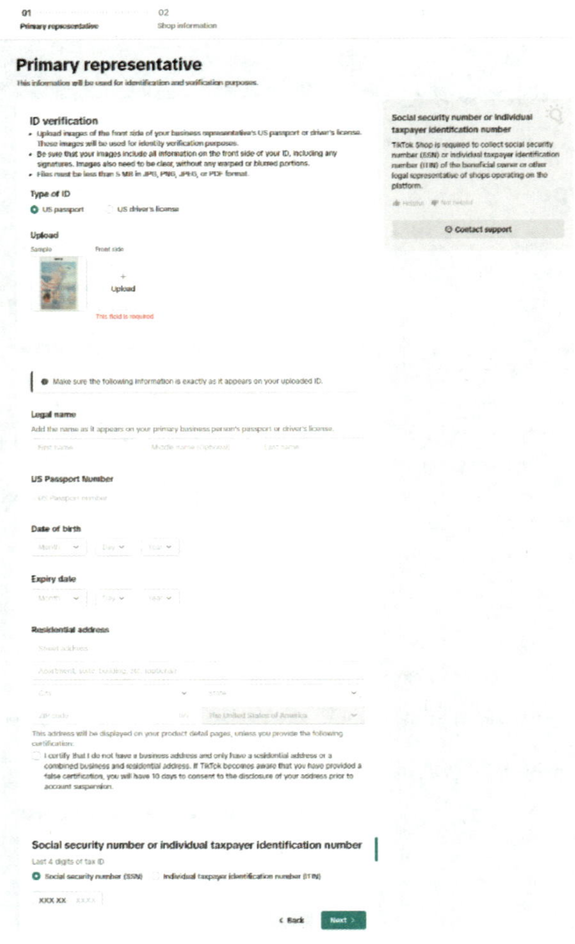

- 미국 여권 또는 여권 카드(US Passport/Passport Card)
- 미국 운전면허증(US Driver License)
- 주정부 발급 신분증(State ID)
- 영주권 카드(Permanent Resident Card)
- 사회보장번호(SSN) 또는 개인 납세자 번호(ITIN) 마지막 4자리

※주의: 제출하는 모든 정보는 신분증에 기재된 내용과 정확히 일치해야 한다.

- 법적 이름(Legal name)
- 생년월일(Date of birth)
- 신분증 번호(ID number)
- 유효기간(Expiration date)
- 거주 주소(Residential address)
- SSN 또는 ITIN 마지막 4자리

또한 미국 규정에 따라, 판매자는 소비자에게 사업장 주소를 공개해야 한다. 만약 입력한 주소가 실제 거주지인 경우 'Certify' 체크박스를 선택하면 주소의 일부만 공개된다.

샵 정보 설정

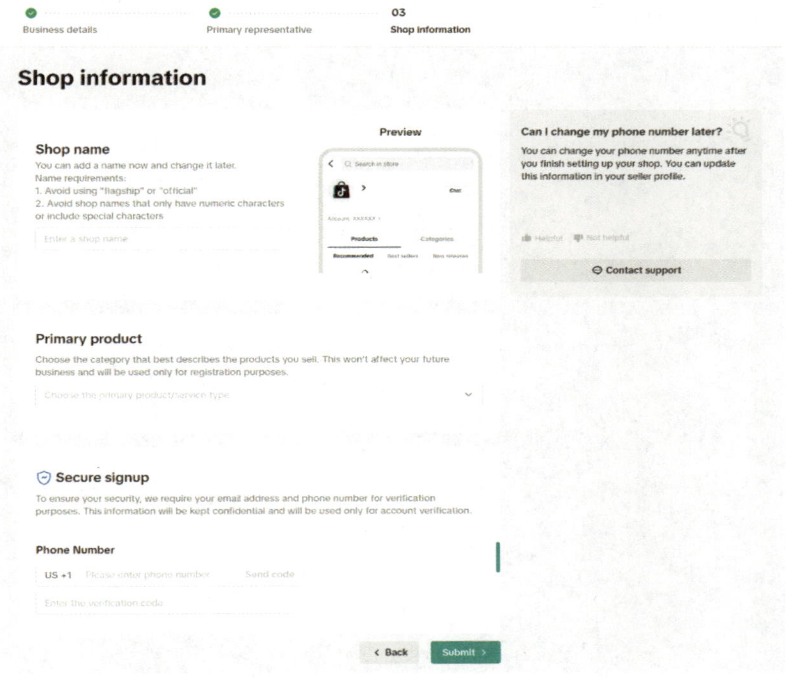

샵 이름(Shop name)을 설정한다. 이 이름은 소비자에게 노출되므로, 브랜드의 이름을 사용하는 것이 좋다.

샵 이름 작성 가이드라인

- 문자(a-z, A-Z), 숫자, 특수문자를 사용할 수 있으나, 숫자나 특수문자만으로 구성된 이름은 불가능하다.
- 브랜드 콘셉트나 제품 특성을 반영한 이름을 권장한다.
- 의미 없는 단어나 조합은 피한다.
- 'flagship'이나 'official' 같은 단어는 사용할 수 없다.
- 필요시 이후 변경 가능하다.

이후, 주력 상품 카테고리(primary product/service type)를 선택한다. 이는 단순히 등록 절차를 위한 분류이며, 실제 판매 활동에는 영향을 미치지 않는다. 또한 인증 및 연락용 이메일 또는 전화번호를 추가로 입력한다.

판매자 정보 제출 및 검수

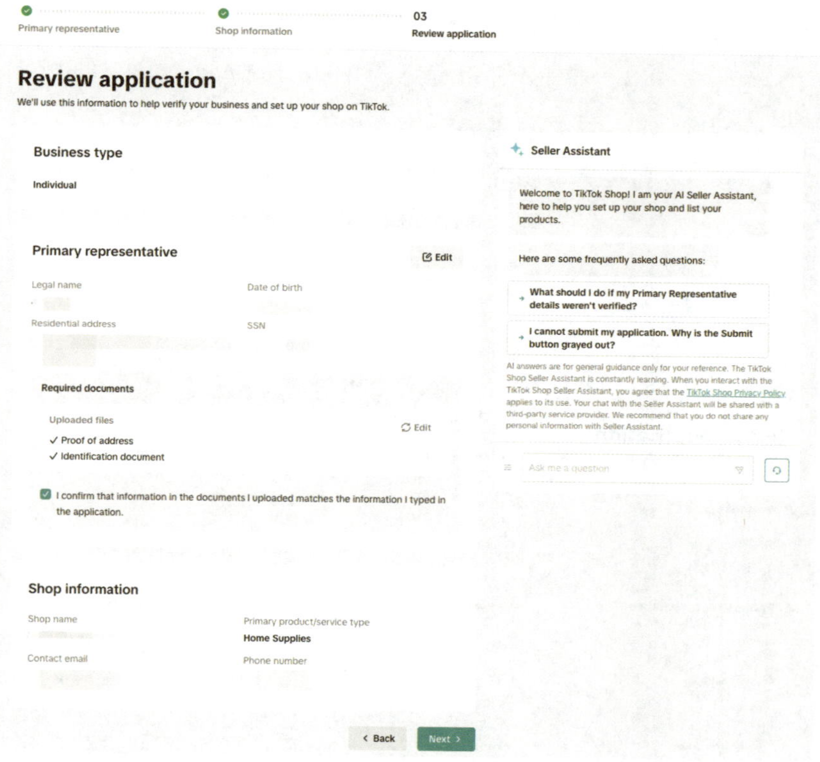

가입 완료 전, 'Review Application(검토 페이지)' 단계에서 제출한 정보가 자동 검증된다.

- 모든 항목이 정상적으로 검증되면 각 항목 옆에 초록색 체크 표시(✓)가 나타난다.

- 만약 정보 확인에 실패하거나 보완이 필요한 경우, 노란색 경고 표시(⚠)가 나타난다. 이 경우, 해당 정보를 수정하거나 서류를 다시 업로드해야 한다.

검증 항목

- 법적 이름과 생년월일은 신분증 정보와 일치해야 한다.
- 거주 주소는 제출한 주소 증빙 서류(Proof of Address)와 일치해야
  한다.
- SSN은 대표자 본인에게 법적으로 부여된 번호여야 한다.

정보 수정 및 서류 업로드

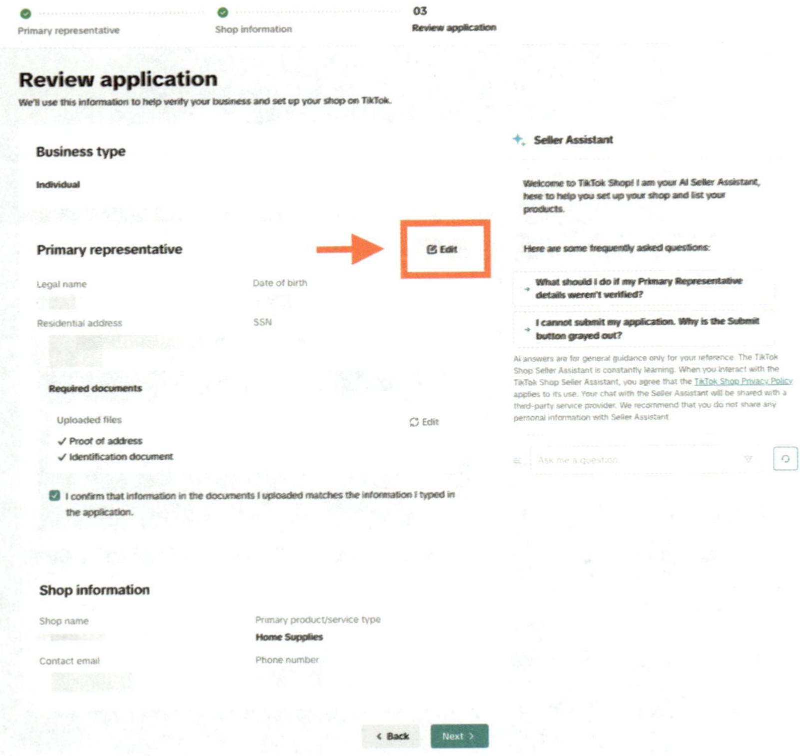

정보 수정

정보를 수정해야 할 경우, 상단의 'Edit your information' 또는 우측 상단의 'Edit' 버튼을 클릭한다. 수정 후, 신분증 및 증빙 서류의 정보와 입력 정보가 일치하는지 반드시 확인한다.

주소 증빙 서류 업로드

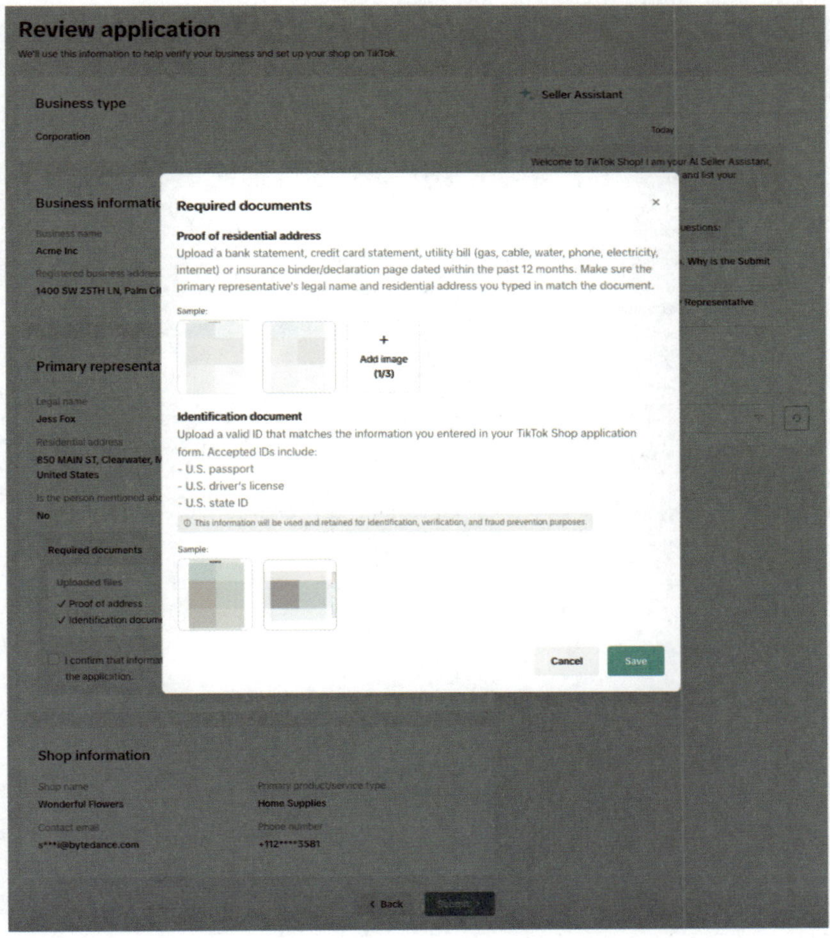

'Upload documents' 링크를 클릭하면 증빙 서류 제출 페이지로 이동한다. 해당 섹션에서 Proof of Address(주소 증빙) 및 ID Verification(신분증 확인) 서류를 업로드할 수 있다.

Primary representative   Edit

Legal name

Date of birth

Residential address

SSN

Is the person mentioned above an ultimate beneficial owner (UBO)?
No

Required documents

Uploaded files   Edit

✓ Proof of address
✓ Identification document

☑ I confirm that information in the documents I uploaded matches the information I typed in the application.

파일 업로드 후, 입력 정보와 제출 서류가 일치함을 확인하는 체크박스를 선택해야 한다.

정보가 불일치할 경우, 다시 Primary representative section(대표자 정보)로 돌아가 수정 후 재제출한다.

최종 제출

모든 항목이 검증을 통과하면, 각 항목 옆에 **초록색 체크 표시**가 나타나며, 'Primary Representative' 섹션 하단에는 'Information verified(정보 검증 완료)' 배너가 표시된다. 모든 정보가 확인되면, 페이지 하단의 'Submit(제출)' 버튼을 클릭하여 등록을 완료한다.

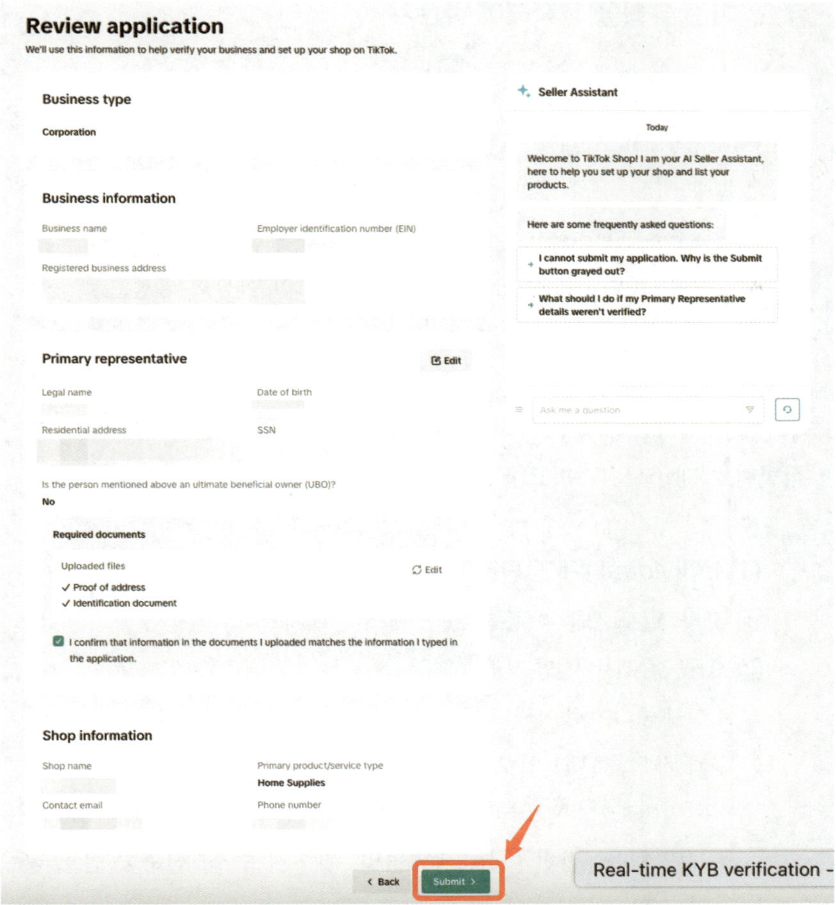

Review application

We'll use this information to help verify your business and set up your shop on TikTok.

Business type

Corporation

Business information

Business name

Employer identification number (EIN)

Registered business address

Primary representative ☑ Edit

Legal name

Date of birth

Residential address

SSN

Is the person mentioned above an ultimate beneficial owner (UBO)?
No

Required documents

Uploaded files ↻ Edit
✓ Proof of address
✓ Identification document

☑ I confirm that information in the documents I uploaded matches the information I typed in the application.

Shop information

Shop name

Primary product/service type
Home Supplies

Contact email

Phone number

‹ Back   Submit ›

Real-time KYB verification –

✦ Seller Assistant

Today

Welcome to TikTok Shop! I am your AI Seller Assistant, here to help you set up your shop and list your products.

Here are some frequently asked questions:

I cannot submit my application. Why is the Submit button grayed out?

What should I do if my Primary Representative details weren't verified?

Ask me a question

본 장에서는 동일한 가입·온보딩 흐름 중 **유형별로 달라지는 요구사항**만을 정리한다. 공통 절차(계정 생성, 상점명 규칙, 카테고리 선택, 연락처 입력, 검수 화면의 기본 조작 등)는 앞 장을 참조하길 바란다.

개요: 어떤 유형을 선택해야 하는가

TikTok Shop은 판매자의 법적 형태에 따라 정보를 다르게 요구한다.

- Individual: 사업자 등록 없이 개인 명의로 판매하는 가장 단순한 형태
- Sole Proprietorship: 개인이 단독으로 운영하는 개인사업자
- Corporation / Partnership: 법인 또는 2인 이상이 공동으로 운영하는 사업체

핵심 차이는 제출 서류의 범위(개인 신분 vs 사업자 정보 vs UBO 정보)와 식별번호(EIN/SSN/ITIN) 요구 수준이다.

(1) Individual (개인 판매자)

① 정의: 별도 사업자 등록 없는 개인 판매자

② 요구 정보(차이점만 기재)

- 신분증: 미국 여권(또는 여권 카드), 운전면허증, 주정부 ID, 영주권 카드 중 택1 업로드(앞면)
- 식별번호: SSN 또는 ITIN의 마지막 4자리
- 개인 항목: 법적 이름, 생년월일, 거주지 주소, 신분증 번호 및 만료일
- 주소 공개: 상품 상세페이지에 사업 주소 노출 의무. 거주지인 경우 'Certify' 체크로 부분 공개 처리 가능

③ 특징

- 검증 범위가 개인 1인에 한정되어 가장 단순·신속
- EIN 불요, UBO 불요

Individual은 '초기 테스트·소규모 판매'에 유리하나, 매출 확대 및 세무 처리를 고려하면 차후 사업자 유형 전환을 검토할 수 있다.

(2) Sole Proprietorship (개인사업자)

① 정의: 개인이 단독으로 운영하는 등록된 사업체로, 법인격은 없으나 사업자 정보가 존재한다.

② 요구 정보(차이점만 기재)

- 사업자 정보: 법적 사업자명(Legal Business Name), 등록된 사업 주소
- EIN: 선택적(if applicable)—보유 시 기재
- 대표자 개인 정보: 역할(Role), 법적 이름, 생년월일, 거주지 주소, SSN/ITIN 마지막 4자리
- 주소 공개: 상품 상세페이지 노출 의무(거주지일 경우 'Certify'로 부분 공개 가능)

④ 특징

- 개인 + 사업자 기본 정보를 함께 검증
- 문서 제출·검증 난도가 중간 수준
- UBO 개념은 적용되지 않음

개인 명의로 영업하되 거래처와의 신뢰·정산 편의를 위해 **EIN 발급**을 고려하라(세무·금융 분리).

(3) Corporation / Partnership (법인/파트너십)

① 정의: 법인으로 등록되었거나 2인 이상의 공동사업 형태

② 요구 정보(차이점만 기재)

- 사업자 정보: 법적 사업자명, 등록된 법인 주소, EIN(필수)
- UBO(지분 보유자) 정보: 모든 UBO의 여권 사본 업로드, 이름/생년월일/만료일/국적/거주지/SSN(또는 해당 식별 정보) 입력
- 대표자(Primary Representative) 정보: 역할, 법적 이름, 생년월일, 거주지, SSN/ITIN 마지막 4자리
- 주소 공개: 상품 상세페이지 노출 의무(거주지 노출 시 'Certify'로 부분 공개)

③ 특징

- 법인 + 다수 개인(UBO) 검증이 병행되어 가장 복잡
- 내부 지배구조·지분 구조가 불명확하면 검증 지연 가능성이 높음

체크리스트(요약)

☐ EIN 준비(필수)
☐ UBO 전원 여권 사본 수집
☐ UBO 인적 정보(이름/생년월일/만료일/국적/주소/SSN 일부) 정합성 점검
☐ 대표자 정보와 기업 등록 정보 간 일치 여부 확인

(4) 검증 실패(⚠) 대응의 포인트 (유형별 차이 중심)

① Individual: 대개 신분증 정보·SSN 4자리 불일치가 원인 → 신분증 스캔 상태, Legal name 철자, DOB 재확인

② Sole Proprietorship: 사업자명·사업 주소와 대표자 정보 간 불일치가 빈번 → 사업자 등록문서 기준으로 다시 입력

③ Corporation/Partnership: EIN 누락, UBO 일부 미제출 또는
UBO 정보 불일치가 주요 원인 → UBO 전원 자료를 동일 포맷으
로 정리해 일괄 제출

(5) 의사결정 가이드 (요약)

- 빠른 개시·개인 단독 판매: Individual
- 개인 책임 유지 + 사업자명·주소로 대외 신뢰 강화: Sole Proprietorship
- 지분 분산·법인격 활용·대규모 운영: Corporation/Partnership

[부록 A] 유형별 요구 항목 비교 표(공통 제외)

항목	Individual	Sole Prop.	Corp./Partnership
법적 형태 선택	Individual	Sole Proprietorship	Corporation or Partnership
사업자 정보 (법적 사업자 명/법인주소)	불요	필요	필요(법인 기준)
EIN	불요	선택	필수
대표자 신분증 업로드	필수 (개인 ID)	대표자 정보 필수, 업로드는 케이스별	대표자 + UBO 전원 문서 요구
UBO 정보	불요	불요	필수(전원 수집)
SSN/ITIN 마지막 4자리	필수	필수	필수
검증 난이도	낮음	중간	높음

* 표는 본문 이해를 돕기 위한 보조 수단으로, 실제 제출 요건은 시점·지역에 따라 세부 변경 가능성을 내포한다. 최신 정책은 플랫폼의 공식 가이드를 확인할 것

결론

　세 유형의 온보딩은 형식만 다를 뿐, 목적은 동일하다. 실질적 소유 구조와 조세·책임 체계를 명확히 증빙하는 것이다. 초기에는 Individual 또는 Sole Proprietorship으로 빠르게 시작하되, 지분 구조·투자·거래 규모가 확대되는 시점에는 법인 전환을 통해 EIN, UBO 관리, 내부 통제 체계를 갖추는 편이 검증 효율과 대외 신뢰 측면에서 유리하다.

2장

샵 세팅 - 한국 법인

TikTok Shop에 한국 법인으로 입점하기 위해서는, 기본적으로 TikTok 코리아에서 발급하는 'Cross-border 등록 링크'를 통해 절차를 시작해야 한다. 이 링크는 해외 법인(특히 미국 법인)과 동일한 셀러 센터 구조를 기반으로 하지만, 한국 법인의 경우 별도의 서류 제출과 인증 단계가 추가된다.

필수 서류 및 정보

아래는 한국 법인 기준으로 TikTok Shop 입점 시 요구되는 서류 항목이다.

(1) 사업자 정보(한국 법인 기준)

- 영문 사업자등록증
- 국문 법인등기부등본
- 사업장 기본 주소(영문 표기)
- 현지 물류 증빙 서류(예: 3PL 계약서 또는 아마존 FBA 사용 내역)

아마존 셀러 센터를 통한 FBA 사용 이력은 현지 물류 운영 실적 증빙으로 인정된다.

(2) 샵 책임자 정보

- 여권 사본(Passport Copy)
- 샵 책임자 거주지 주소(Proof of Residential Address)
- Letter of Authorization(LOA, 위임장)
- 거주지 증빙 서류(공과금 청구서, 은행 명세서 등)

모든 서류는 영문 또는 공인 번역본 형태로 제출해야 하며, 주소·이름·생년월일 등 주요 정보는 LOA 및 신분증과 완전히 일치해야 한다.

절차 및 유의사항

① TikTok 코리아로부터 Cross-border 등록 링크를 수령한다(이 링크 없이는 한국 법인의 직접 입점 절차를 시작할 수 없다).
② 링크 내 안내에 따라, 법인 정보 및 대표자 정보, 서류 업로드를 진행한다.
③ 이후 단계(세금 정보, 물류창고 등록, 상품 등록, 공식 계정 연동)는 미국 법인 절차와 동일하게 적용된다. 즉, 한국 법인은 등록 절차 초기에만 별도의 서류 검증 단계를 거치며, 인증이 완료되면 이후 프로세스는 일반 US Seller와 동일한 규격으로 운영된다.

정리

구분	한국 법인 (Cross-border)	미국 법인 (US Seller)
등록 링크	TikTok Korea 발급 필요	Seller Center 직접 등록 가능
이메일	Gmail 기반 계정 필수	자유 형식 가능
서류	한국 사업자등록증, 법인등기부, 3PL 계약서	EIN, 사업자등록증, W9
LOA	필수	필수
물류	3PL 또는 FBA 사용 내역 증빙 필요	미국 내 물류 주소 직접 등록
이후 절차(세금/창고/상품/계정 연동)	동일	동일

샵 초기 세팅 전 주의사항

TikTok Shop 판매자로 등록하기 전, 반드시 본인이 판매 자격 조건을 충족하는지 확인하고, 필요한 서류와 정보가 모두 준비되어 있는지 검토해야 한다. 모든 비즈니스 인증(Business Verification)이 성공적으로 제출되면, 셀러는 다음의 샵 설정 단계를 순차적으로 진행할 수 있다.

3장

샵 설정

단계 개요

인증 완료 후 셀러는 다음 항목들을 순차적으로 설정해야 한다.
① Warehouse Setup(물류창고 설정)
② Add Products(상품 등록)
③ Tax Information(세금 정보 등록)
④ Linking Official TikTok Account(공식 계정 연동)

한 명의 셀러는 최대 5개의 샵을 개설할 수 있으나, 동시에 한 개의 샵만 등록 진행이 가능하다. 여러 샵을 한 번에 등록하는 것은 불가능하다.

비즈니스 인증(Business Verification)

비즈니스 정보를 제출한 후, 검증 과정에서 수정이 필요한 항목이 있을 경우 시스템을 통해 자동 알림이 전송된다.

(1) 인증 실패 시 조치

등록이 승인되지 않을 경우, 먼저 Seller Center에 입력한 정보에 오타나 불일치가 없는지 확인한다. 추가 서류 제출 요청을 받은 경우, 제출한 정보와 서류 내용이 정확히 일치해야 한다. 예를 들어, 주소 검증이 실패한 경우에는 업로드한 공과금 청구서(utility bill)의 주소가 Seller

Center에 입력한 주소와 완전히 동일해야 한다.

(2) 서류 이미지 불명확으로 인한 반려

이미지 품질 문제로 '불명확한 문서(unclear documentation)' 알림을 받은 경우, 아래 기준을 충족해야 한다.

- 명확하고 고해상도의 완전한 문서 이미지
- 유효기간이 지나지 않은 서류
- 파일 형식: JPG, JPEG, PNG, 또는 PDF만 허용
- 흐리거나 잘린 이미지, 필터가 적용된 이미지, 화면 캡처본(화면 배너나 아이콘이 표시된 경우)은 모두 불가

(3) 잘못된 정보 제출 시

제출된 정보와 서류 간 불일치로 인해 반려된 경우, Seller Center 내의 모든 정보가 문서와 정확히 일치하도록 재검토 및 수정해야 한다. 비즈니스 인증이 성공적으로 완료되면, 이후 단계인 세금 정보(Tax Information)와 물류창고 설정(Warehouse Setup)을 진행할 수 있다.

세금 정보 등록(Tax Information)

TikTok Shop으로부터 판매대금을 정산받기 위해서는 반드시 세금 정보(W9 양식)를 제출해야 한다.

제출 전, 작성된 W9 양식의 미리보기(Preview)를 통해 내용 확인이 가능하다.

세금 문서 반려 시 조치

세금 정보가 반려된 경우에는 다음 세 가지 항목이 일치하는지 다시 확인해야 한다.

- EIN/SSN 번호
- 납세자명(Taxpayer Name)
- 세금 식별번호(Tax Number)

불일치로 인해 반려된 경우, 수정 후 다시 제출할 수 있다.

물류창고 설정(Warehouse Setup)

TikTok Shop은 기본적으로 TikTok Shipping 서비스를 자동 적용하여 배송 절차를 간소화한다. 이를 위해 출고지(Ship from address) 또는 픽업 주소(Pick-up address)를 반드시 등록해야 한다.

- 시스템은 입력된 주소가 USPS(미국 우편 서비스) 기준에 따라 유효한지 자동 검증한다.
- 주소가 유효하지 않을 경우, 수정 안내가 표시된다.
- 출고지(Ship from)와 반품지(Return Address)는 배송 계정 주소의 유효성 여부와 무관하다.
- 추후 Seller Center에서 추가 창고 주소 등록 또는 수정이 가능하다.

상품 등록(Add Products)

상점 설정 단계에서는 판매자가 상품을 등록하는 여러 방법을 제공한다.

- 단일 상품 등록(Single Upload)
- 대량 업로드(Bulk Upload)

- 기존 전자상거래 플랫폼 연동(Shop Synchronization)

상품이 소비자에게 노출되기 위해서는 **W9 양식 제출**이 선행되어야 한다. 세금 정보가 검증된 후, TikTok 팀이 내부 심사를 진행하며, 승인된 상품은 자동으로 공개된다.

상품 상태 표시
- 내부 검수를 통과한 상품은 'Pre-approved' 상태로 표시된다.
- 상점 전체가 승인되면 상품 상태는 'Live'로 전환되며, 소비자에게 공개된다.

공식 TikTok 계정 연동(Link Official TikTok Account)

TikTok Shop 계정에 공식 TikTok 계정(Official Account)을 연동하면, 브랜드 인지도 제고와 유입 트래픽 증대에 도움이 된다.

주요 규정
- 각 TikTok Shop 계정에는 공식 계정 1개만 연동 가능하다.
- TikTok Shop에 업로드된 상품은 자동으로 해당 공식 계정의 프로필 상품 탭에 표시된다.
- 공식 계정은 **최대 3회까지 변경** 가능하다.
- 샵 이름(Shop Name)은 TikTok 공식 계정의 닉네임(Nickname)으로 자동 반영된다.
- 연동 완료 후, 공식 계정은 전자상거래 영상 및 라이브 커머스 권한이 자동 활성화된다.

요약 및 실무 체크리스트

항목	핵심 점검 사항
비즈니스 인증	모든 입력 정보와 문서의 주소·이름·날짜가 정확히 일치해야 함
UBO 제출	25% 이상 지분 보유자 전원 정보 제출 필요
세금 정보(W9)	EIN/SSN, 납세자명, 세금번호 정확히 입력
물류창고 주소	USPS 기준 검증 필수, 수정 가능
상품 등록	W9 제출 후 Pre-approved → Live 전환
공식 계정 연동	1개만 가능, 최대 3회 변경 가능

결론

TikTok Shop의 온보딩 절차는 단순히 계정을 개설하는 과정을 넘어, 세무·물류·상품·콘텐츠 시스템을 통합적으로 검증하는 단계이다. 모든 정보는 법적 서류와 완전히 일치해야 하며, 불일치 시 등록 지연이나 반려가 발생할 수 있다. 각 단계를 정확히 이행하면, 안정적인 정산과 신뢰성 높은 브랜드 스토어 운영이 가능하다.

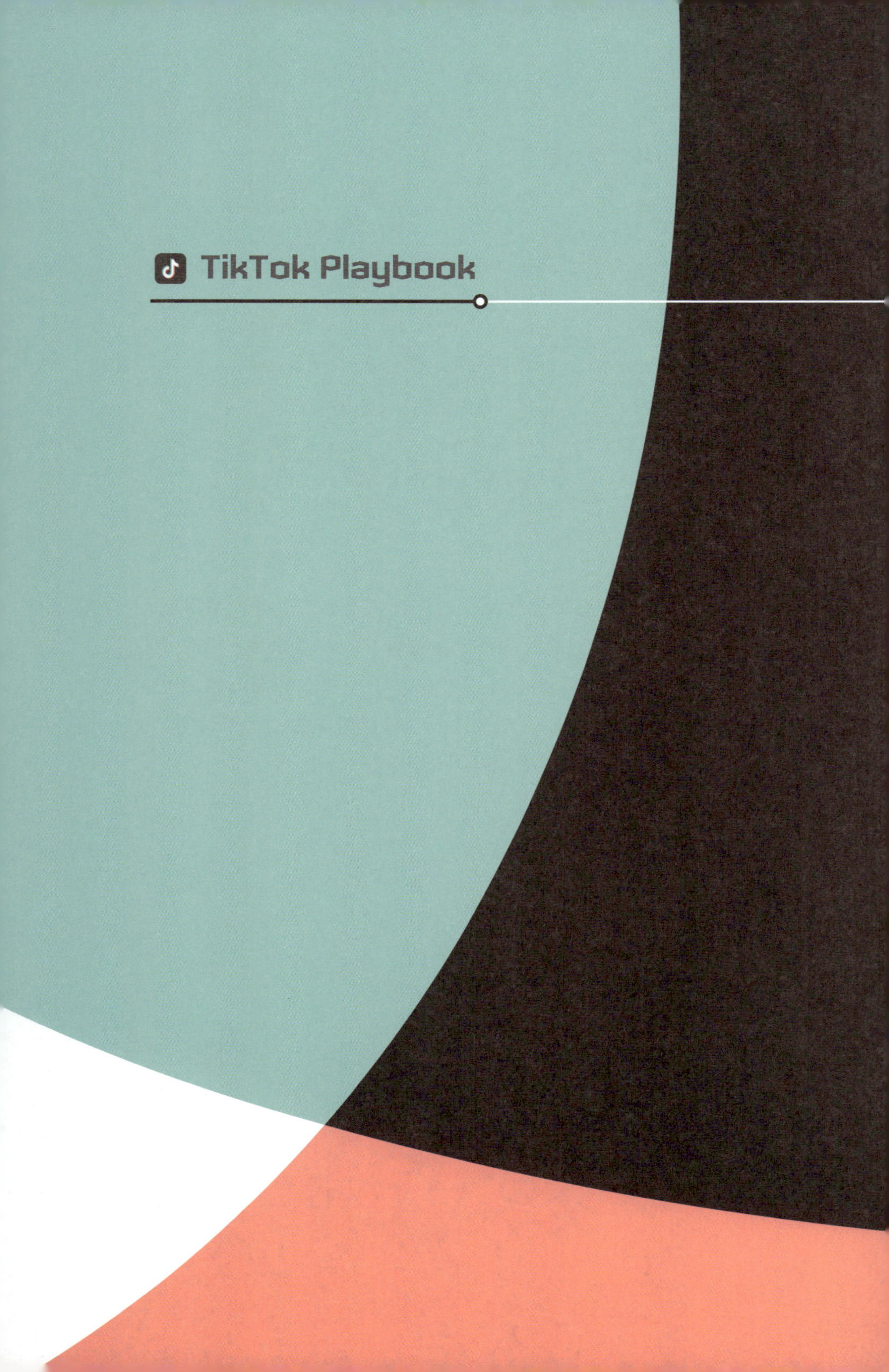

TikTok Playbook

4부

틱톡샵 운영 노하우

* 이미지 출처: tiktok shop academy

1장

주문 처리
(Orders)

Manage Orders는 TikTok Shop 셀러 센터에서 주문을 처리하고, 배송·취소·반품 등과 관련된 모든 상황을 한눈에 관리할 수 있는 핵심 메뉴이다. 이 장에서는 각 기능의 구조와 사용 방법을 단계별로 설명한다.

기본 구성

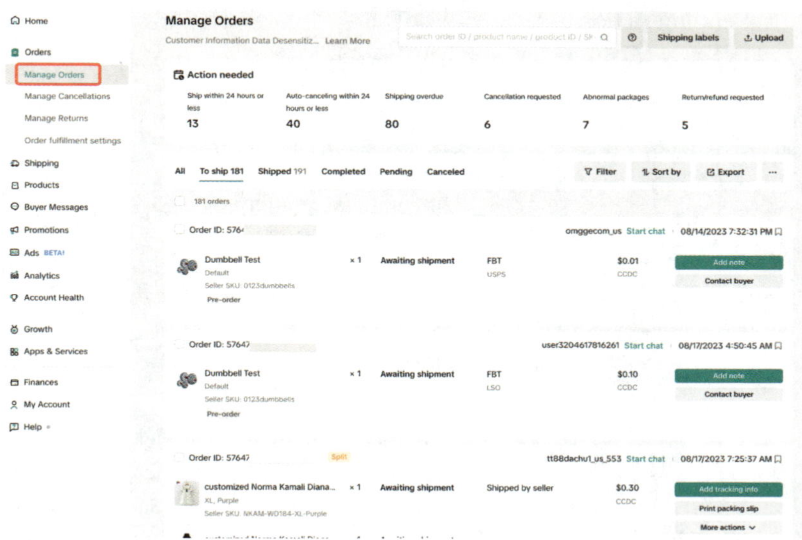

Manage Orders 페이지는 판매자가 수주부터 발송까지의 전체 주문 과정을 효율적으로 관리할 수 있도록 구성되어 있다. 화면 상단에는 검색(Search)과 필터(Filter) 기능이, 중앙에는 주문 리스트(Order List)와 Pending Action 보드가 위치한다. 하단에는 배송 라벨(Shipping Label) 관리와 구매자 연락(Contact Buyer) 기능을 포함한 실행 도구(Operations

Toolbar)가 배치되어 있다.

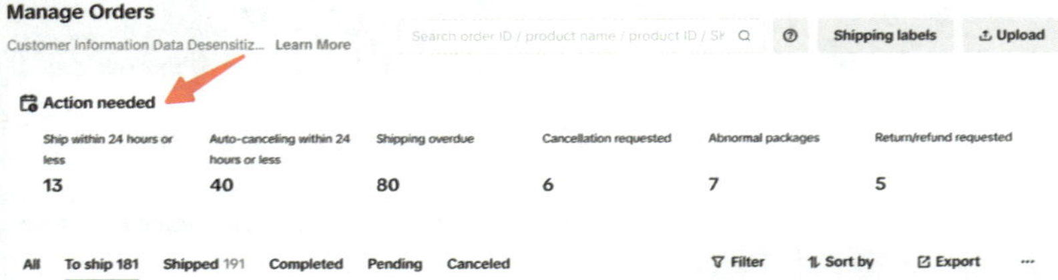

Pending Action 보드

Pending Action 보드는 조치가 필요한 주문 상태를 자동으로 분류하여 보여주는 영역이다. 각 상태별로 즉시 확인하고 조치를 취할 수 있다.

항목	설명
Ship within 24 hours or less	• 처리 마감 기한(3영업일)까지 24시간 이내인 주문 • 빠른 발송이 필요하다.
Auto-canceling within 24 hours or less	• 자동 취소 시한까지 24시간 미만으로 남은 주문 • 신속한 대응이 필요하다.
Shipping overdue	• 이미 배송 기한을 초과한 주문 • 즉시 발송 처리가 요구된다.
Cancellation requested	• 구매자의 주문 취소 요청이 접수된 주문 • 확인 후 승인 또는 거절 선택이 필요하다.
Abnormal packages	• 송장 생성이나 인쇄 과정에서 오류가 발생한 주문 • 오류 수정이 필요하다.
Return/refund requested	• 반품 또는 환불 요청이 접수된 주문 • 확인 후 처리 절차를 진행한다.

각 상태를 클릭하면 관련 주문만 필터링되어 표시된다.

주문 검색(Search) 및 필터(Filter)

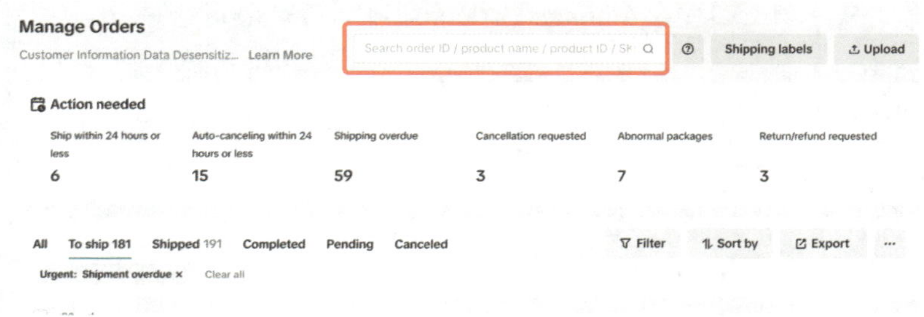

주문 검색은 상단 검색창을 이용한다. 한 번에 **최대 100개**의 주문 ID, 운송장 번호, 상품 ID, SKU를 검색할 수 있다. 검색어는 쉼표(,) 또는 큰따옴표(" ")로 구분하여 입력한다.

예시 "20240101A001", "20240101A002", "20240101A003"

'Filter' 버튼을 클릭하면, 상태·배송 방식·날짜 등 세부 조건을 선택할 수 있으며, 필터 설정 후 'Apply'를 눌러 적용한다.

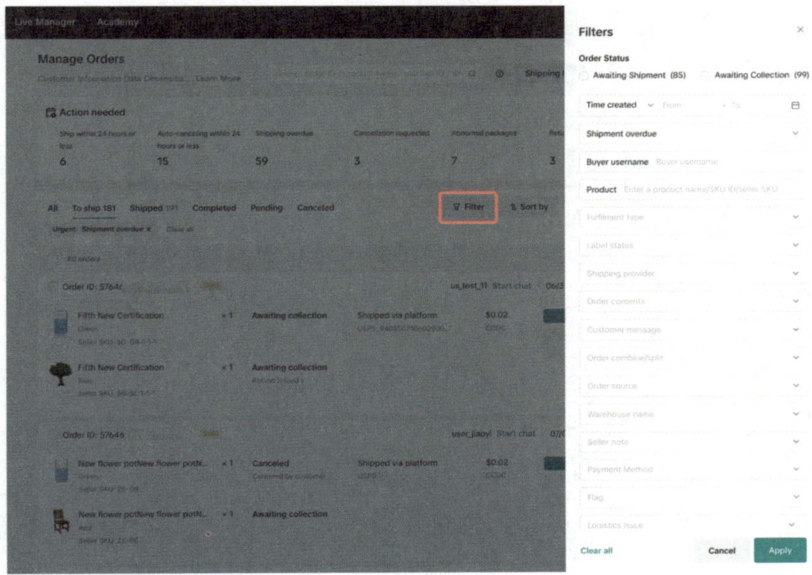

주문 취소 요청 관리 (Cancellation Requests)

모든 취소 요청은 Manage Orders 내에서 직접 관리할 수 있다.

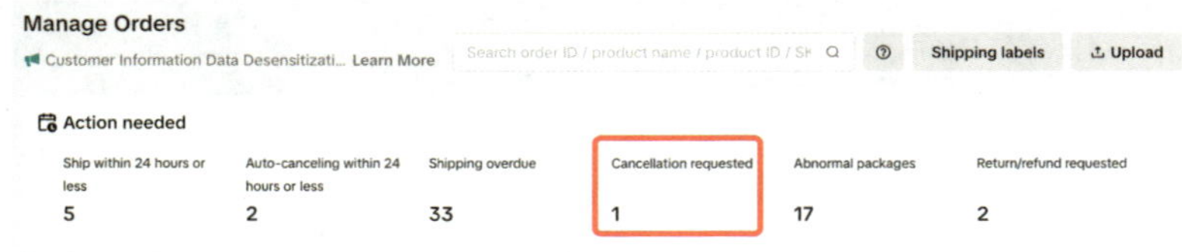

(1) 자동 승인 기간(Auto-approval period)

구매자가 주문 후 일정 시간 내(1시간, 2시간, 3시간, 5시간, 또는 트래킹 업로드 전)에 취소 요청을 하면 시스템이 자동으로 취소를 승인한다. 이 시간은 Fulfilment Setting 페이지에서 조정할 수 있다.

(2) 수동 처리 기간

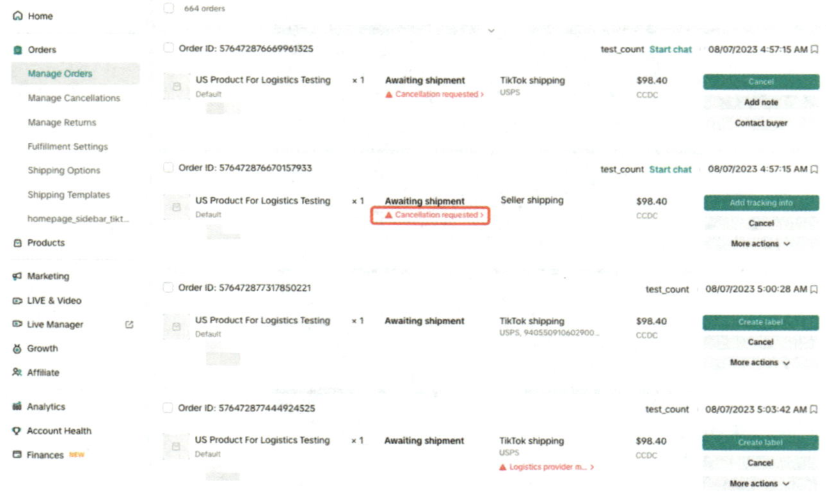

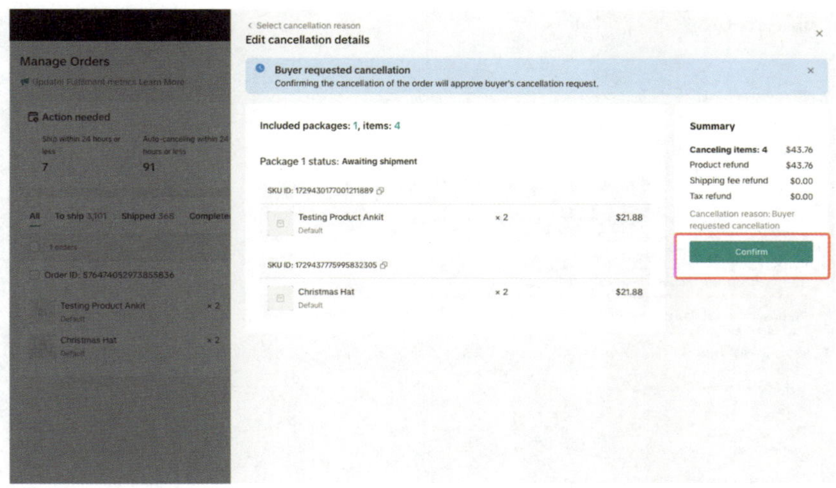

자동 승인 시간이 지난 후, 트래킹 정보 업로드 전 단계에서 요청이 들어올 경우 셀러는 24시간 내에 다음 두 가지 중 하나를 수행해야 한다.

- 요청 수락(Manually Accept): 주문 취소를 승인
- 트래킹 정보 업로드(Reject): 주문을 발송 처리하여 취소 요청을 거절

 **주의**

24시간 내에 어떤 조치도 하지 않으면, 시스템이 자동으로 취소를 승인한다.

주문 일괄 처리(Bulk Fulfillment)

Bulk Fulfillment 기능을 사용하면 여러 주문을 한 번에 처리할 수 있다. 최대 600개의 주문에 대한 배송 라벨을 생성·수정·인쇄할 수 있다.

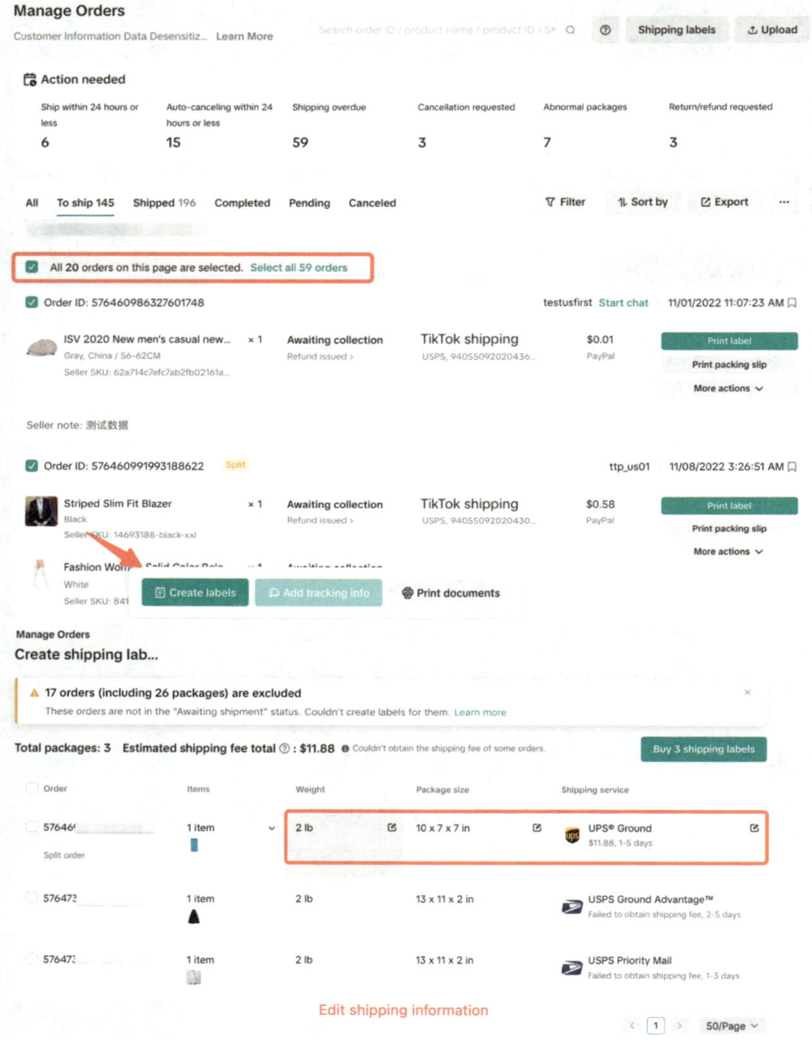

① 목록에서 개별 주문을 선택하거나 'Select all' 버튼을 클릭한다.

② 'Select XX orders in the list' 옵션을 선택하면, 전체 목록 내의 모든 주문을 일괄 선택할 수 있다.

③ 선택된 주문에 대해 Create Label(송장 생성) 또는 Mark as Shipped(발송 처리) 기능을 실행한다.

배송 라벨 관리(Shipping Label Management)

Shipping Label 섹션에서는 발송 라벨을 생성·확인·재인쇄할 수 있다.

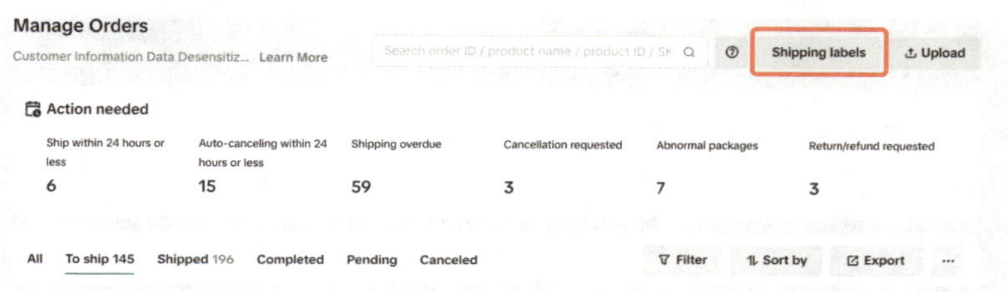

- Recreate Label: 오류가 발생한 라벨을 다시 생성한다.
- Reprint Label: 기존 라벨을 재인쇄한다.
- View All Labels: 모든 주문의 라벨 상태를 한눈에 확인할 수 있다.

구매자 연락(Contact Buyer)

각 주문의 드롭다운 메뉴에서 Contact Buyer를 클릭하면 해당 주문의 구매자에게 직접 메시지를 보낼 수 있다. 이 기능은 배송 지연 안내, 주소 확인, 환불 진행 등 주문 관련 커뮤니케이션을 신속하게 처리할 때 활용된다.

보기 전환(View Mode)

기본 화면은 리스트 형태(List View)로 구성되어 있다. 이전 버전의 인터페이스를 선호하는 경우, 화면 우측 상단의 '…' 메뉴 → 'Card View'를 선택하면 카드형 보기로 전환된다.

관리 요령

- 매일 Pending Action 보드를 확인하여 이상 주문을 우선 처리한다.
- 24시간 내 취소 요청 미처리는 자동 승인으로 이어질 수 있으므로 주의한다.
- Bulk Fulfillment 사용 시 라벨 인쇄 전 반드시 수량과 주소를 재검토한다.
- 모든 라벨과 주문 내역은 Seller Center의 Export 기능으로 백업할 수 있다.

Manage Orders 메뉴는 단순한 주문 목록이 아니라, 주문 수명 주기 전반을 관리하는 **셀러 운영의 핵심 툴**이다. 올바른 사용 습관과 주기적 검토만으로도 SLA 초과, 자동 취소, 발송 지연 등 대부분의 운영 리스크를 예방할 수 있다.

2장

제품 승인 및 리스팅
(Product Listing)

TikTok Shop에서는 데스크톱, 셀러 센터 앱(Seller Center App), API 를 통해 상품을 등록할 수 있다. 이 장에서는 데스크톱을 통한 제품 등록 절차를 중심으로 설명한다.

제품 등록 경로(Products > Add Products)

데스크톱 Seller Center에서 Products > Add Products 메뉴로 이동 한다. 이곳에서 여러 방식으로 상품을 등록할 수 있다.

등록 방식	설명
개별 등록 (Add individual products)	하나의 상품을 직접 입력하여 등록(아래 절차 참조)
키워드 검색 등록 (Search Keywords)	TikTok Shop 내 유사 상품을 검색하여 정보를 자동 입력
일괄 등록(Bulk Listing)	엑셀 템플릿을 활용해 여러 상품을 한 번에 등록
URL 등록(List with a URL)	Amazon, Shopify 등 타 플랫폼 상품 URL을 입력하여 자동 등록
플랫폼 연동 (Sync with other platforms)	Amazon, Shopify, eBay 등과 연동하여 동기화

개별 상품 등록(Adding Individual Products)

① 'Add New Product' 버튼을 클릭하여 등록 페이지를 연다.

② 등록 화면에서는 다음 항목을 순서대로 작성한다.

- Basic Information(기본 정보)

- Product Details(상품 상세 정보)

- Sales Information(판매 정보)

- Shipping(배송 정보)

- (필요시) Product Compliance, Certifications 등 추가 항목

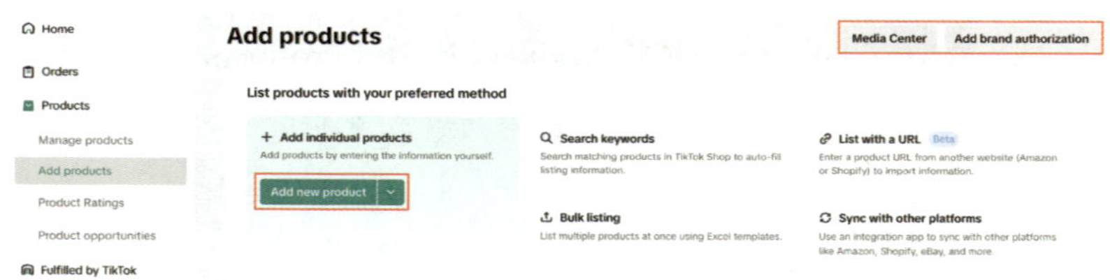

> - **Media Center**: 이미지 및 영상을 저장·관리할 수 있는 전용 공간이다. 제품 이미지 업로드 시 시간을 절약할 수 있다.
> - **Brand Authorization**: 브랜드 상품의 경우, 등록 전 브랜드 권한을 승인받아야 한다. 승인은 정품 인증 및 추천 노출에 유리하다.

기본 정보 입력(Basic Information)

(1) 이미지(Images)

- 최소 1장, 최대 9장 업로드

- 크기: 600 × 600px 이상 / 파일 최대 10MB

- 형식: JPG, JPEG, PNG

- 텍스트, 워터마크, 그래픽 포함 금지

- 제품을 정확히 보여주는 고해상도 이미지 사용

- 다양한 각도와 주요 특징을 표현

- 'AI Optimize' 기능을 사용하면 배경 자동 수정 가능

Basic information

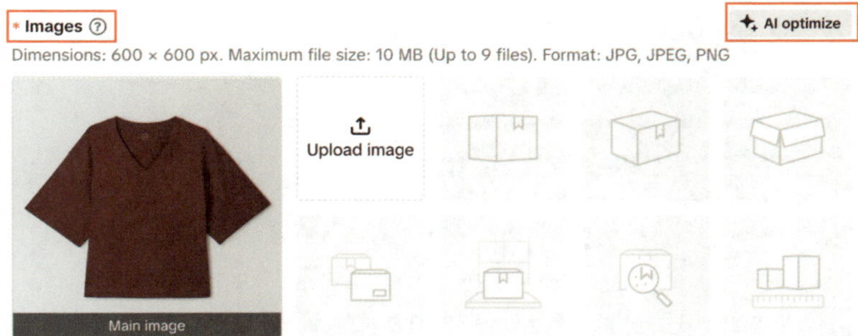

(2) 제품명(Product Name)

Basic information

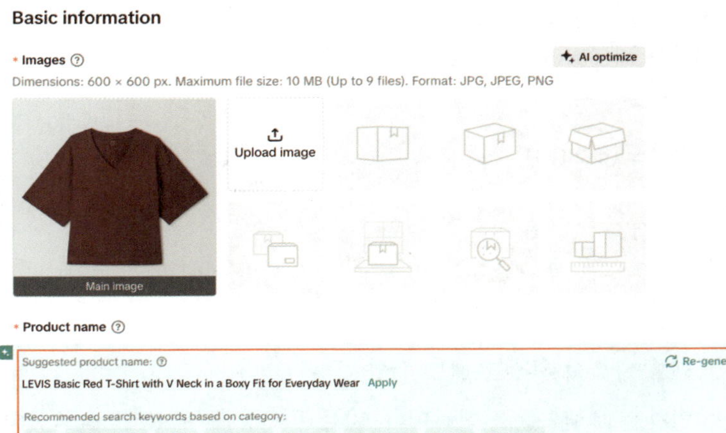

- 길이: 25~200자

- 브랜드명, 용도, 유형, 주요 특징 포함

- 판매자명, URL, 홍보 문구 등 불필요 요소 제외

- 브랜드명 사용 시 브랜드 권한 승인 필수

- 시스템의 키워드 제안 기능 활용 가능('Apply' 또는 'Re-generate' 선택)

(3) 카테고리(Category)

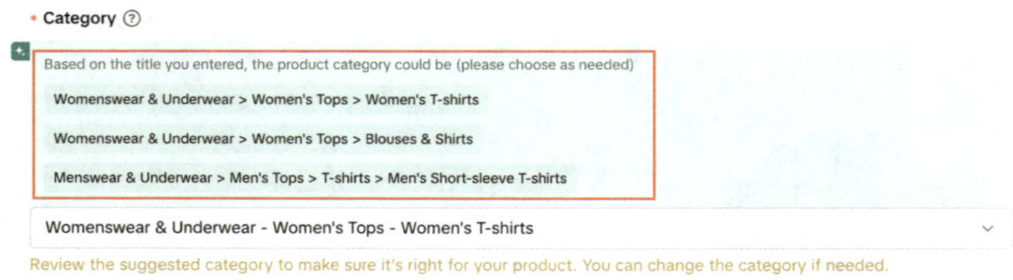

- 상품과 일치하는 카테고리를 선택(잘못된 분류는 검색 노출 제한 또는 삭제로 이어질 수 있음)
- 일부 카테고리는 승인(Invite-only)이 필요하며, 회색으로 표시됨
- 승인 신청 시: 샵 이름, 상점 코드, 브랜드 정보, 상품 인증서류를 이메일로 제출해야 하며 승인까지 약 8~10영업일이 소요될 수 있음

(4) 브랜드(Brand)

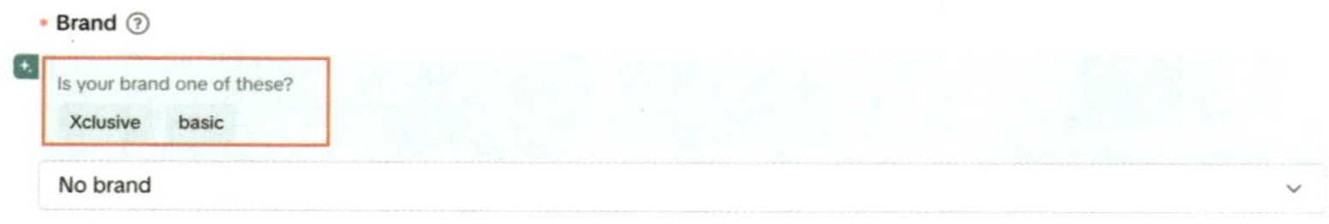

- 브랜드 상품의 경우 브랜드 승인 필수
- 승인받은 브랜드를 선택하거나, 비브랜드 상품은 'No Brand' 선택

(5) 선택 속성(Optional Attributes)

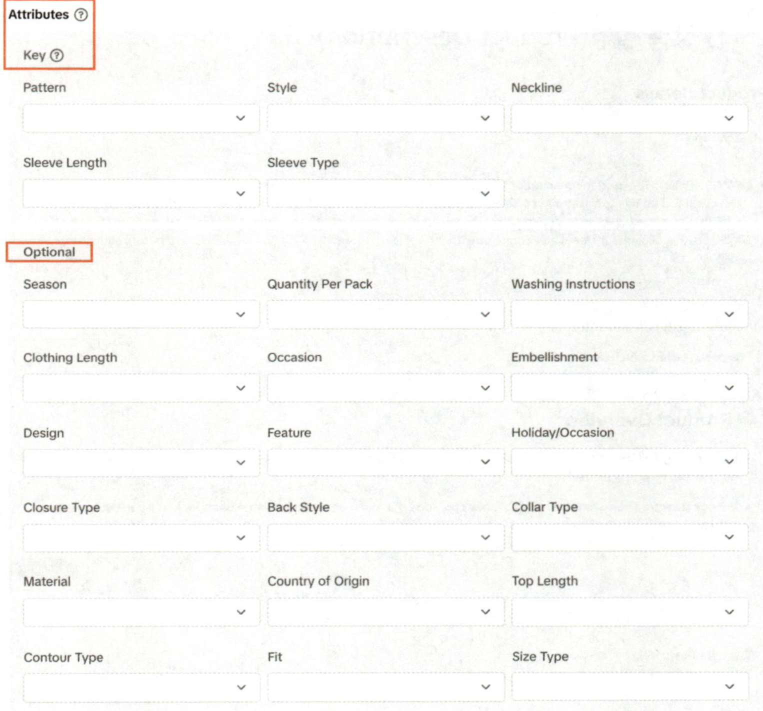

색상, 사이즈, 재질 등의 세부 속성을 추가하면 검색 노출 및 구매전
환율 향상에 도움이 된다.

상품 상세 정보 입력(Product Details)

(1) 상품 설명(Product Description)

Product details

• Description

> ℹ️ IMPORTANT: The product description (Output) is automatically generated based on the information you provided. You understand (a) this tool is provided solely for your convenience and the Output is solely intended as a suggestion, and neither must be relied on to provide any advice about your product; (b) you have reviewed and modified the Output to ensure it is accurate, truthful and complies with the Merchant Terms of Service for TikTok Shop before submitting; an...
>
> Show more ∨

Product description generator* ⓘ

Basic red t-shirt with v neck in a boxy fit　　　　　　　　　　　　　　　　**Try again**

Suggested product description:

📦 **Product Overview**

- **Basic Red T-Shirt**: This t-shirt is a staple piece in any wardrobe. It features a classic red color that pairs well with various outfits. The design is simple yet versatile.

- **V Neck Design**: The t-shirt includes a V-neck cut, adding a touch of elegance to the basic look. It's perfect for casual outings or pairing with jeans.

✓ Keep

Type your own description here.

- 기본정보 기반으로 AI 설명문 자동 생성 가능
- 키워드를 추가해 'Try Again'을 클릭하면 새 버전 생성
- 마음에 드는 결과를 'Keep'으로 적용
- 직접 입력도 가능

(2) 제품 영상(Video)

Product details

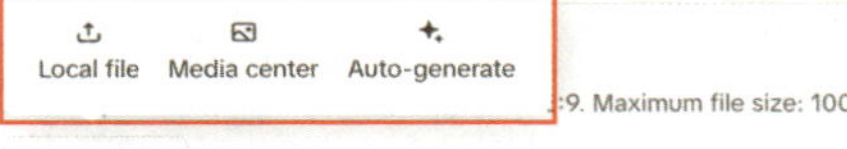

- 권장 형식: MP4, MOV, MKV, AVI
- 용량: 최대 100MB
- 비율: 9:16 ~ 16:9
- 1~2개의 주요 세일링 포인트를 강조
- 이미지 4장 이상 등록 시, AI 자동 영상 생성 가능
- 영상을 TikTok 계정에 게시해 상품과 직접 연동 가능

판매 정보 입력(Sales Information)

Sales information

Add variations

Add up to 3 product variations for different sizes, colors, materials, or more.

* Price & Stock
Add to multiple warehouses   Set SKU handling time ⑦   Activate made-to-order ⑦
Pre-order ⑦   Activate back order ⑦   Batch edit ∨

Product identifier code 🔒 ⑦	* Retail price ⑦	List price ⑦	* Quantity ⑦	Seller SKU ⑦
GTIN ∨	$	$		

Customer purchase limits

Set a minimum and maximum purchase quantity limit per order for each product variation (SKU).

(1) 상품 식별 코드(Product Identifier Code)

GTIN, EAN, UPC, ISBN, JAN 등

(2) 소비자가(Retail Price)

할인 전 원래 가격으로, 제품 상세 페이지에 노출됨

(3) 리스트가(List Price)

Retail Price 이상으로 설정해야 가격 혼동 방지

(4) 재고 수량(Quantity)

판매 가능한 실재고 수량 입력

(5) 추가 설정(Optional)

- 다중 창고 사용
- 주문 제작(Made-to-order), 예약 판매(Pre-order), 재입고(Back-order) 설정
- 구매 수량 제한(Customer Purchase Limit) 설정

(6) 사이즈 정보(Size Chart)

- 사이즈별 상세 치수 입력 또는 이미지 업로드
- 템플릿으로 저장 가능

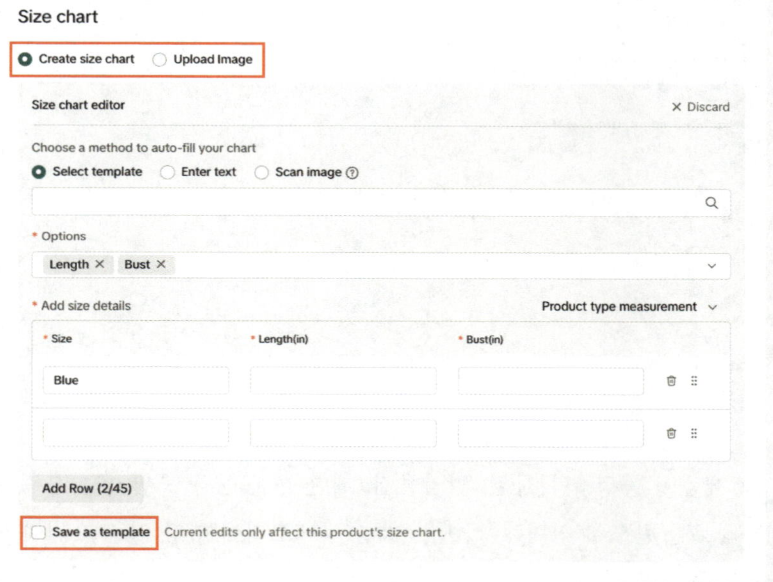

제품 규제 및 인증(Product Compliance)

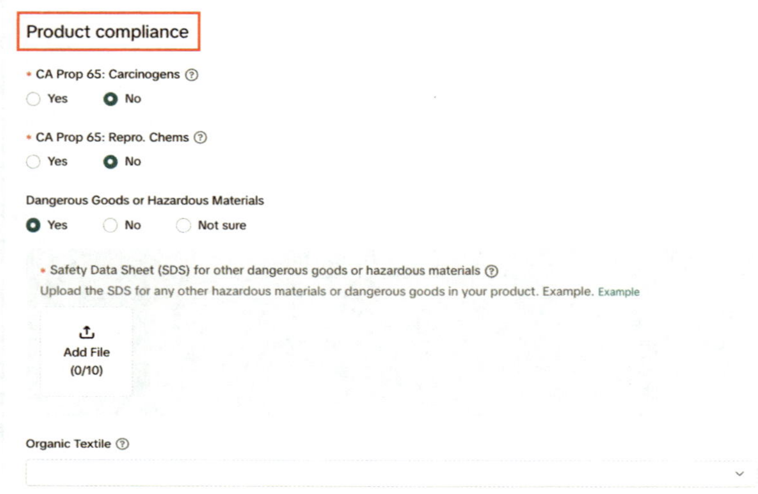

제품이 특정 화학물질, 발암물질, 제한 성분 등을 포함하는 경우 해당 정보를 반드시 입력해야 한다. 제품 카테고리에 따라 인증 요건이 달라질 수 있다.

배송 정보 입력(Shipping)

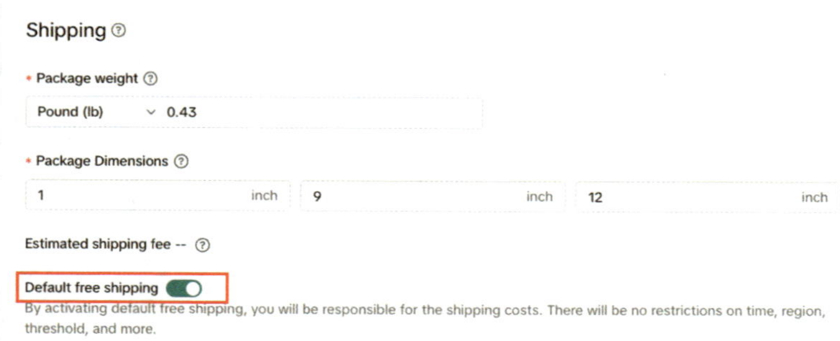

① 패키지 무게 및 크기는 TikTok Shop 내 유사 상품을 기준으로
자동 입력(약 90%)된다.

② 필요시 실제 제품 기준으로 수정 가능하다.

③ 4PL을 사용할 경우, 입력된 수치는 실제 배송비로 계산된다.

④ 무료배송을 제공하려면 'Default Free Shipping' 버튼을 클릭한다.

등록 품질 검토(Listing Quality Review)

TikTok Shop은 상품 등록 품질을 Good / Fair / Poor 3단계로 분류
한다.

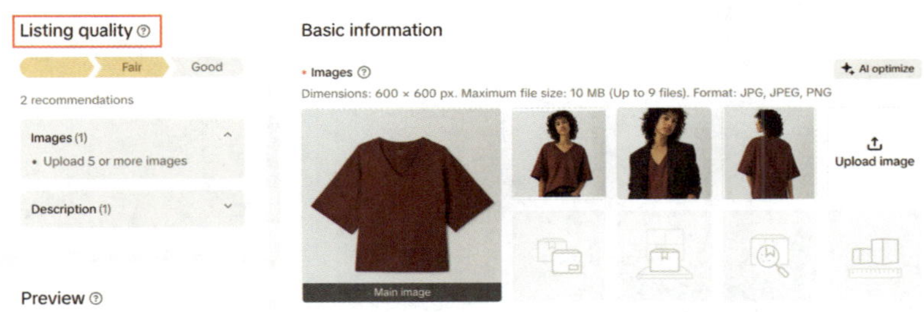

● 품질이 높을수록 노출, 클릭, 전환율이 향상된다.

● 좌측 상단의 품질 지표를 통해 실시간으로 확인 가능하다.

● '?' 아이콘을 클릭하면 품질 개선 가이드를 볼 수 있다.

미리 보기(Preview Your Listing)

Preview ⑦

Product details

Overview   Reviews   **Description**   Recommenc

Details

About this product

· Brand: basic
· CA Prop 65: Carcinogens: No
· CA Prop 65: Repro. Chems: No
· Dangerous Goods or Hazardous Materials: No

Size Chart

Note

Add to cart   Buy now

- 좌측 상단 품질 지표 아래 Preview 창에서 실제 쇼핑몰 및 검색 결과에 노출되는 상품 페이지 미리보기가 가능하다.
- 이미지, 제목, 가격, 설명이 정확한지 최종 확인한다.

등록 제출(Submit Your Listing)

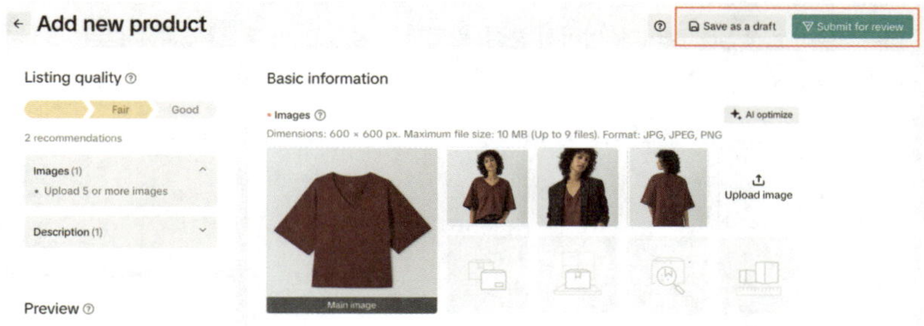

① 모든 정보를 입력한 후, 상단 우측의 버튼 중 하나를 선택한다.

- Save as Draft: 임시 저장 후 나중에 제출
- Submit for Review: 검수 요청 및 자동 공개

② 검수가 완료되면 Products > Manage Products 페이지에서 상태가 'Pending Review' → 'Live'로 변경된다.

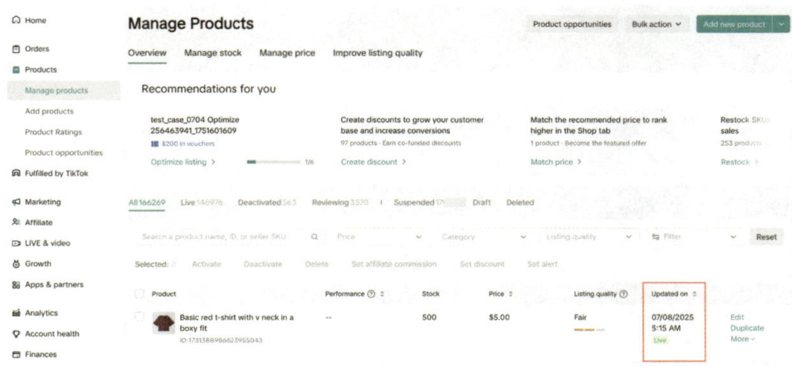

등록 후, 제품 상태 변경이나 보류 사유는 같은 페이지에서 지속적으로 확인할 수 있다.

상품 등록은 단순한 입력 절차가 아니라, 검색 노출·브랜드 신뢰도·구매전환율을 좌우하는 핵심 단계이다. 이미지 품질, 카테고리 정확성, 가격 정책, 상세 설명의 완성도를 지속적으로 개선하면 TikTok Shop 내 경쟁력을 크게 높일 수 있다.

3장

리뷰 관리
(Product Ratings)

개요

(1) 정의

Product Ratings는 셀러가 고객의 상품 평가와 리뷰를 한 곳에서 확인하고 관리할 수 있는 기능이다.

(2) 접근 경로

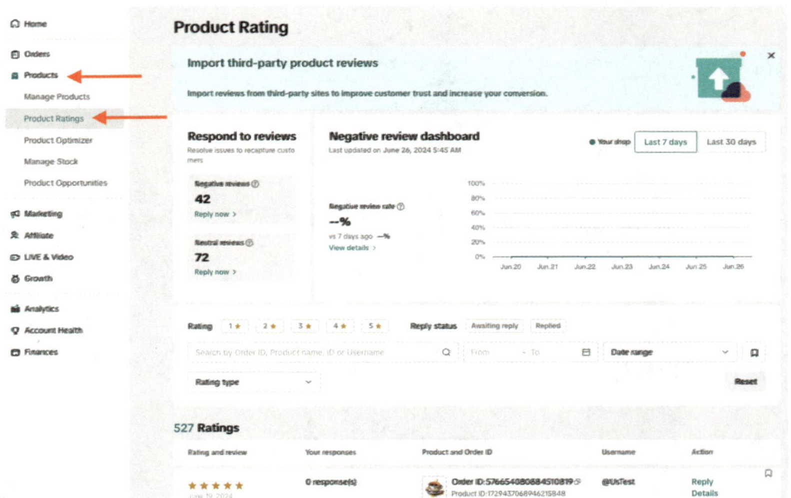

Seller Center → Products → Product Ratings

(3) 주요 기능

① 구매자 리뷰 열람 및 관리

② NRR(Negative Review Rate) 추적(최근 7일 / 30일 기준)

③ 부정·중립 리뷰에 대한 답글 작성

리뷰 관리(Reviews)

(1) 리뷰 피드(Reviews Feed)

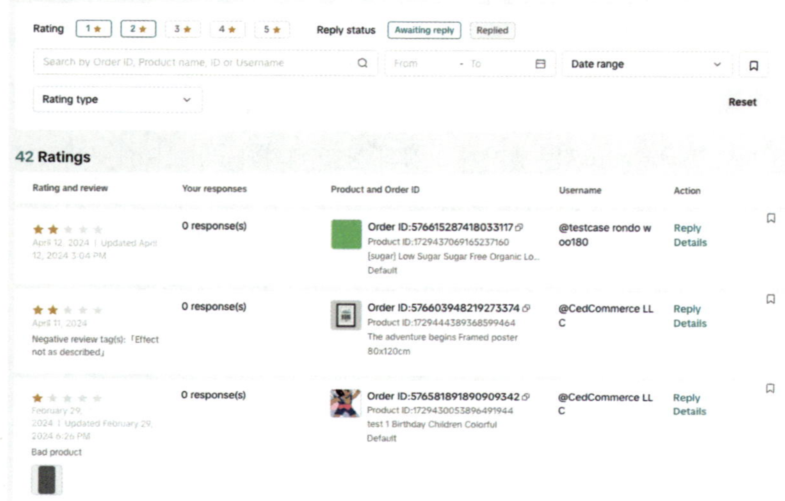

Product Ratings 페이지의 리뷰 피드에서 **리뷰 확인, 답글 등록, 필터링**이 가능하다.

(2) 필터 기능

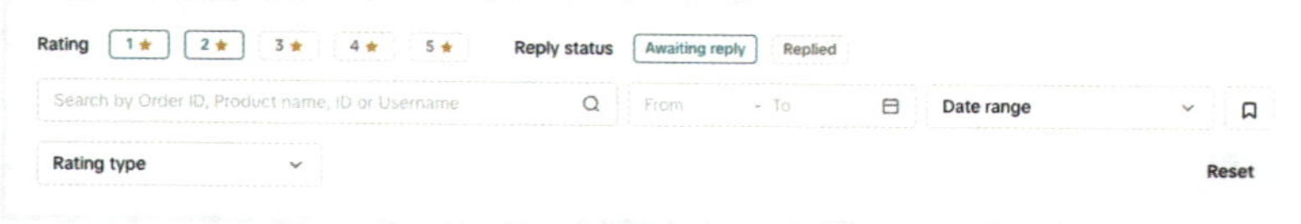

필터 기준

- 평점(별점)
- 답글 상태(Reply status)
- 주문 ID

- 상품명 또는 상품 ID

- 구매자 아이디

- 작성 날짜(기간별 필터)

(3) 응답 방법

리뷰 오른쪽의 Reply 버튼을 클릭하여 바로 답글을 작성한다.

부정적 리뷰율(NRR, Negative Review Rate) 조회

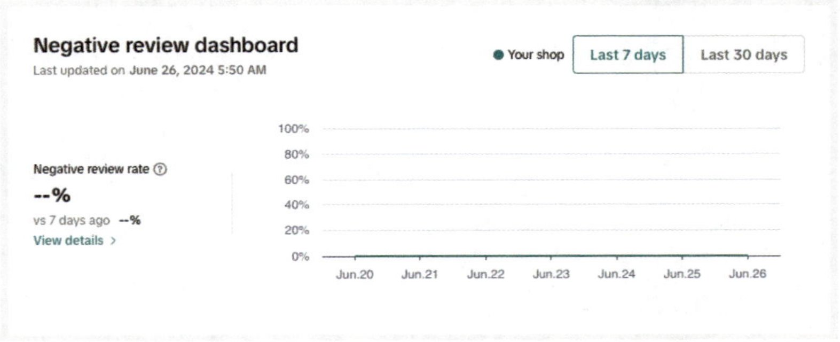

(1) 정의

NRR은 별점 1~2점 리뷰의 비율을 의미한다.

(2) 조회 기간

최근 7일 또는 30일 단위로 조회할 수 있다.

부정·중립 리뷰 대응 절차

(1) 기본 원칙

고객 불만이 발생한 경우, 직접 소통을 통해 문제를 해결하고 만족도를 회복하는 것을 우선한다.

(2) 단계별 절차

① 부정 리뷰와 해당 주문 정보를 확인하고, Customer Information을 클릭하여 고객과 채팅을 시작한다.

② 고객의 불만 사항을 정확히 파악하고, 해결 방안을 제시한다.

③ 문제 해결 후, 리뷰에 공식 답글을 등록해 후속 대응을 마무리한다.

TikTok Shop 물류 관련 리뷰 자동 제외(TikTok Shop Logistics - Review Rating Exclusion)

(1) 개요(What is it)

TikTok Shop의 FBT(Fulfilled by TikTok) 또는 TikTok Shipping(지원 4PL)을 사용하는 셀러는, 물류 이슈로 인한 리뷰(긍·부정 모두 포함)가 자동 식별되어 평점 산정에서 제외된다.

(2) 자동 적용되는 3단계 프로세스

① Exclusion: 물류 관련 리뷰는 Product Rating 및 NRR 계산에서 제외된다.

② Platform Response: 물류 문제로 인한 부정 리뷰의 경우, TikTok 명의의 공식 답변이 자동 등록되어 셀러 대신 응답한다.

③ Visibility: Seller Center 내 Product Ratings 화면에서 해당 리뷰

는 'Platform Issue' 라벨이 붙으며, 제외된 리뷰 건수도 함께 표
시된다.

(3) 적용 대상(Who does this apply to)

FBT 또는 TikTok Shipping(공식 4PL)을 이용하는 모든 셀러

(4) 적용 범위 제한(Why not outside shippers)

외부 배송사 이용 시에는 자동 응답 기능이 포함되지 않기 때문에,
본 기능은 FBT 및 공식 물류 파트너 한정으로 적용된다.

(5) 셀러 조치 필요 여부

셀러의 별도 조치가 필요하지 않다. 모든 과정(식별, 제외, 자동 응답)
이 시스템에서 자동 처리된다.

(6) 확인 방법(How to check)

- Seller Center의 Product Ratings 메뉴에서 'Platform Issue' 라벨
  이 붙은 리뷰를 확인할 수 있다.
- 해당 리뷰에는 Reply 버튼이 비활성화되어 있으며, 이미 TikTok
  의 자동 답변이 등록된 상태이다.

이러한 리뷰는 상품 상세 페이지에는 표시되지만, 평점 계산에는 반영되지 않는다.

셀러 답글 운영(Responding to Reviews)

(1) 대상 리뷰

부정 리뷰(1~2점) 및 중립 리뷰(3점)

(2) 응답 절차

① 상단의 Reply now 버튼을 클릭하면 부정/중립 리뷰만 자동 필터
링된다.

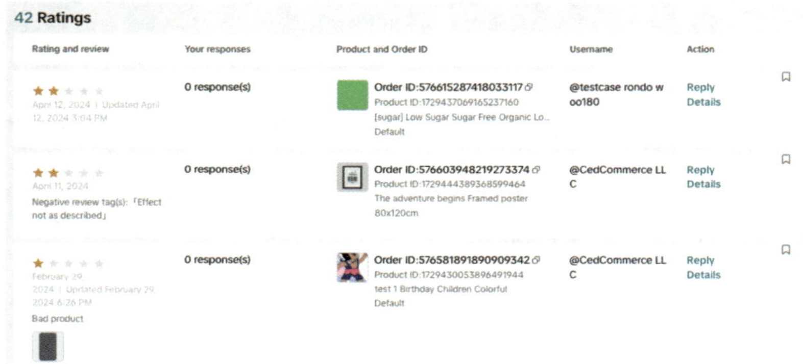

② 리뷰 오른쪽의 Reply 버튼 클릭 → 팝업 창에 답변 입력 → Submit
클릭으로 제출

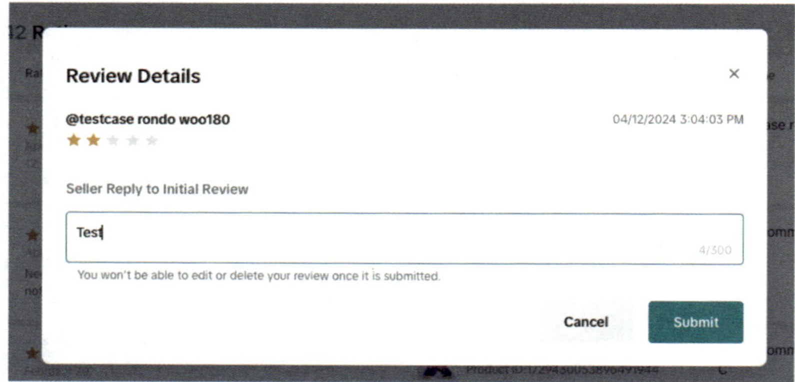

운영 체크리스트

① 모니터링 주기: 일일 또는 주간 단위로 NRR, Platform Issue 라벨 리뷰를 점검한다.
② 응답 SLA: 고객 리뷰 응답은 **1~2영업일 이내**를 목표로 설정한다.
③ 원인 분석(Root Cause Analysis): 반복되는 부정 리뷰 사유를 분류(품질, 포장, 배송 등)하여 월별 개선 리포트에 반영한다.
④ 응답 템플릿 운용: 배송 지연, 파손, 오배송, 품질 불만 등 **주요 이슈별 템플릿**을 준비하되, 고객 상황에 맞게 개인화된 문장으로 수정한다.

요약

① Product Ratings는 리뷰 관리, 평점 분석, NRR 추적, 그리고 외부 리뷰 연동까지 가능한 리뷰 통합 관리 툴이다.
② FBT·3PL 물류 이슈 자동 제외 기능을 통해, 셀러는 자신이 통제할 수 없는 요인으로부터 평점을 보호받을 수 있다.
③ 핵심은 지속적인 모니터링, 고객 중심 커뮤니케이션, 그리고 품질 개선의 루프(Feedback Loop)를 만드는 것이다.

4장

재고 관리 (Manage Stock)

개요

(1) Stock Dashboard의 역할

TikTok Shop의 Stock Dashboard(재고 대시보드)는 셀러가 재고 상태를 한눈에 파악하고, 향후 판매 예측과 캠페인 대비를 체계적으로 수행할 수 있도록 설계된 관리 도구이다. 이 기능을 통해 셀러는 다음과 같은 정보를 확인하고 조정할 수 있다.

① 상품별 재고 수량 현황
② 향후 판매 예측 및 캠페인 수요 예측
③ 재고 건강도(Inventory Health) 진단
④ 재고 알림(Stock Alert) 설정

(2) 접근 경로

Seller Center → Products → Manage products → Manage stock

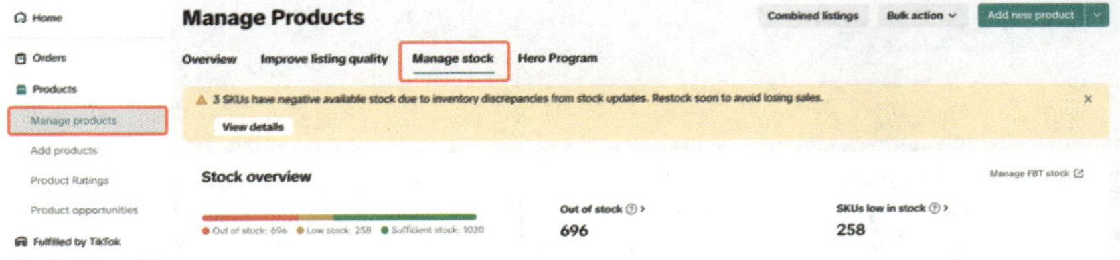

핵심 기능

(1) 재고 상태별 모니터링

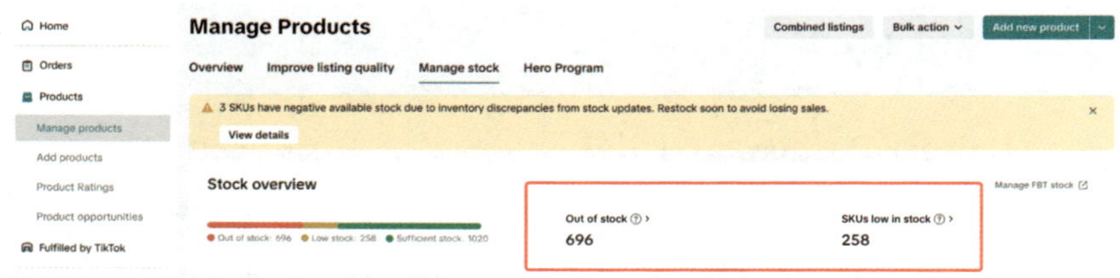

- Low Stock: 재고 알림 기준값 이하(≤ Alert Value)이지만 0은 아닌 상품
- Out of Stock: 재고 수량이 0인 상품

각 상태를 클릭하면 해당 조건의 상품 목록으로 바로 이동할 수 있다.

(2) 조회 단위

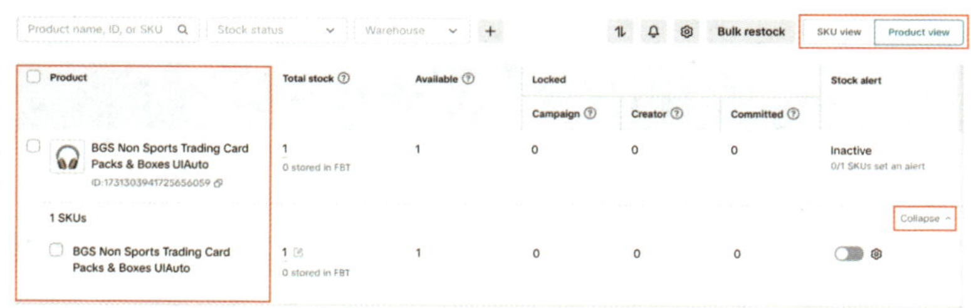

- Product View: 한 상품 내의 모든 SKU를 '확장(Expand)' 버튼으로 열람 가능. SKU 단위로 재고 수정, 알림 설정, 예측 데이터 확인 가능
- SKU View: 개별 SKU에 대해 재고 수정, 알림 설정, 예측 데이터 확인 가능

(3) 검색 및 필터 기능

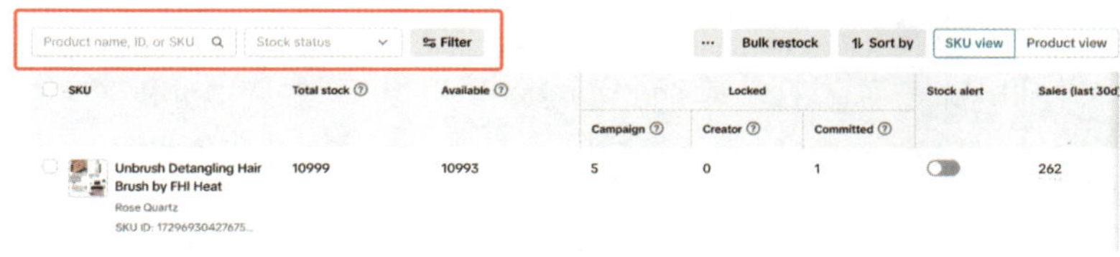

상품명, ID, SKU를 기준으로 검색하거나, 카테고리·창고·재고 상
태 등으로 세부 필터링이 가능하다.

(4) Inventory Settings 기능

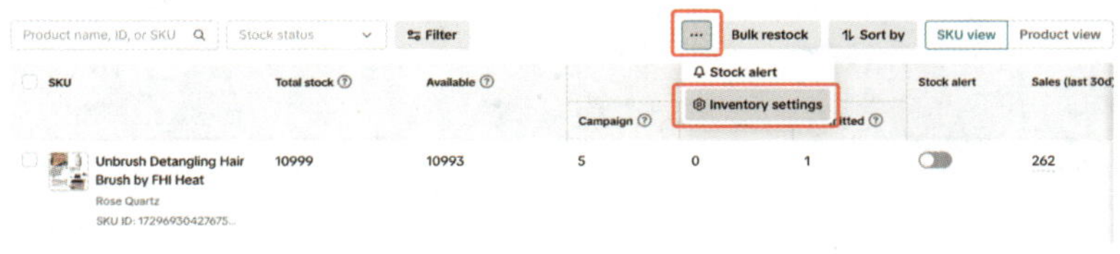

● 알림 설정(Notification Preference): 이메일 또는 메시지 센터로 재
고 알림 수신 경로 지정

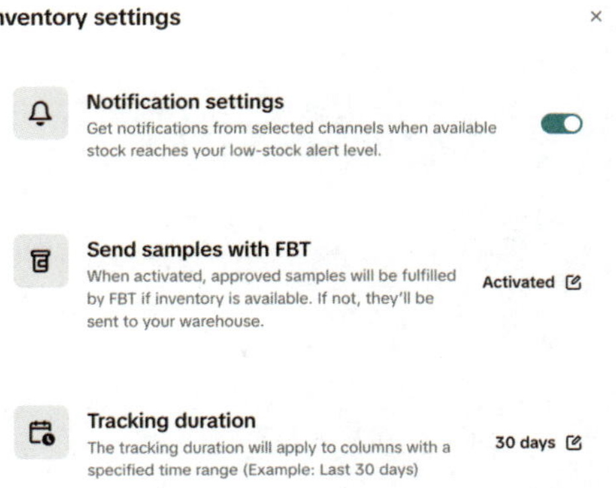

- 샘플 발송(FBT Samples): FBT(틱톡물류)를 샘플 발송 기본 창고로 설정 가능
- 데이터 추적 기간(Tracking Duration): 기본 30일이며, 사용자가 선호 기간으로 조정 가능

재고 대시보드 주요 항목

각 SKU에 대해 다음 열(Column)을 통해 재고 상태를 세부적으로 파악할 수 있다.

※ 화면 우측으로 스크롤하면 모든 항목을 확인할 수 있다.

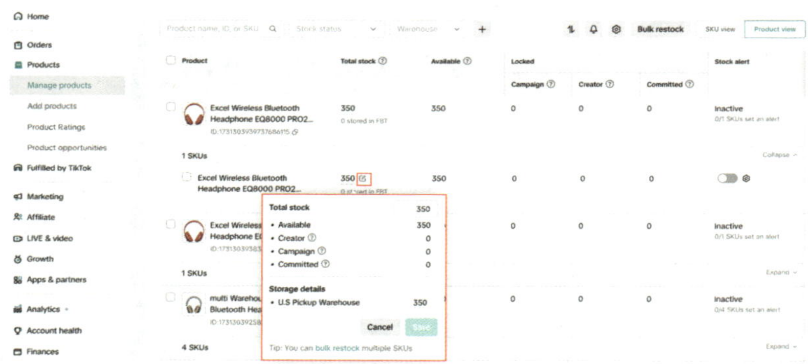

항목명	설명
Total stock	창고 내 실제 재고 수량 + 백오더 가능 수량 포함(FBT 재고 포함)
Available	판매 가능한 재고(캠페인·크리에이터·주문 예약분 제외)
Locked	특정 사유로 예약되어 판매 불가한 재고
Campaign	캠페인용으로 예약된 수량
Creator	크리에이터용 샘플로 예약된 수량
Committed	주문은 되었으나 출고 전 상태의 재고
Stock alert	알림 기능 On/Off 설정(수량 또는 잔여일 기준)

Sales (Last 30d)	최근 30일간 판매 수량(필터로 7·14·21·45·60일 조정 가능)
Sales forecast (30d)	판매 채널별 예측 판매량(필터로 기간 조정 가능)
Suggested restock qty (Next 30d)	예측 수요 기반 추천 재입고 수량 = (예상판매량 × 기간) – 현재 가용 재고
Days of supply	현재 가용 재고로 소진까지 예상되는 일수
Action	재고 변경 이력 및 구매기록 확인(삭제된 SKU는 표시되지 않음)

TIP

SKU 수량 옆 '연필 아이콘'을 클릭하면 즉시 재고 수정 위젯을 열 수 있다.

재고 알림(Stock Alert) 설정

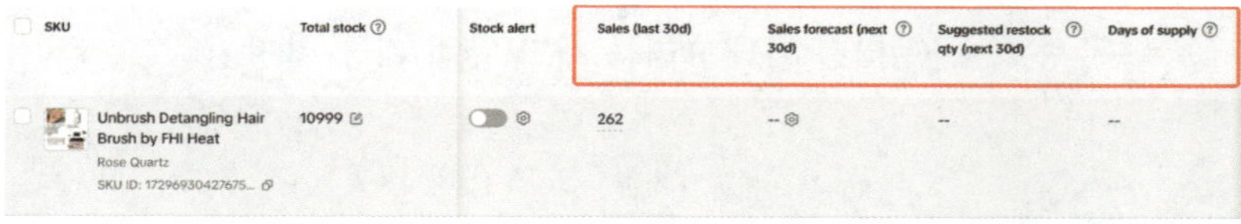

(1) 목적

- 품절 및 판매 손실 방지를 위해 자동 알림 시스템을 설정할 수 있다.
- 판매 상위 상품은 반드시 알림을 설정해 선제적 재입고가 가능하도록 한다.

(2) 설정 방식

① 개별 SKU: 'Stock alert' 열의 토글을 활성화하여 수량 또는 잔여일 기준 설정

② 일괄(Bulk) 알림: 여러 SKU 선택 후 상단의 Alert 버튼을 클릭하여 한 번에 알림값 설정

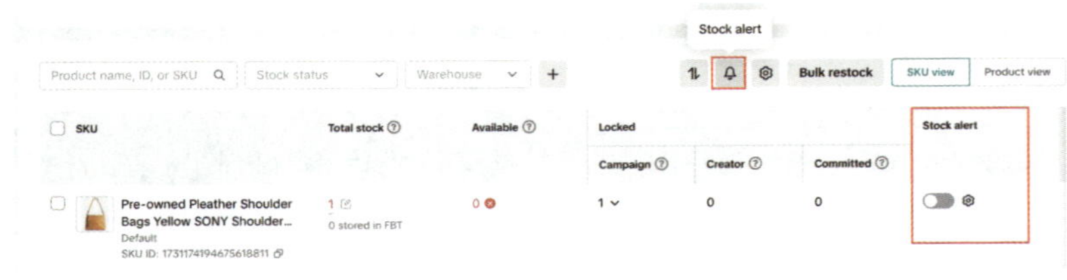

(3) 기본 정책

- 하루 1회 알림 발송
- 기본적으로 베스트셀러 및 중간 판매량 SKU에 알림이 자동 설정 될 수 있음
- 사용자는 기본 알림을 수정 또는 삭제 가능

(4) 알림 수신 채널

- 이메일, 메시지 센터, Seller Center 홈화면 알림, 모바일 푸시 알림
- 단, 중고·콜렉터블 카테고리는 재고 알림 기능 미지원

대량 재입고(Bulk Restock) 도구

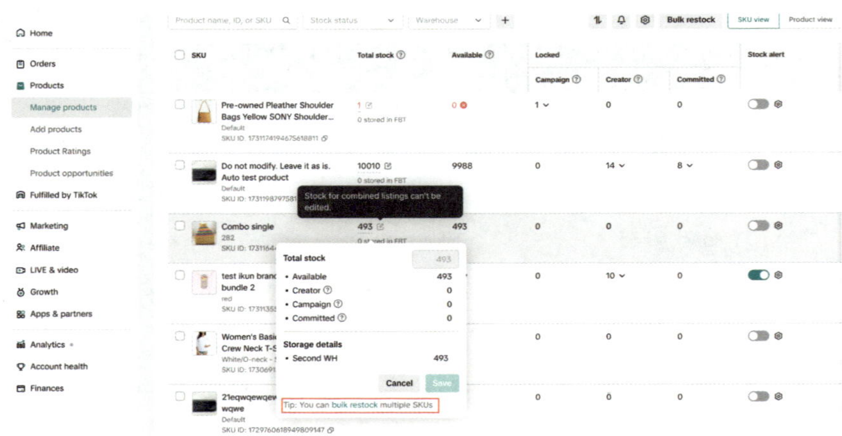

(1) 개요

Bulk Restock Tool은 여러 SKU의 재고를 한 번에 업데이트할 수 있는 기능으로, 수작업 입력 시간을 단축시키는 핵심 도구이다.

(2) 이용 절차

① 재고 대시보드 상단의 'Bulk restock' 버튼 클릭 또는 SKU 선택 후 나타나는 옵션에서 'Bulk restock' 선택

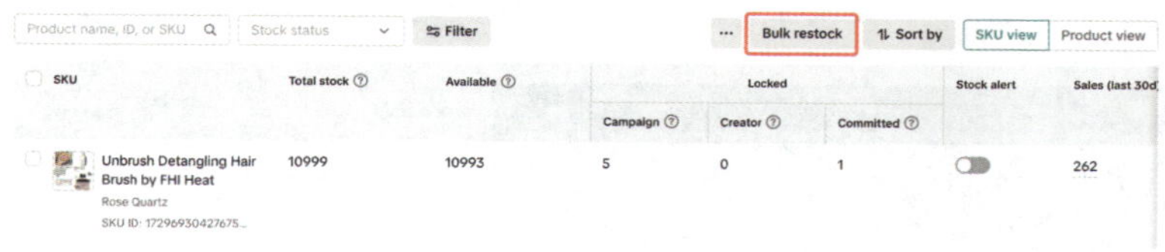

② 선택한 SKU 목록을 Excel 파일로 다운로드(최대 5,000개 SKU 지원)

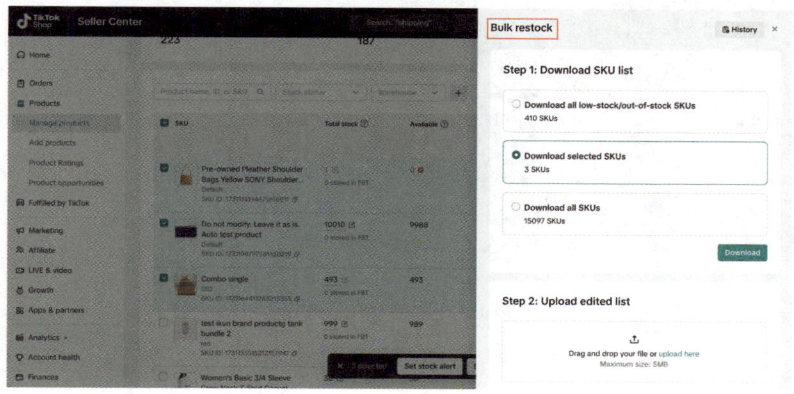

③ 다운로드된 파일의 I열 이후(창고별 재고 칸)에 재고 수량 입력(A~H 열은 참조용으로 수정 불가)

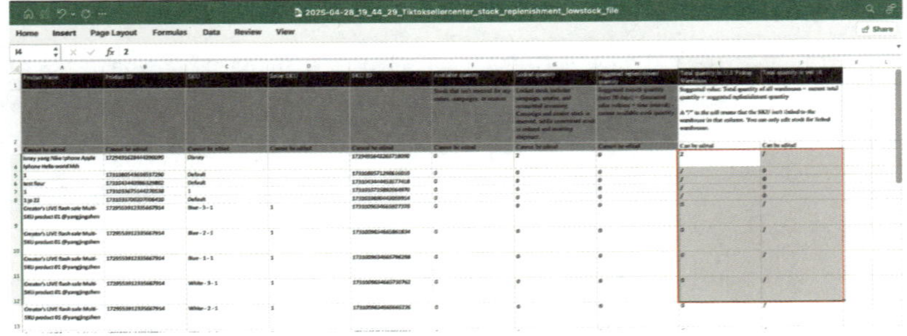

④ 수정 완료 후 Seller Center → Bulk restock tool → Upload

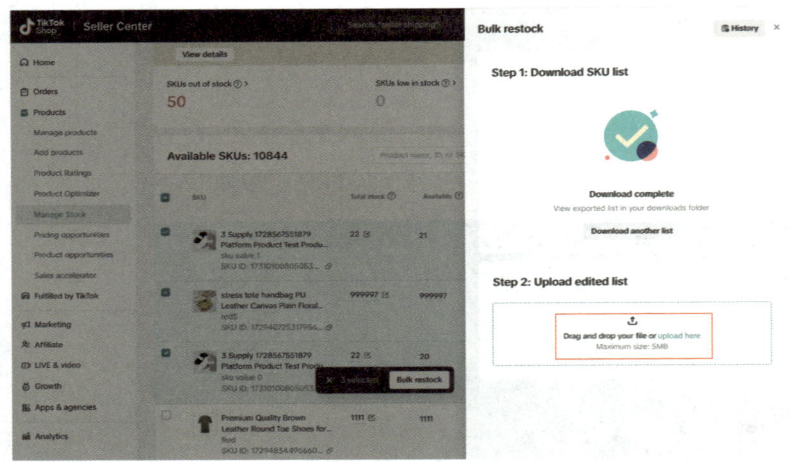

⑤ 업로드 결과 확인: 성공/실패 내역과 시간 표시

- 오류 발생 시 'Check errors' 클릭 → 실패 사유가 표시된 새 파일 다운로드
- 오류 수정 후 재업로드 가능

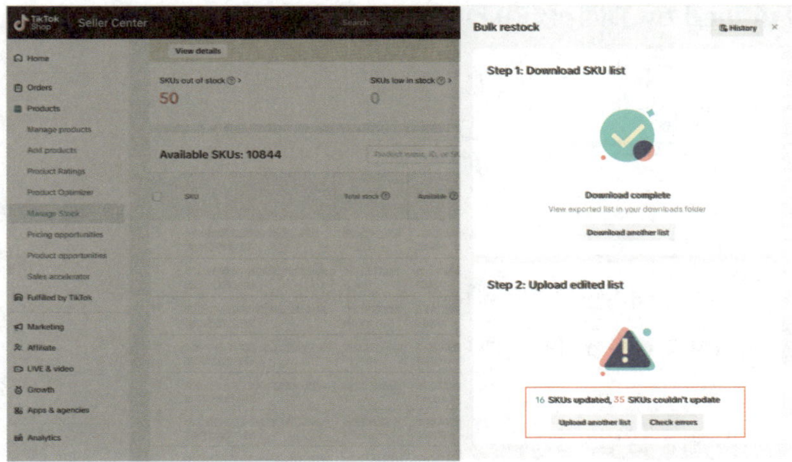

(3) 이력 확인

Bulk Restock Tool 내 History 탭에서 다운로드/업로드 기록 및 타임스탬프 확인 가능

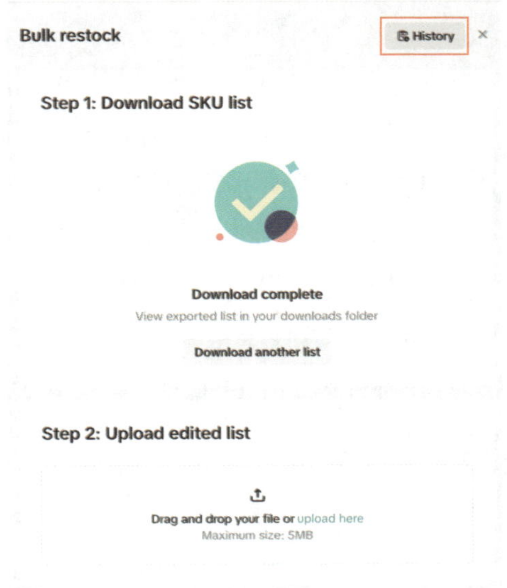

Fulfilled by TikTok(FBT) 재고 관리

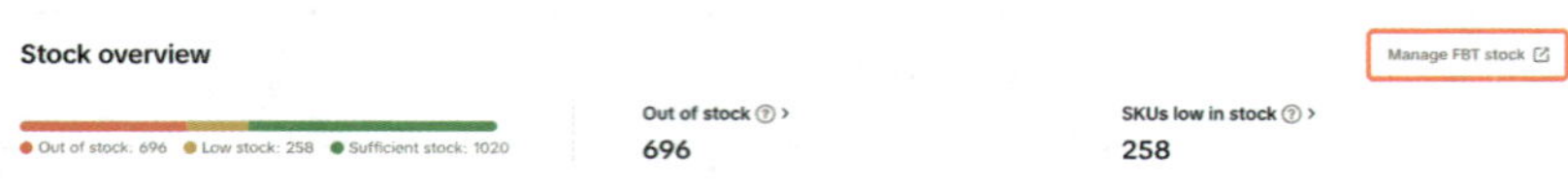

(1) 개요

Stock Dashboard에서는 FBT 재고 현황을 직접 확인하거나 FBT 전용 페이지로 이동할 수 있다.

(2) 이용 방법

대시보드 상단의 'Manage FBT Stock' 버튼 클릭 → FBT 전용 페이지로 연결되어 창고별 재고 조정 가능

운영 체크리스트

① 데이터 기반 예측 관리: Sales Forecast와 Suggested Restock Qty를 주기적으로 검토해 재고 부족 위험을 사전에 차단한다.

② 자동 알림 체계화: 베스트셀러 SKU에는 반드시 재고 알림을 설정하고 내부 재입고 리드타임을 감안해 경고 한계치를 설정한다.

③ Bulk 업데이트 주기화: 대량 상품을 판매하는 셀러는 주 1~2회 Bulk Restock 파일을 업데이트하여 재고 정확도를 유지한다.

④ FBT 통합 관리: 자체 재고와 FBT 재고를 통합 모니터링하여 물류 효율성을 극대화한다.

요약

- Manage Stock 기능은 재고 수량, 판매 예측, 건강도, 알림 기능을 하나의 대시보드에서 관리할 수 있는 통합 시스템이다.
- Stock Alert + Bulk Restock을 병행하면 재고 소진 리스크를 줄이고, 판매 중단 없이 지속 가능한 운영이 가능하다.
- 특히 FBT 재고 연동으로 물류 효율을 높이고, 데이터 기반의 예측형 재고 전략을 수립할 수 있다.

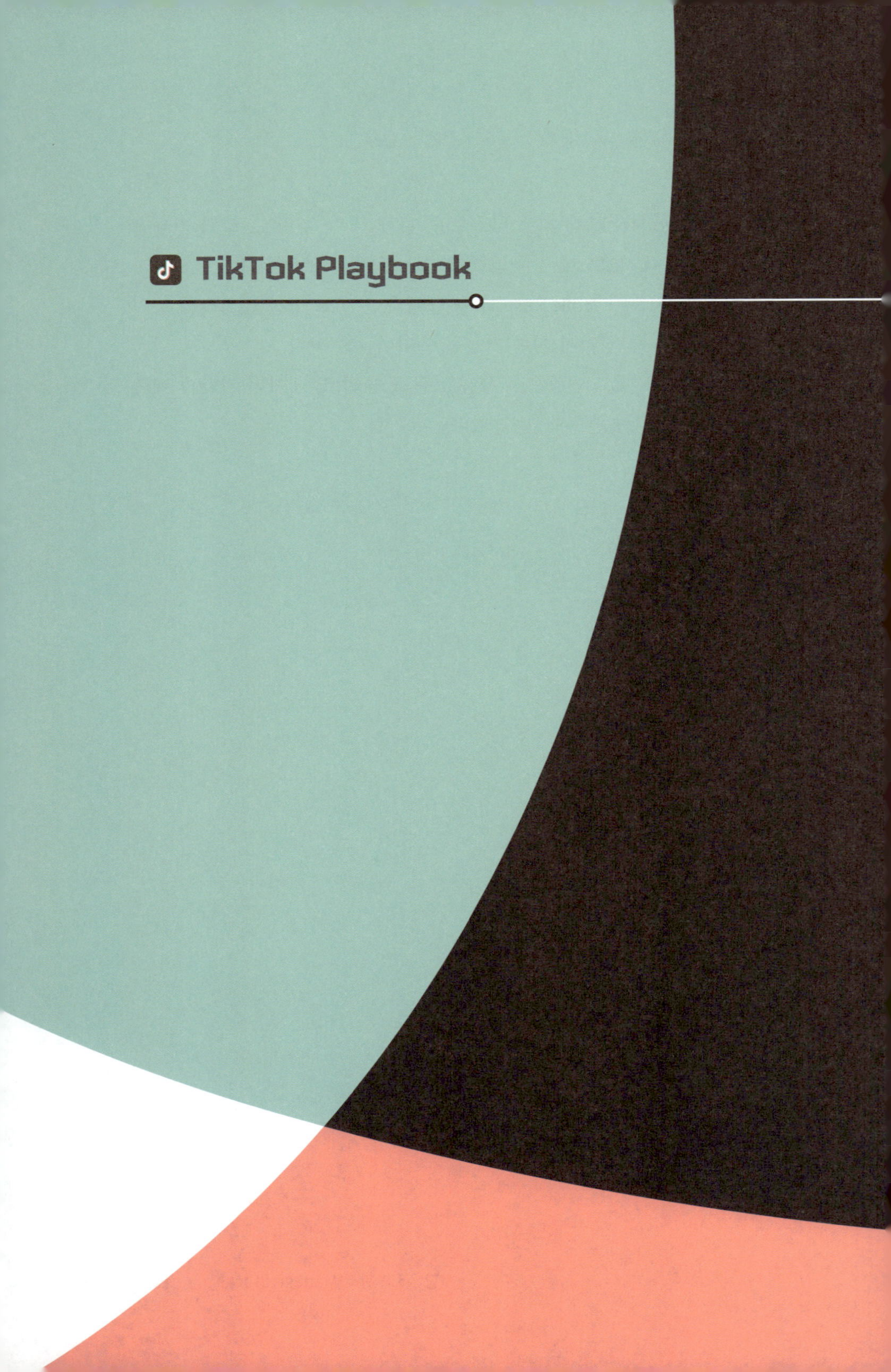

TikTok Playbook

5부

미국 틱톡 광고 이해하기

1장

틱톡샵 광고 설정 및 운영
(Shop Ads Setup & Management)

개요

(1) Shop Ads란?

Shop Ads는 TikTok Shop 판매자가 자신의 상품을 TikTok 내 광고 형태로 노출시킬 수 있는 통합 광고 시스템이다. Seller Center를 통해 직접 광고 계정을 연동하고, 캠페인을 생성·관리할 수 있다.

(2) 구성 요소

- Business Center(BC): 광고 관리 및 권한 부여의 중심 계정
- Ads Manager(AM): 광고 캠페인 생성 및 성과 측정 도구
- TikTok Account: 실제 광고 노출이 이루어지는 계정

Step 1　Business Center 계정 연결 또는 신규 생성

(1) 경로

- Seller Center → Shop Ads(좌측 메뉴)
- 기존 Business Center 계정이 자동으로 동기화되며, 메인으로 사용할 계정을 선택할 수 있다.
- 추후 다른 BC 계정을 파트너로 추가 가능하다.

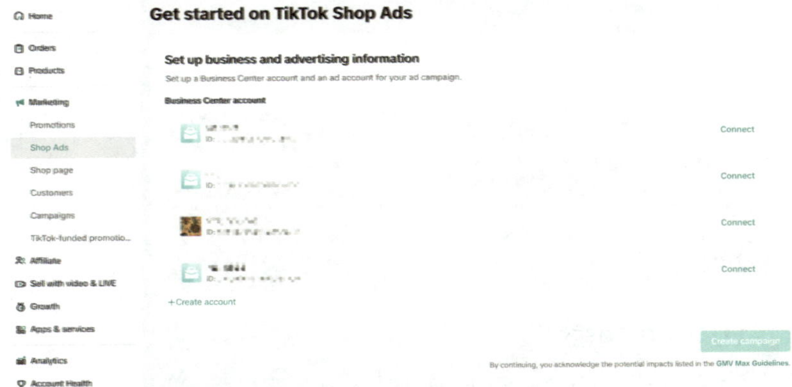

(2) 기존 계정이 보이지 않을 경우

Seller Center에 등록된 이메일이 해당 Business Center 계정의 Admin 권한을 가지고 있는지 확인한다.

(3) 신규 계정 생성

기존 계정을 찾을 수 없거나 새로 시작하려면, 새로운 Business Center 계정을 생성할 수 있다.

(4) Ads Manager 동기화

- 선택한 Business Center에 연결된 Ads Manager 계정이 자동 연동된다.
- 필요시 새 Ads Manager 계정을 생성할 수도 있다.

(5) 연동 완료 시 자동 이동

Business Center, Ads Manager, TikTok 계정 연결이 완료되면 시스템이 자동으로 Seller Center의 광고 생성 페이지로 이동한다.

 광고 시작하기(Start Advertising)

TikTok Shop 광고는 한 가지 방식으로만 시작할 수 있다.

(1) Seller Center에서 GMV Max 캠페인 생성

Seller Center → Shop Ads → Create Campaign

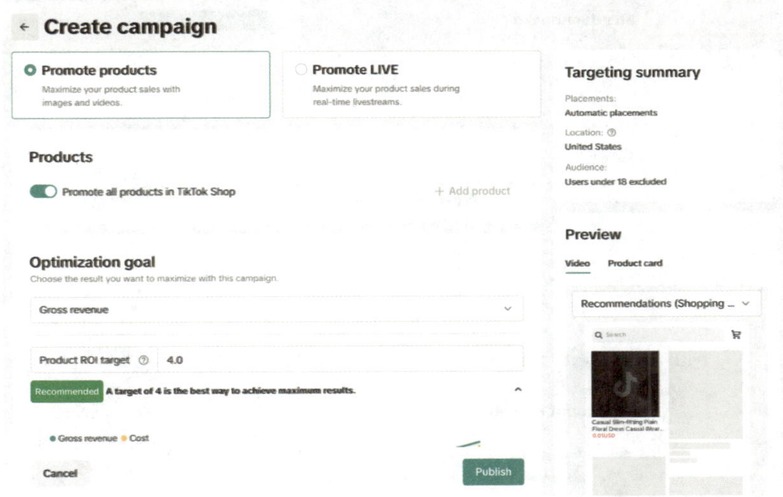

캠페인 설정을 완료한 후 Publish(게시) 클릭

권한 공유(Permission Sharing)

옵션 1 내부 팀원과 공유(다른 BC 멤버에게 권한 부여)

① Seller Center → Shop Ads → Manage account 클릭

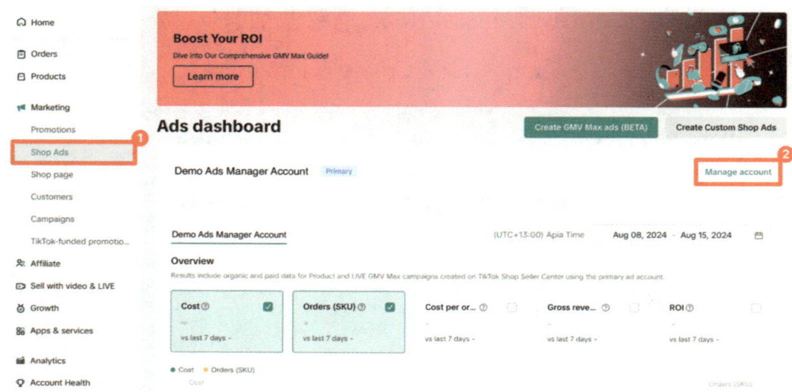

② Manage members 선택 → Business Center로 리디렉션됨

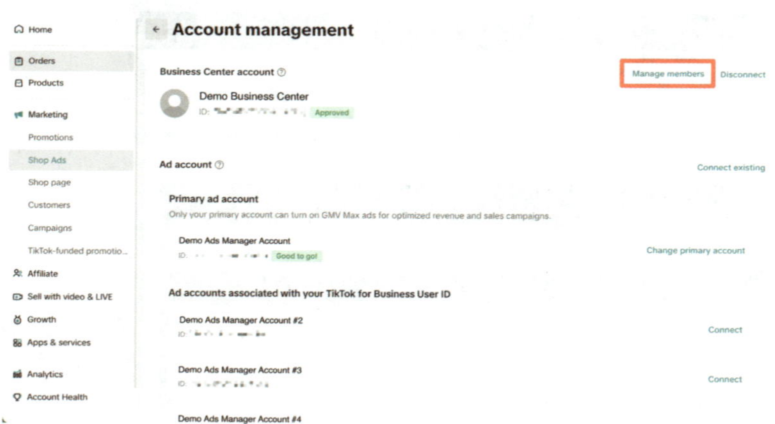

③ Assign new member 클릭

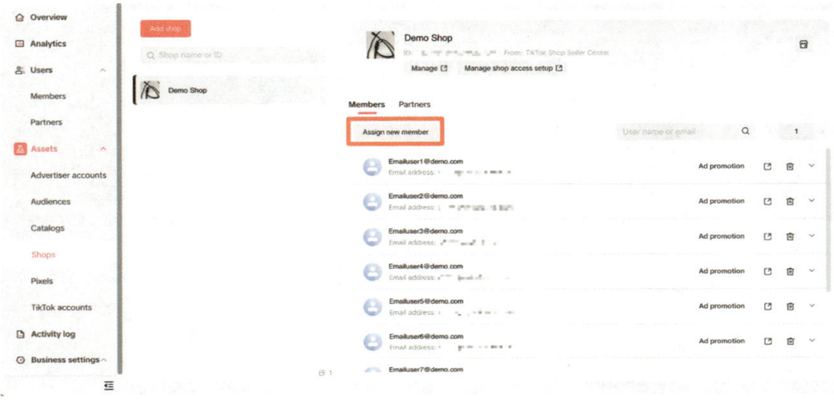

멤버 선택 → Ad promotion permission 활성화 → Assign 클릭

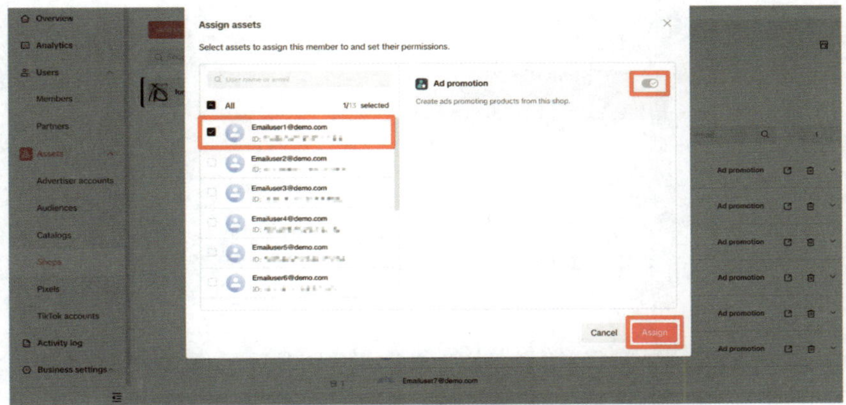

④ 새 멤버 초대 시

● Members → Invite member 클릭

● 이메일 입력 → 권한 설정(Admin / Standard) → Next

● Ads Manager 계정 선택 → Admin 또는 Operator 권한 부여 →
Confirm

● TikTok Shop 계정 선택 → Ad promotion permission 부여

⑤ TikTok 계정 자산 연결

• Members → TikTok accounts → Assign to assets

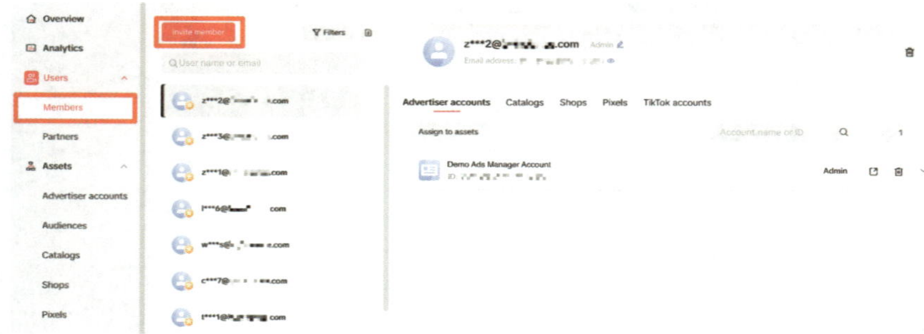

● TikTok 계정 자동 선택 → Ad delivery assets → 광고 계정 선택
 → 아래 권한 활성화

 - Video permissions

 - TikTok posts publishing

 - LIVE video permissions

 - Showcase permissions

● Assign 클릭으로 완료

옵션 2 **외부 파트너(대행사)와 공유(파트너 Business Center 연결)**

① Seller Center → Shop Ads → Manage account 클릭

② 페이지 하단으로 스크롤 → Add partner 클릭

③ Business Center로 리디렉션 → 파트너 BC ID 입력 → Ad promotion permission 부여 → Confirm 클릭

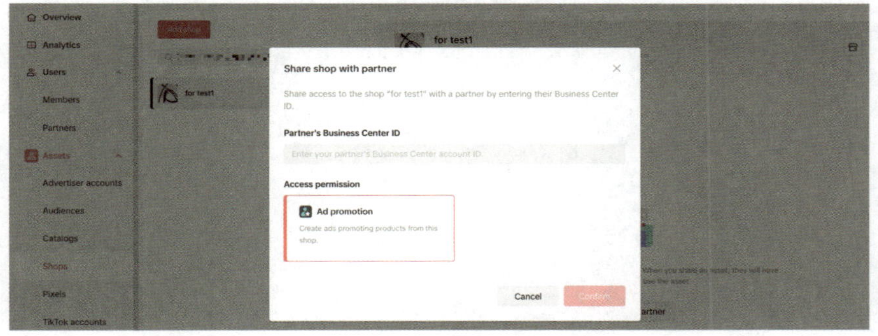

④ 파트너(대행사)는 이후 자신의 BC 내에서 팀 멤버를 TikTok Shop BC에 추가해야 한다.

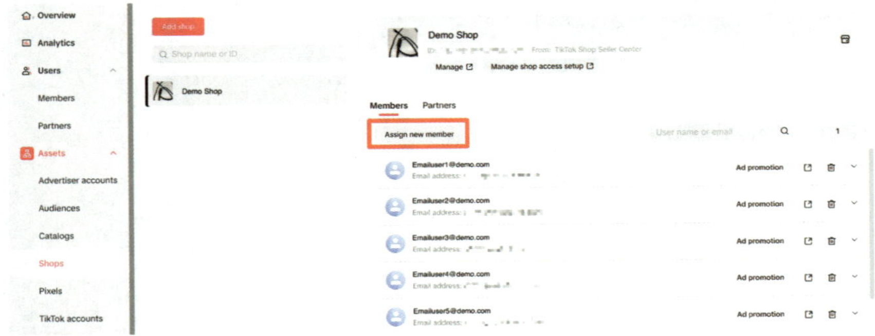

Overview
Analytics
Users
Members
Partners
Assets
Advertiser accounts
Audiences
Catalogs
Shops
Pixels
TikTok accounts
Add shop
Shop name or ID
Demo Shop
Demo Shop
ID: From: TikTok Shop Seller Center
Manage   Manage shop access setup
Members   Partners
Assign new member
User name or email
1
Emailuser1@demo.com
Email address:
Ad promotion
Emailuser2@demo.com
Email address:
Ad promotion
Emailuser3@demo.com
Email address:
Ad promotion
Emailuser4@demo.com
Email address:
Ad promotion
Emailuser5@demo.com
Email address:
Ad promotion

2장

GMV Max
운영 매뉴얼

개요(Introduction to GMV Max)

(1) 정의

- GMV Max는 TikTok Shop의 전환·매출 극대화를 위한 자동 최적화 틱톡샵 광고 솔루션이다.
- 오가닉·어필리에이트·유료 광고 전 생태계를 통합하여, 적합한 크리에이티브를 적합한 오디언스에 적시에 노출되도록 자동 운용한다.

(2) 작동 원리

- 대규모 크리에이티브 테스트 & 최적화를 자동화하고, 입찰·게재·오디언스를 기여도 기반으로 조정한다.
- 오가닉 트래픽 향상까지 고려하여 총 GMV(유료+오가닉, LIVE 제외) 기준으로 성과를 측정한다.

기대효과(Benefits)

① 의사결정 경감: 셀러는 상품·ROI·예산만 설정, 나머지는 자동화가 최적화한다.
② 예산 효율화: 가장 효율적인 크리에이티브·플레이스먼트·오디언스를 자동 선택, 평균 비용 통제 하에 결과 극대화
③ 단일 캠페인으로 전 영역 도달: For You Feed(FYP), ShopTab, Search 등 모든 쇼퍼블 플레이스먼트 자동 커버

④ 오가닉 증폭: 유료 트래픽뿐 아니라 오가닉 도달을 함께 최적화
하여 증분 GMV 창출

시작하기(Getting Started)

GMV Max는 셀러 영상과 어필리에이트 영상의 오가닉 트래픽을 함께 증대한다. 어필리에이트 영상은 상업성 라벨이 자동 부착되며, 셀러 영상은 브랜디드 콘텐츠 토글로 라벨링 가능하다.

(1) 위치

Seller Center → 좌측 메뉴 Marketing → Shop Ads → GMV Max

(2) 기본 계정 지정

진입 후 Primary Ad Account를 지정한다(Shop당 1개만 설정).

(3) 첫 캠페인 생성

우측 상단 Create GMV Max Ads 클릭 → 캠페인 생성 시작

캠페인 입력 항목(Selecting Your Inputs)

(1) 상품 선택(Product selection)

전 상품 또는 지정 상품만 프로모션이 가능하다.

가능하면 전 상품을 선택한다. 또는 최근 7일 GMV $1,500 이상이거나 생태계 내 콘텐츠 (셀러/어필리에이트/광고) 볼륨이 충분한 상품을 우선한다.

(2) ROI 타깃(ROI target)

- 추천 값(pre-filled)이 제품 성과·과거 광고비를 반영해 자동 제시됨
- 계산식(캠페인 활동 중, LIVE 제외): Product ROI = Total non-LIVE GMV(Paid + Organic)Total Ad Spend

GMV의 **20%를 광고비로 투자**하려면, ROI 타깃은 **1 / 20%**
예 GMV의 20% 투자 의향 →1/20% = 1/1/5 = **ROI 5**

(3) 예산(Budget)

추천 예산(pre-filled)이 자동 제시되며, 샵/상품별 이력 기반으로 커스텀됨

(4) 크리에이티브(Creatives)

- 권장: Auto Select 사용(초기 도입 시 특히 권장)
- 필요시 수동 선택으로 포함/제외 지정 가능

(5) 게시(Publish)

GMV Max 캠페인을 게시하면, 동일 상품을 사용하는 기존 광고는 자동 일시정지되어 성과·기여도 분리가 가능해진다.

성과 측정(Measuring Performance)

(1) 핵심 지표

- ncremental GMV: 캠페인 전/후 총 GMV(유료+오가닉) 증분 확인
- ROI 달성도: 설정한 ROI 타깃 도달 여부

(2) 해석 유의사항

GMV Max ROI는 유료+오가닉 기준이며, 기존 Shop Ads(예: VSA/PLA → 2025년 7월 15일 이후 운영 종료)의 ROAS와 직접 비교 비권장

최적화 레버(Optimizing GMV Max)

(1) 크리에이티브 볼륨 확대(최우선)

성과 지속을 위해 상시 신규 크리에이티브 유입 필요(정량 임계값은 제품/품질에 따라 상이)

(2) 프로덕트 세트 재점검

최근 7일 GMV $1,500+, 콘텐츠 볼륨 충분 상품 중심

(3) ROI 타깃 점진 인하

지출 확대가 필요하면 추천 ROI 사용을 권장하고, 필요시 10% 단위로 단계적 하향

크리에이티브 규정·적격성(A Note on Creatives)

(1) 핵심 원칙

- 제품 링크가 포함된 모든 영상은 GMV Max의 후보가 되며, 광고 사용 권한(Ad Authorization)이 있는 콘텐츠만 광고로 집행된다.
- 어필리에이트 영상은 상업성 라벨이 기본으로 부착되며, 셀러 영상은 원할 경우 브랜디드 콘텐츠 라벨 설정이 가능하다.

(2) GMV Max 적합 소스 요약

크리에이티브 소스	GMV Max 광고 적합
샵 공식 TikTok 계정 영상	예
샵 비즈니스 계정 영상	예
Seller Center에 Available TikTok Accounts (= BC에 Authorized)	예
선택된 Primary Ad Account의 TTAM Creative Library 내 Spark Ads Authorized Post	예
다른 광고계정의 Spark Authorized Post	아니오
마케팅용 TikTok 계정(별도)	아니오
Affiliate Creative Authorization Beta	아니오
제품 링크 없는 과거 VSA 스파크 영상	아니오
Ads Only Mode 게시물	아니오

권한 확인(Seeing/Granting Ad Permissions)

(1) Seller Center 경로

- Marketing → Shop Ads → Manage account

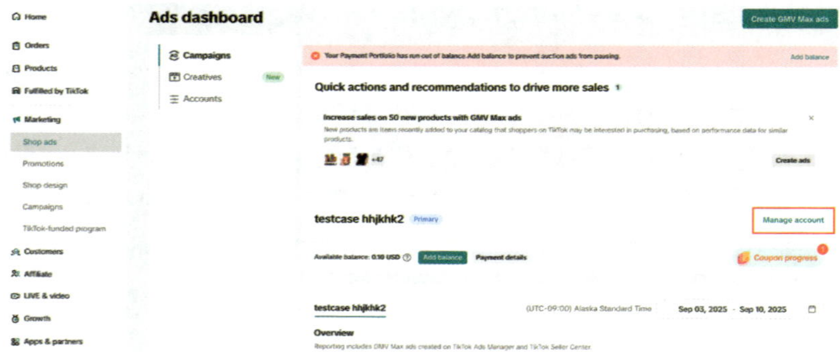

하단 Available TikTok accounts에서 권한 상태 확인

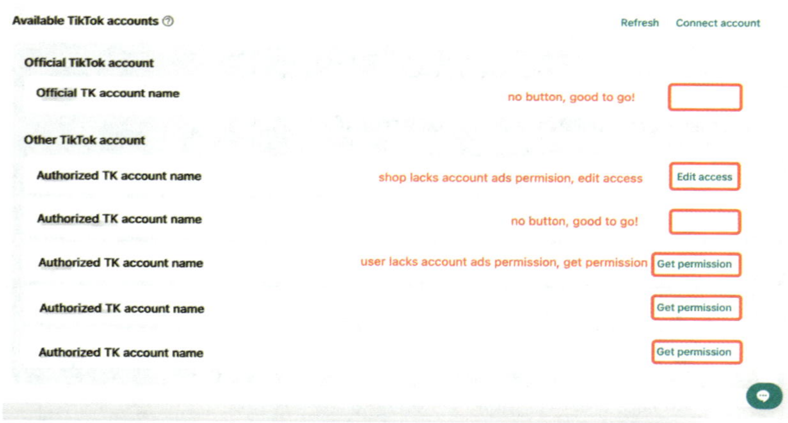

(2) 버튼별 의미

- Authorize now: 공식 계정이 완전한 광고 권한을 아직 부여하지 않음 → 클릭해 권한 부여
- Edit Access: 비공식 계정이 완전 권한 미부여 → 클릭해 권한 부여
- Get Permission: 계정은 권한을 줬지만 로그인 사용자가 해당 권한 없음 → 클릭해 권한 취득
- 버튼 없음: 권한 설정 정상

(3) 캠페인 생성 중 확인

- Ad Creative 섹션에서 몇 개의 TikTok 계정이 소스로 사용되는지 확인 가능
- 누락된 계정이 있다면 연결 여부·권한 상태 재확인

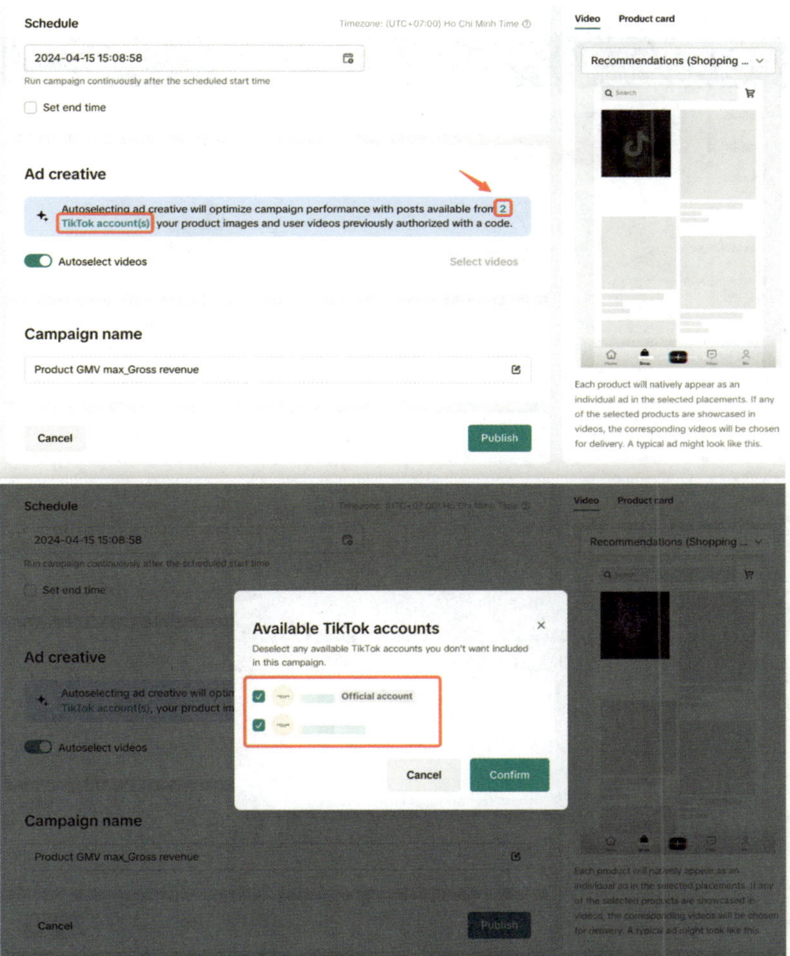

크리에이티브 풀 확장(Adding More Creatives)

(1) Spark Authorized Post 추가(TTAM)

- 선택된 광고계정의 TTAM → Creative Library → Spark ads posts

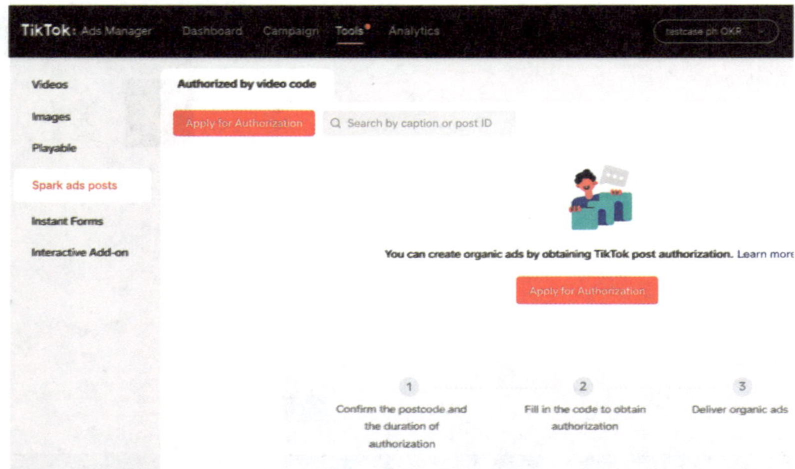

- Apply for Authorization → 코드 입력 → 권한 획득

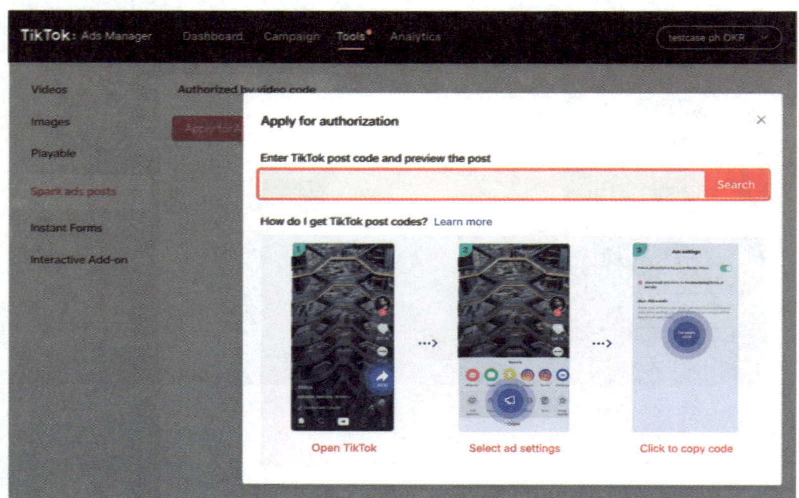

(2) 샵 계정·가용 계정 업로드

제품 링크가 포함된 영상을 공식/비즈니스/Available 계정에 게시

(3) 새 TikTok 계정 연결

- Seller Center → Shop Ads → Manage account → Available TikTok accounts → Connect account

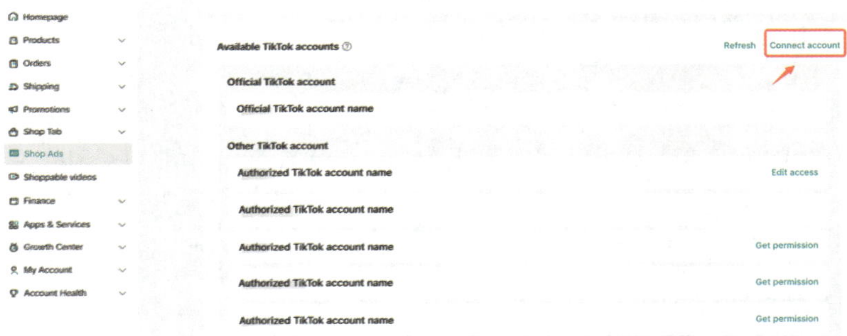

- QR 스캔으로 Business Center에 광고 권한 부여

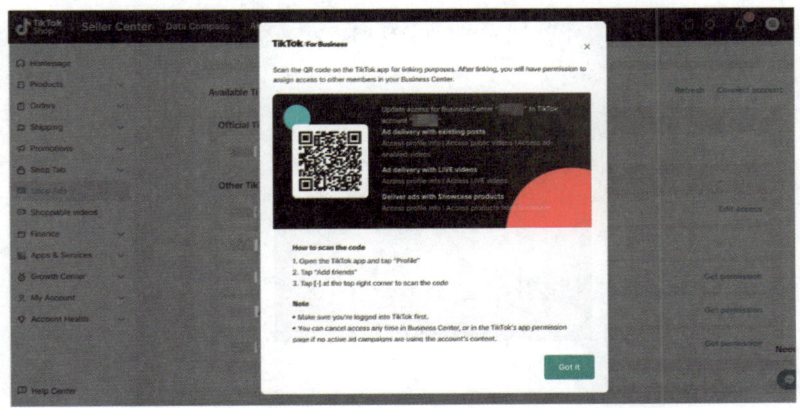

FAQ 핵심 정리

Q 어떤 크리에이티브가 쓰이나?
→ 제품 링크 포함 모든 영상이 후보이며, 광고 권한이 있는 콘텐츠만
  광고로 집행된다.

Q 프로모션 콘텐츠 포함/제외가 가능한가?
→ 수동 선택으로 포함/제외가 가능하다.

Q 오가닉이 전부 광고로 표시되나?
→ **아니다. 권한 부여된 콘텐츠만 'Sponsored'로 표기되며, 나머지는 오**
  가닉으로 유지된다.

Q 과금·비용 노출은?
→ 일반 광고와 동일한 거래 모듈(파이낸스)에 비용이 집계된다.

Q 입찰·예산 설정은?
→ 추천 ROI/예산 사용을 권장한다(샵 이력 기반 산출).

Q 어트리뷰션은?
→ GMV Max: 24h 윈도우, 제품 단위, Paid+Organic(활동 기간/ LIVE 제외)
→ TTAM: 7일 클릭/1일 뷰, 샵 단위

Q 신규 제품도 적합한가?
→ **콘텐츠 볼륨이 충분하면 적합하다. 초기에는 VSA/PLA로 예열을 권**
  장한다.

Q 콘텐츠 라벨링 안내
→ 오가닉 증폭이 일어나므로 **라벨링 도구를 제공**(선택)한다.

→ 어필리에이트는 이미 'eligible for commission' 라벨을 자동으로 부
착한다.

Q 셀러 영상 라벨링 방법(요약)

→ 신규 게시: ··· More Options → Content disclosure and ads →
Disclose post content ON → Your brand 체크 → Save → Post

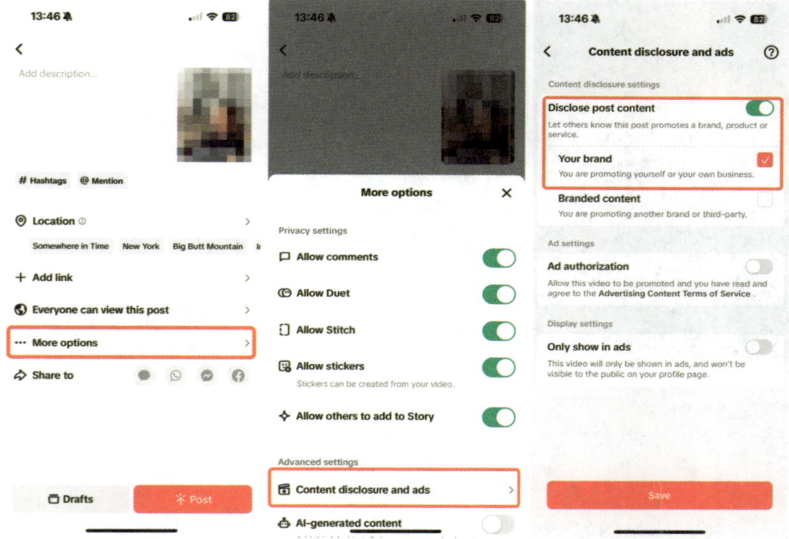

→ 기존 게시물: 해당 영상 → ··· → Ad Settings → Disclose post content ON → Your brand 체크 → Save

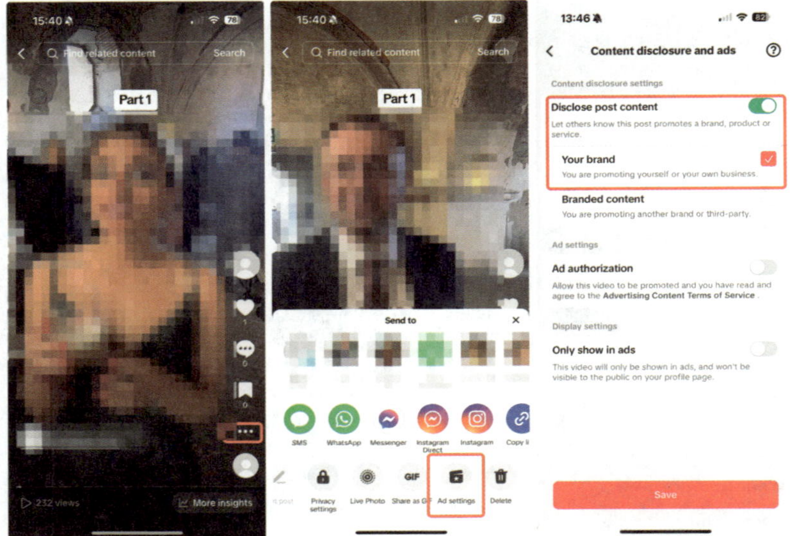

요약

① GMV Max는 오가닉·어필리에이트·유료를 통합해 총 GMV 기준으로 성과를 극대화하는 자동화 솔루션이다.

② 추천 ROI/예산 + Autoselect 크리에이티브를 기본값으로 시작하고, 크리에이티브 볼륨을 상시 확장하라.

③ 성과 평가는 증분 GMV와 ROI 달성도 중심으로 보고, 기존 ROAS와 직접 비교는 지양한다.

④ 권한·연동(공식/가용 계정, Spark 권한)을 점검하여 광고로 활용 가능한 크리에이티브 풀을 넓히는 것이 성패를 좌우한다.

(+) Product GMV Max 운영 가이드

개요(About Product GMV Max)

(1) 정의

Product GMV Max는 TikTok Shop Ads를 위한 자동화 솔루션으로, 개별 상품 단위에서 총 채널 ROI(유료 + 오가닉 + 어필리에이트)를 극대화하도록 설계되었다. 이 기능은 다음의 방식으로 광고를 자동화한다.

- 모든 가용 크리에이티브 자산을 활용하여 광고 생성 및 캠페인 설정 자동화
- 오가닉 도달과 유료 광고 트래픽을 동시에 최적화
- 광고된 상품에서 발생한 모든 주문(오가닉 포함)을 Seller Center 내 GMV Max 대시보드에 자동 집계

(2) 주요 특징 및 이점(Features & Benefits)

① 통합 노출 채널 활용: TikTok 피드, 검색, Shop Tab 등 모든 쇼퍼블 플레이스먼트를 한 번의 설정으로 커버 광고 형식은 비디오형과 상품 카드형을 모두 지원

② 자동화된 캠페인 운용: 광고의 생성·일시정지·크리에이티브 선택·타깃 최적화를 전부 자동 수행 성공 가능성이 높은 콘텐츠를 우선 노출

③ ROI 기반 확장성 확보: LIVE 제외 전체 비LIVE GMV를 기준으로 ROI 중심 최적화 상품 단위의 총 GMV 성장(Product-level GMV growth) 목표

④ 1일 어트리뷰션 윈도우 적용: 당일 발생 주문의 GMV만을 계산하여 실시간 효과 반영

⑤ 선택적 상품 관리: 캠페인에 포함되지 않은 상품의 주문은 셀러 순수 매출로 별도 집계, 광고 성과에 영향을 주지 않음

사전 준비 사항(Before You Begin)

(1) 현재 이용 가능 지역

Product GMV Max 기능은 미국(US) 지역 셀러 계정에 한해 제공된다.

(2) 중복 프로모션 제한

특정 상품이 이미 다음 유형의 캠페인에 포함되어 있다면, GMV Max 캠페인 시작 전 반드시 제거 또는 종료해야 한다.

- 기존 GMV Max 캠페인

Product GMV Max 캠페인 생성(How to Create a Product GMV Max Campaign)

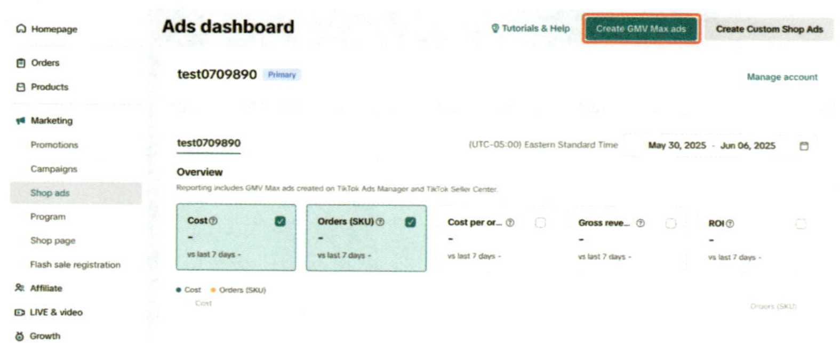

(1) 경로 진입

Seller Center → 좌측 메뉴 Shop Ads → Create GMV Max Ads 캠페인은 현재 연결된 GMV Max 광고 계정에 자동 생성된다.

다른 광고 계정으로 전환하려면 상단 대시보드의 'Manage Account'을 클릭한다. 계정 전환 시, 기존 GMV Max 캠페인은 자동 비활성화되며 새 계정에서 재생성이 필요하다.

(2) 상품 프로모션 설정(Promote Products)

Products 섹션에서 다음 중 하나를 선택한다.

- Promote all products in TikTok Shop → 전체 상품 일괄 프로모션
- Add product → 특정 상품만 선택

특정 상품만 프로모션할 경우
- 해당 상품이 포함된 모든 Video Shopping Ads(타 계정 포함)에서 제거 필요
- 같은 광고 계정 내 Video Shopping Ads는 GMV Max 시작 시 자동 비노출 처리
- Product Shopping Ads는 자동 중단됨

(3) 최적화 목표 설정(Optimization Goal)

ROI 타깃 입력(추천 값 또는 사용자 지정 값 모두 가능)

(4) 예산 설정(Budget)

일일 예산(Daily Budget) 입력 추천 예산 또는 사용자 지정 예산 선택 가능

(5) 캠페인 일정(Schedule)

시작 일시 지정 → 설정된 시점부터 지속 실행

(6) 게시(Publish)

모든 설정 완료 후 Publish 클릭 캠페인은 지정 시각에 자동 시작되며, Seller Center 내 Overview 탭에서 성과 리포트 확인 가능

운영 및 모니터링 요약(Operational Overview)

구분	설명
캠페인 생성 경로	Seller Center → Shop Ads → Create GMV Max Ads
계정 관리	상단 톱니바퀴(⚙)로 계정 전환 가능(전환 시 기존 캠페인 종료)
상품 선택 방식	전체(All) / 특정(Product) 선택 가능
중복 제한	기존 Video Shopping, Product Shopping, GMV Max 캠페인 중복 불가
ROI 설정	추천값(Pre-fill) 기반 혹은 수동 지정 가능
예산 설정	일일 기준(Daily) - 추천 또는 수동 입력
캠페인 시작 시점	예약된 시간에 자동 개시
성과 확인 경로	Seller Center → Overview 탭 (Product GMV Max 리포트)

요약(Summary)

Product GMV Max는 TikTok Shop Ads의 자동화 버전으로, 광고 + 오가닉 + 어필리에이트 주문 전체를 대상으로 ROI를 최적화한다. 모든 광고 세팅(상품, ROI, 예산, 타깃, 크리에이티브)은 한 번의 프로세스로 통합

관리된다.

캠페인 실행 전 반드시 기존 광고 중복 여부를 해제해야 하며, 실행 후에는 Seller Center 내 Overview 탭에서 실시간 성과를 추적한다. GMV Max는 효율적 예산 운영과 통합 성과 분석을 가능하게 하며, TikTok Shop 내 전체 생태계 ROI 향상을 목표로 한다.

(+) LIVE GMV Max 운영 가이드

개요(Introduction)

LIVE GMV Max 캠페인 자동화 기능은 라이브 방송(LIVE) 중 제품 판매를 극대화할 수 있도록 설계된 솔루션이다. TikTok Shop의 실시간 트래픽을 최적화하여 라이브룸(Liveroom)의 총 매출(총 GMV)을 향상시키며, Seller Center 내에서 새로운 LIVE GMV Max 광고 캠페인을 직접 생성할 수 있다.

주요 특징 및 이점(Features & Benefits of LIVE GMV Max)

① LIVE ROI 최적화: LIVE GMV Max는 라이브룸의 총 매출 대비 광고비 비율(ROI)을 기준으로 캠페인을 최적화한다.

> LIVE ROI = 총 LIVE GMV ÷ 총 광고비

② 라이브 전용 노출 영역 통합 관리: 라이브 방송 관련 광고의 전체 노출 영역을 자동으로 조정하고 제어할 수 있다.
③ 증분 매출(Incremental GMV) 창출: 라이브 이벤트 전용 트래픽을 효율적으로 확보해 기존 매출 외 추가적인 GMV 성장을 달성한다.

사용 시점(When to Use LIVE GMV Max)

다음과 같은 경우 LIVE GMV Max 캠페인 활용이 권장된다.
- 라이브 방송에 적극적으로 투자하고 있는 경우
- 라이브 판매 매출(GMV)을 확장하고자 하는 경우
- 안정적인 LIVE ROI를 유지하고자 하는 경우

사전 준비 사항(Before Getting Started)

- 이용 가능 지역: 미국(US) 지역 셀러 계정 대상
- 필요 권한: Seller Center 내 Admin 권한 또는 Ads Tab 접근 권한
- 중복 캠페인 제한: 기존 LIVE 쇼핑 광고나 GMV Max 캠페인이 실행 중이라면, 새 LIVE GMV Max 캠페인 생성 전에 반드시 종료해야 한다.

LIVE GMV Max 캠페인 생성(How to Create a LIVE GMV Max Campaign)

(1) Seller Center 접속

좌측 메뉴에서 Shop Ads를 클릭한다.

(2) 캠페인 생성

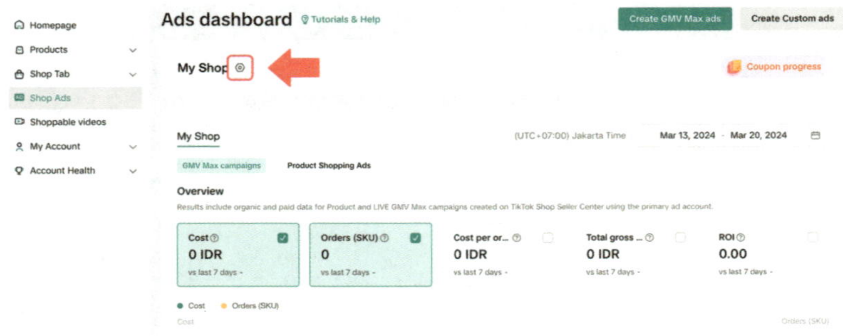

Create GMV Max Ads를 클릭하면, 기본(Primary) 광고 계정에 캠페인이 생성된다. 다른 광고 계정으로 변경하려면 상단 대시보드의 '톱니바퀴'를 클릭한다. 계정 변경은 다른 계정에서 진행 중인 광고에 영향을 주지 않는다.

(3) LIVE 프로모션 선택

Promote LIVE를 클릭하고, 프로모션할 라이브 이벤트가 포함된 TikTok 계정을 선택한다.

(4) 최적화 목표 설정(Optimization Goal)

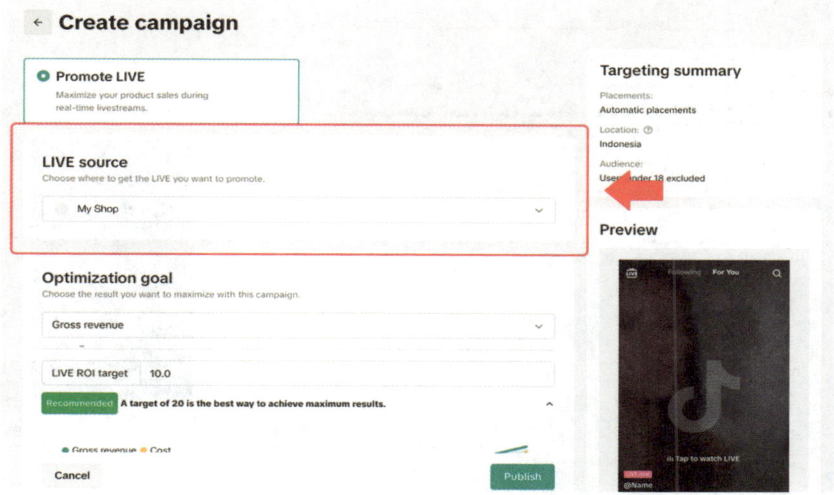

Gross Revenue(총매출)을 목표로 선택한다.

(5) 입찰 전략(Bid Strategy)

광고 효율과 도달을 극대화하기 위해 LIVE ROI 타깃을 설정한다. TikTok이 제안하는 추천 ROI 값을 그대로 사용하거나 직접 입력할 수 있다.

(6) 예산 설정(Budget)

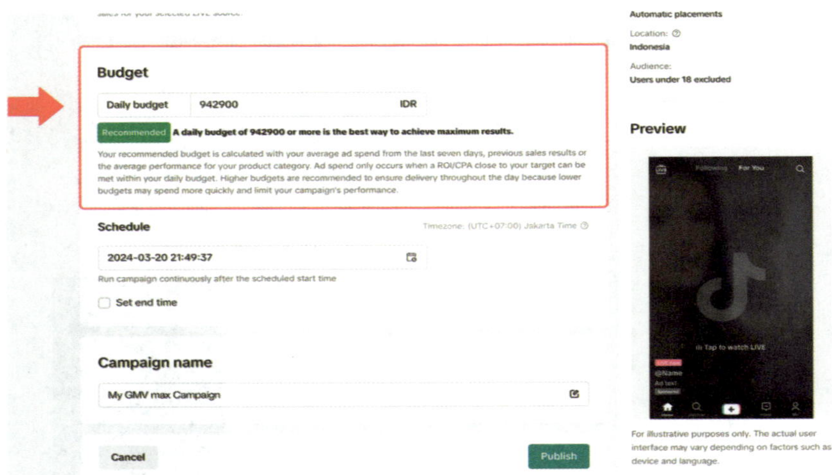

캠페인에 사용할 일일 예산(Daily Budget)을 입력한다. TikTok은 과거 LIVE 성과 데이터를 기반으로 한 추천 예산 값을 제공하며, 캠페인 시작 후에도 예산은 언제든 수정 가능하다.

(7) 일정 설정(Schedule)

캠페인 시작 및 종료 시간을 지정한다.

(8) 게시(Publish)

모든 설정을 완료한 후 Publish 버튼을 클릭한다. 캠페인은 지정된 시간에 자동으로 시작되며, Seller Center에서 성과를 실시간 확인하거나 필요시 캠페인을 중단할 수 있다.

요약(Summary)

LIVE GMV Max는 TikTok Shop에서 라이브 방송 중심의 판매 효율을 극대화하는 자동화 캠페인 기능이다. 셀러는 ROI, 예산, 일정만 설정하면 TikTok의 자동 최적화 알고리즘이 전체 광고 운영을 관리한다. 라이브 세션 전용 트래픽 확보와 ROI 개선을 동시에 달성할 수 있으며, Seller Center를 통해 캠페인 진행 상황과 성과를 실시간으로 모니터링할 수 있다.

3장

프로모션 툴 운영 가이드
(Promotion Tools Overview)

이 장에서는 틱톡샵에서 자주 사용하는 프로모션 툴 관련해서 설명하고자 한다.

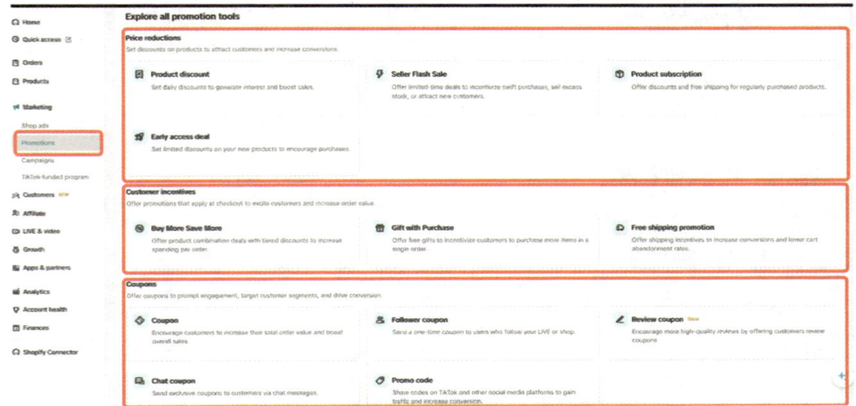

Product Discount

(1) 정의

Product Discount는 셀러가 직접 할인율을 설정할 수 있는 기본적인 프로모션 도구이다. 퍼센트(예: 20% 할인) 또는 고정가(예: $20) 형태로 설정 가능하며, Seller Center에서 자유롭게 구성할 수 있다.

(2) 이점

- 경쟁 셀러 대비 가격 경쟁력 확보
- 단순하고 유연한 설정으로 트렌드에 맞는 할인 조정 가능

(3) 주의사항

- 여러 할인 정책이 동시에 적용된 경우, 소비자에게는 가장 유리한 가격이 자동 노출된다.
- Flash Deal이 함께 설정되어 있을 경우 Flash Deal 가격이 우선 노출된다.
- 상품 단위(Product) 또는 옵션 단위(Variation)로 적용 가능하다.
- 할인율은 현재 5~90%까지 설정 가능하다.

Seller Flash Deal

(1) 정의

Seller Flash Deal은 셀러가 직접 설정하는 한정 시간 프로모션 도구이다. 특정 시간대에 높은 할인율을 제공하여 구매를 유도한다.

(2) 이점

- 긴급성을 부여해 즉각적인 구매 전환 유도
- 베스트셀러 또는 재고 정리 상품의 판매 촉진
- 높은 노출 및 조회수 확보
- 매장 방문자 수 증가로 다른 상품 노출 효과 상승

(3) 주의사항

- Flash Deal 가격은 다른 할인보다 우선 적용된다.
- Product 또는 SKU 단위로 적용 가능하다.
- Shopify 연동 스토어에는 적용되지 않는다.

Shipping Fee Discount

(1) 정의

Shipping Fee Discount는 셀러가 고객에게 무료배송 혜택을 제공할 수 있는 기능이다. Seller Center에서 배송 유형, 임계값(최소 구매금액), 재고 유형(FBT 또는 셀러 배송)을 선택하여 설정 가능하다. FBT 재고의 경우 주문 금액에 상관없이 무료배송을 제공하며, 임계값 설정은 불가능하다.

(2) 정책 변경사항

- 한 매장에서 동시에 유지되는 무료배송 정책은 가장 낮은 최소 결제 금액을 기준으로 단 1개만 유지된다.
- 기존 및 예정된 '모든 배송 옵션' 또는 '모든 재고 적용' 설정은 자동으로 분리되어 운영되지만, 판매 전략이나 프로모션 효과에는 영향을 주지 않는다.

(3) 스토어 전체 무료배송(Store-wide Shipping Fee Discount) 기준

다음 조건을 모두 만족하면 Store-wide로 분류된다.

- 무기한 프로모션
- 일반(Standard) 배송 옵션 적용
- 전 지역 배송 포함
- 셀러 배송 재고만 해당
- 스토어 내 모든 상품 대상
- 최소 구매금액 설정 유무 불문

(4) 이점

● 장바구니 크기(AOV) 확대 및 구매 전환율 상승
● 특정 상품, 일정 금액 이상 또는 전체 매장 대상 할인 가능
● 무료배송 라벨 부착으로 상품 노출도 및 매력도 향상

(5) 주의사항

● TikTok Shop의 배송 보조금이 우선 계산된 후, 셀러의 배송 할인 금액이 적용된다.
● 계정 잔액이 0보다 커야 하며, 셀러 계정이 프로베이션 기간을 통과해야 한다.

Seller Coupon

(1) 정의

Seller Coupon은 셀러가 직접 비용을 부담하여 설정하는 쿠폰 프로모션으로, 다른 할인 툴과 함께 사용할 수 있다.

(2) 이점

● 구매 금액 증가 및 시즌성 상품 재고 소진 촉진
● 최소 구매금액 기준을 설정해 손실 없이 큰 폭의 할인 제공 가능

(3) 주의사항

● Product Discount, Flash Deal 등 다른 할인 및 플랫폼 보조금과 중복 사용 가능
● 여러 쿠폰이 동시에 적용 가능한 경우, 가장 큰 할인 금액의 쿠폰이 자동 선택

- 공개 쿠폰 설정 시, 비즈니스 상세 페이지·장바구니·라이브 방송 등에서 고객이 직접 획득 가능

Buy More Save More

(1) 정의

Buy More Save More는 주문 기반 프로모션으로, 특정 수량 또는 세트 구매 시 할인 혜택을 제공하는 셀러 부담형 프로모션이다.

(2) 이점

- 평균 장바구니 금액 및 객단가(AOV) 상승
- 보완적인 제품 간 묶음 구매 유도
- 대량 구매를 통한 재고 소진 및 매출 확대

Gift with Purchase(GWP)

(1) 정의

Gift with Purchase는 셀러가 비용을 부담하여 설정하는 사은품 프로모션이다. 일정 구매 조건 충족 시 무료 증정품을 제공하며, 신규 제품 노출용으로도 활용 가능하다.

(2) 이점

- 장바구니 크기 및 객단가(AOV) 향상
- 구매 전환율 개선
- 신제품 테스트 및 인지도 확보에 효과적
- 예시 'X개 구매 시 Y 증정' 형태의 구성으로 운영 가능

Target Coupon

(1) 정의

Target Coupon은 특정 고객군(신규 고객, 재구매 고객)을 대상으로 맞춤형 쿠폰을 발급할 수 있는 셀러 부담형 프로모션이다. 셀러는 각 그룹별로 할인율과 최소 구매금액을 다르게 설정할 수 있다.

(2) 이점

① 신규 고객(New Customers)
- 신규 유입 촉진 및 전환율 향상
- 신규 고객 기반 확장

② 재구매 고객(Repeat Customers)
- 재방문 유도 및 고객 충성도 강화
- 유지 비용 절감 및 이탈 방지
- 브랜드 로열티 강화

4장

LIVE 프로모션 도구 가이드

(LIVE Promotion Tools)

LIVE 쿠폰(LIVE Coupon)

(1) 정의

LIVE Coupon은 라이브 방송 중에만 시청자가 획득할 수 있는 실시간 전용 쿠폰 세트이다. 셀러는 라이브 진행 중에만 사용할 수 있는 한정 혜택을 제공하여 구매 전환을 유도할 수 있다.

(2) 이점

- LIVE 시청자 유입 및 트래픽 증가
- 전략적 쿠폰 구성으로 구매 전환율 향상

(3) 활용 팁

- 라이브 전 사전 예열 콘텐츠(숏폼 영상, 팔로워 메시지 등)를 통해 쿠폰 정보를 알린다.
- 플랫폼 보조금보다 높은 할인율로 설정해 차별화된 혜택을 제공한다.
- 짧은 사용 시간(유효기간)을 설정해 실시간 구매를 유도한다.
- 쿠폰 정보를 Billboard(라이브 화면 내 배너)에 노출해 시각적 주목도를 높인다.

(4) 사용 주체

크리에이터가 아닌 셀러(Sellers)

LIVE 플래시딜(LIVE Flash Deal)

(1) 정의

LIVE Flash Deal은 셀러가 직접 예산을 부담해 라이브 방송 중 한정 시간 동안 할인 혜택을 제공하는 프로모션 툴이다. 카운트다운 타이머를 통해 긴박감을 조성하고, 즉각적인 구매를 유도한다. 해당 상품은 셀러 또는 마케팅 계정의 라이브 스트림 내에서만 노출된다.

(2) 이점

- 한정 시간 및 수량 표기를 통해 구매 긴급성 강화
- 라이브 방송 중 실시간 매출(GMV) 향상
- 방송 전 카운트다운(Pre-launch countdown) 기능을 통해 시청자 집중도 향상
- 라이브 전용 할인으로 충성도 높은 시청자층 확보

(3) 주의사항 및 우선순위 규칙

- LIVE Flash Deal 또는 Creator LIVE Flash Deal 진행 중에는 기존 캠페인 가격 및 플랫폼 인센티브가 적용되지 않는다.
- 셀러가 일반 Flash Deal과 LIVE Flash Deal을 동시에 설정한 경우, 가장 낮은 가격이 자동 적용된다.

(4) 플래시딜 유형별 개요

구분	Flash Deal	LIVE Flash Deal	Creator LIVE Flash Deal
설정 경로	Seller Center PC & App(API 미지원)	Seller Center PC & App & TikTok App (API 미지원)	Seller Center PC (API 미지원)
적용 채널	전체 TikTok Shop 채널	라이브 전용 (공식·마케팅 계정)	크리에이터 라이브 전용
사전 오픈 기능	미지원	기본 5분 사전 오픈	미지원
기간	최소 10분 ~ 최대 3일	최소 1분 ~ 최대 20분	최소 10분 ~ 최대 3일
가격 조건	최근 30일 내 최저가 이하	최근 14일 내 최저가 이하	최근 14일 내 최저가 이하
할인 범위	최대 99%	최대 99%	최대 99%
적용 상품 수	PC: 무제한 / App: 최대 20개	PC: 무제한 / App: 최대 20개	PC: 무제한
노출 계정 유형	공식 / 마케팅 / 크리에이터 제휴 계정	공식 / 마케팅 계정	크리에이터 제휴 계정

(5) 고객 적용 조건

고객은 다음 조건을 모두 충족할 경우 LIVE Flash Deal 가격을 적용받을 수 있다.

① 프로모션 기간 내 주문이 이루어졌을 것

② 라이브 방송 채널(셀러 또는 크리에이터 채널)에서 **장바구니 추가 또는 바로 구매**

※ 동일 SKU를 다른 채널에서 다시 장바구니에 담을 경우 LIVE Flash Deal 가격은 적용되지 않는다.

크리에이터 LIVE 플래시딜(Creator LIVE Flash Deal)

(1) 정의

Creator LIVE Flash Deal은 셀러가 특정 크리에이터에게 한정된 시간 할인 혜택을 부여할 수 있는 라이브 전용 프로모션 툴이다. 해당 상품은 지정된 크리에이터의 LIVE 채널에서만 노출된다.

(2) 이점

- 크리에이터 방송을 통한 제품 노출 확대
- 시간 제한형 프로모션으로 실시간 구매 촉진
- 크리에이터와의 독점 파트너십 강화

(3) 주의사항

- LIVE Flash Deal과 동일하게 캠페인 가격 및 플랫폼 인센티브는 적용되지 않는다.
- 셀러가 일반 Flash Deal과 Creator Flash Deal을 동시에 운영하는 경우, 더 낮은 가격이 자동 표시된다.

크리에이터 전용가(Creator Exclusive Price)

(1) 정의

Creator Exclusive Price는 크리에이터가 자신의 라이브 방송에서 특정 상품을 할인된 전용가로 판매할 수 있도록 하는 기능이다. Creator LIVE Flash Deal과 달리, 최근 14일 최저가 조건에 구속되지 않아 할인율과 마진을 유연하게 조정할 수 있다.

(2) 이점

- 더 많은 크리에이터에게 제품 노출 기회 제공
- 마진을 유지하면서도 경쟁력 있는 가격 설정 가능
- 빠른 설정으로 제품 가시성 및 판매 기회 확대

(3) 활용 사례

- 리뷰 수가 적거나 신제품인 상품의 홍보용 라이브 전용가 운영
- 낮은 어필리에이트 커미션을 보완하기 위한 유입 유도용 프로모션

5장

틱톡 샵 캠페인
(TikTok Shop Campaigns)

개요

TikTok Shop Campaigns는 매출(GMV)과 스토어 노출을 높이기 위해 설계된 **테마형 프로모션 이벤트**이다. 셀러가 캠페인에 제품을 등록하면 TikTok Shop으로부터 다양한 Exclusive 혜택을 받을 수 있다.

- 높은 노출도 확보: 등록 제품이 TikTok Shop 앱 전역의 주요 노출 영역에 배치된다.
- 전환율 상승: 테마 캠페인 분위기를 통해 고객의 구매 전환 가능성이 높아진다.
- 추가 할인 혜택: TikTok Shop이 일부 할인을 공동 부담(co-funding)하여 고객에게 더 매력적인 가격을 제공한다.

캠페인 등급 체계(Campaign Tiers Overview)

TikTok Shop 캠페인은 **규모, 할인 요건, 제공 혜택**에 따라 총 네 가지 등급으로 분류된다.

등급	예시 캠페인	주요 특징
SS (최상위 등급)	Black Friday, Cyber Monday	최대 노출도, 최고 수준의 할인 혜택, 앱 내 최상위 영역 노출
S	Summer Sale, Fall Sale	넓은 타깃 도달, 강력한 마케팅 지원, 높은 할인 인센티브
A	Valentine's Day, Mother's Day	시즌성 타깃 프로모션, 중간 수준의 노출, 합리적 할인 요건
B (기본 등급)	Restock Sale, Electronics Week	니치 카테고리 집중, 낮은 할인 요건, 꾸준한 고객 유입 가능

캠페인 유형(Campaign Types)

TikTok Shop 캠페인은 규모와 운영 방식에 따라 두 가지 유형으로 구분된다.

(1) 메이저 캠페인(Major Campaigns)

- SS, S, A등급 캠페인
- 대규모 트래픽과 높은 전환율을 유도하며, 단기적으로 매출을 극대화하는 데 적합

(2) 일상형 캠페인(Everyday Campaigns)

- B등급 캠페인
- 카테고리별 또는 지속형 프로모션으로, 연중 꾸준한 판매 기회를 제공

권장 가격 전략(Recommended Pricing Strategy by Tier and Campaign Type)

캠페인 등록 시, 특히 자동 등록 기능(Campaign Auto-registration)을 사용하는 경우 TikTok Shop 기준에 부합하는 가격 정책이 중요하다. 아래는 캠페인 유형(메이저 / 일상형), 등급(SS~B), 프로모션 방식(쿠폰 / 상품 인센티브)에 따라 설정해야 할 가격, 할인율, 공동 부담 비율을 표준화한 가이드이다.

캠페인 등급	예시 캠페인	쿠폰 등록 (공동 부담 & 셀러 부담)	상품 인센티브 등록 (상품 할인)	판매가 기준	고객 할인율	TikTok : Seller 부담 비율
SS (최상위)	Deals For You Days, Black Friday, Cyber Monday, Mid-year Sale, Year-end Sale	최근 60일 내 최저가	최근 180~365일 내 최저가	L60D 최저가 기준	25~30% 할인	1 : 9
S	Spring Glow-up, Summer Sale, Back-To-School, Fall Sale	최근 30일 내 최저가	최근 90일 내 최저가	L30D 최저가 기준	약 20% 할인	1 : 9
A	Valentine's Day, Mother's Day, Father's Day, Halloween, Restock Sale, Memorial Day, Labor Day, New Year Sale	최근 30일 내 최저가	최근 60일 내 최저가	L30D 최저가 기준	10~15% 할인	1 : 9 ~ 0 : 10
B (기본)	Electronics Week, 카테고리별 캠페인	정가 이하 또는 최근 7~14일 내 최저가	동일 기준	L7D~ L14D 최저가 이하	≤ 10% 할인	0 : 10

> ▶ **참고**
>
> L30D = 최근 30일, L60D = 최근 60일, L180D = 최근 180일
> 공동 부담 비율은 TikTok과 셀러 간의 할인 분담 비율을 의미한다.

6장

샵 디자인 가이드
(Shop Design)

개요(Overview)

Shop Design은 TikTok Shop의 메인 스토어 페이지를 브랜드에 맞게 자유롭게 꾸밀 수 있는 무료 도구이다. 셀러는 로고, 배너, 상품 모듈 등을 추가하여 브랜드 정체성을 표현하고, 방문자가 상품을 쉽게 탐색하고 구매하도록 유도할 수 있다.

주요 기능 및 장점

- 브랜디드 경험 제공: 로고, 배너, 레이아웃을 추가해 브랜드 아이덴티티 강화
- 상품 구성의 자유: 드래그 앤 드롭 모듈을 통해 컬렉션, 카테고리, 대표 상품을 손쉽게 정렬
- 매출 증대: Shop Design을 활용한 상점은 평균 전환율 3.78%, 미적용 상점은 1.73%로 분석됨

접근 경로(How to Access)

① Seller Center 로그인
② 좌측 메뉴에서 Marketing 클릭
③ Shop Page (또는 Shop Design) 선택 후 편집 시작

(1) 초기 사용자

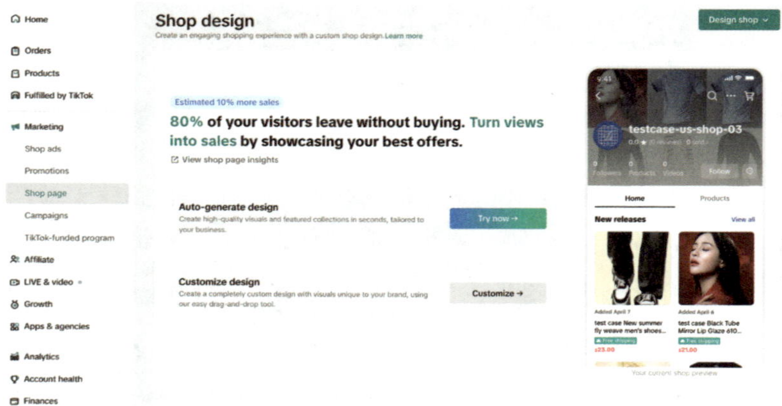

'Auto-Generate Design' 옵션이 표시되어 기본 템플릿으로 시작 가능

(2) 기존 사용자

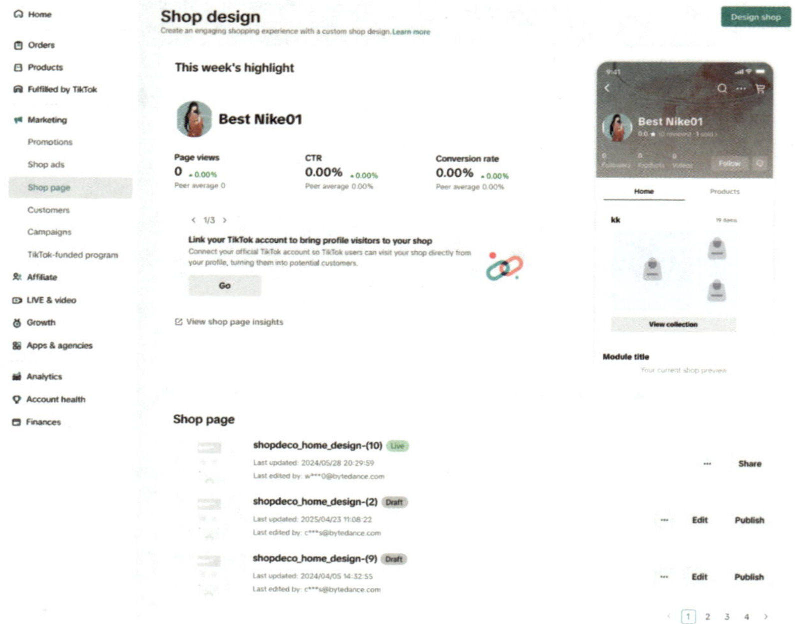

저장된 초안 및 게시된 디자인이 표시되며, 수정 및 재게시 가능

디자인 방식(How It Works)

Shop Design은 두 가지 방식으로 운영된다.

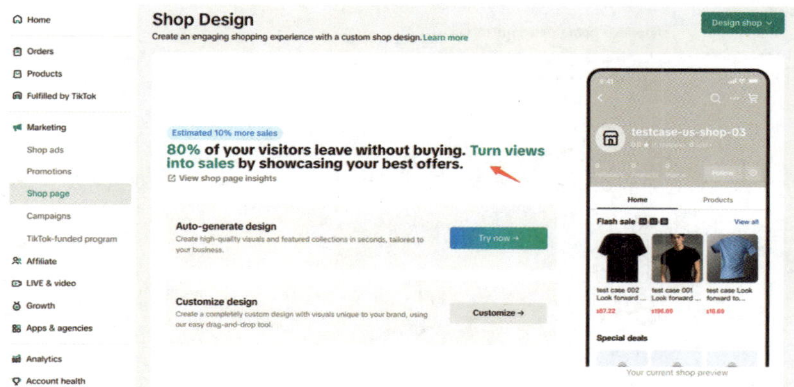

(1) 자동 생성 디자인(Auto-Generate Design)

초보자에게 추천되는 빠른 시작 방식으로, 자동으로 기본 구성을 생성한다.

단계별 설정

① Try now 클릭

② 기본 헤더 이미지와 상품 모듈이 자동 배치

③ Publish now 클릭 → 즉시 게시

④ 링크 또는 QR 코드로 상점 공유

 **주의**

첫 사용 시에만 표시되며, 한 번 게시하면 이 옵션은 비활성화된다.

(2) 직접 커스터마이징(Manual Customization)

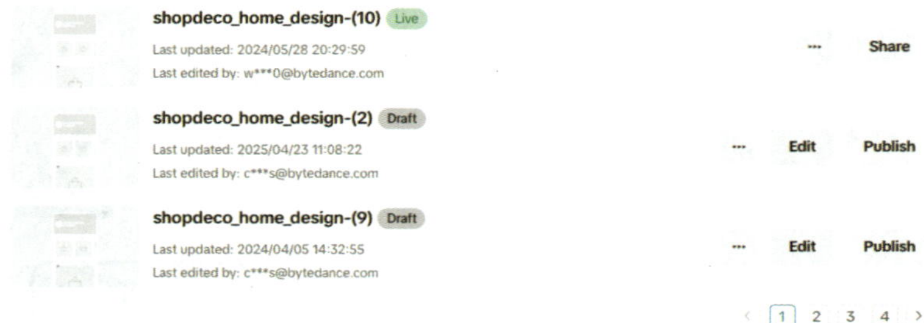

셀러가 전면적으로 상점의 디자인과 노출 상품을 제어할 수 있는 고급 편집 모드이다.

단계별 구성

① 샵 에디터 진입

- 상단 우측의 Design shop 클릭
- 또는 초안(draft) 옆 Edit 클릭

② 인터페이스 구성

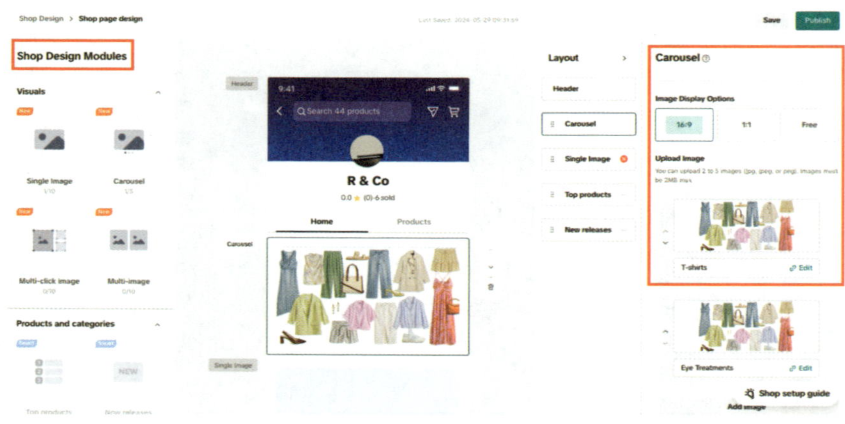

- 왼쪽: 모듈 목록(이미지, 상품, 프로모션 등 추가 가능)
- 중앙: 실시간 미리보기(Shop Preview)
- 오른쪽: 모듈별 세부 설정(텍스트, 색상, 레이아웃 등)

③ 모듈 추가

- 왼쪽 모듈을 중앙 프리뷰 영역으로 드래그
- 주요 모듈 유형
  - 비주얼: 배너, 로고, 상품 이미지
  - 상품 및 카테고리: Top Products, New Releases, Our Picks 등 자동 생성형
  - 프로모션: Flash Sale, Special Deals, Buy More Save More

헤더 이미지 설정(Header Image Setup)

헤더 이미지는 상점의 첫인상을 결정하는 핵심 요소이다.

설정 단계

① 우측 Layout 패널에서 Header 선택

② Upload Image 클릭 → 권장 사양

- 크기: 780px × 720px
- 형식: JPG, JPEG, PNG
- 최대 용량: 2MB

③ 로고 추가(선택 사항)

- Upload Image 클릭 또는 텍스트 입력
- 배경 투명 또는 흰색 로고 권장
- 형식: PNG, WEBP (2MB 이하)

④ 실시간 미리보기로 텍스트 및 이미지 가시성 확인

상품 컬렉션 구성(Product Collections)

컬렉션은 구매 전환율을 높이는 핵심 구성요소이다. 다음 세 가지 방식 중 선택할 수 있다.

(1) 자동 생성(Auto-generate Collections)

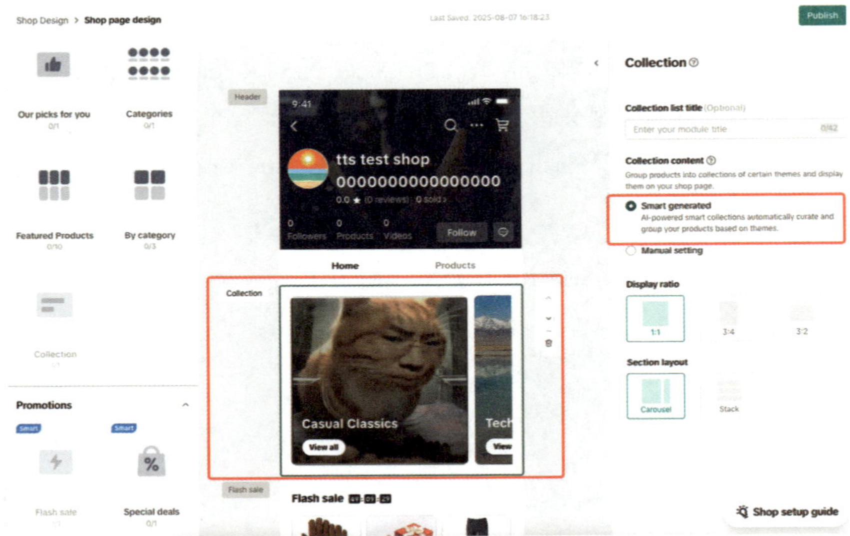

TikTok이 자동으로 추천 및 상품 리스트를 생성한다. 레이아웃(가로/세로), 비율 등은 수정 가능하다.

(2) 템플릿 활용(Use Template)

'New Releases', 'Promotions', 'Top Sellers' 등 미리 제작된 템플릿을 사용한다. 시즌성 이벤트나 단기 프로모션에 적합하다.

(3) 직접 생성(Manual Collection)

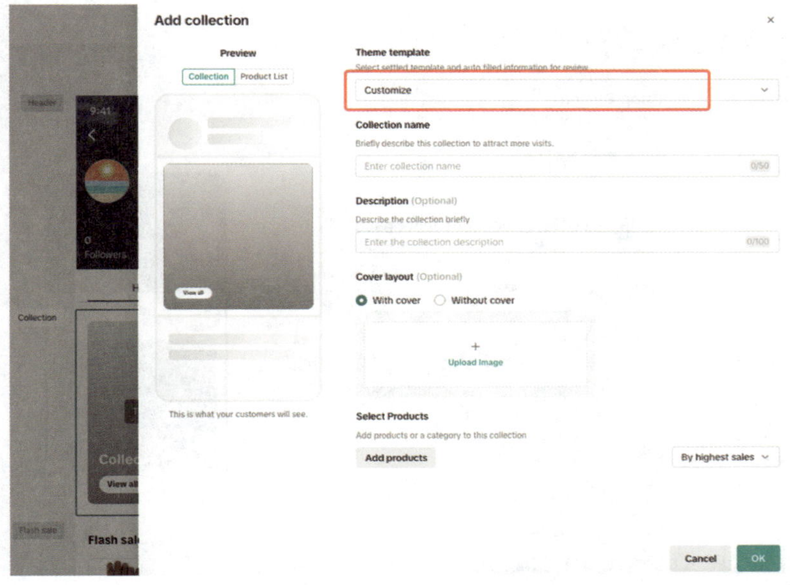

컬렉션명, 설명, 커버 이미지, 상품 리스트를 수동으로 구성한다. 특별 기획전, 한정판, 테마 제품군에 적합하다.

디자인 게시 및 관리(Publish & Manage)

① 실시간 미리보기로 변경사항 확인

② Publish 클릭 → 즉시 반영

③ 수정 필요시 언제든 Edit 가능

디자인 관리

- Live version: 현재 노출 중인 디자인

- Drafts: 편집 중인 초안

- 각 디자인 옆에서 Edit / Publish / Share 기능 지원

부가 기능(Additional Features)

(1) 성과 분석

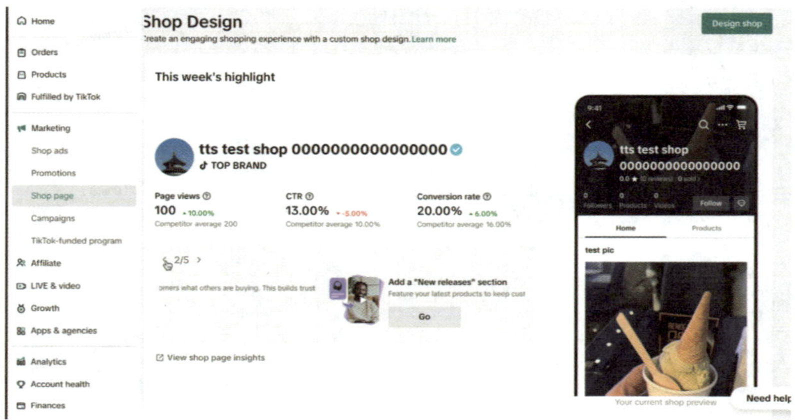

상단 This Week's Highlight 영역에서 페이지 뷰, 클릭률(CTR), 전환율을 확인할 수 있다. 디자인 변경 후 퍼포먼스 변화를 추적 가능하다.

(2) 인기 섹션 템플릿

10개의 무료 템플릿을 제공하며, 'Top Products' 또는 'Seasonal Offers' 등 자동 구성 섹션을 원클릭으로 추가 가능하다.

(3) 이미지 생성기(Image Generator)

제품, 브랜드, 테마에 따라 맞춤형 이미지 생성을 지원한다. Promotion / Branding / New Releases 테마 선택이 가능하다. 내장 편집기를 통해 텍스트, 색상, 레이아웃을 수정 가능하다.

(4) LIVE & 영상 연동

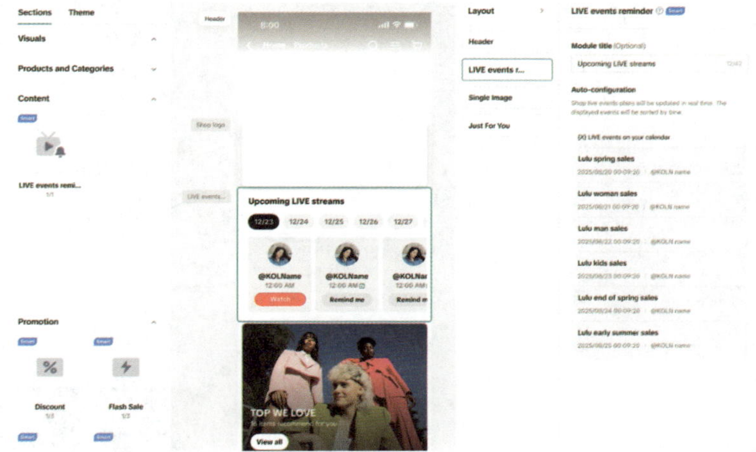

라이브 방송 일정 자동 표시 및 알림 기능을 지원한다. 최근 방송 순서대로 정렬되며, 표시할 세션 선택이 가능하다.

(5) 컬렉션 메시지 전송

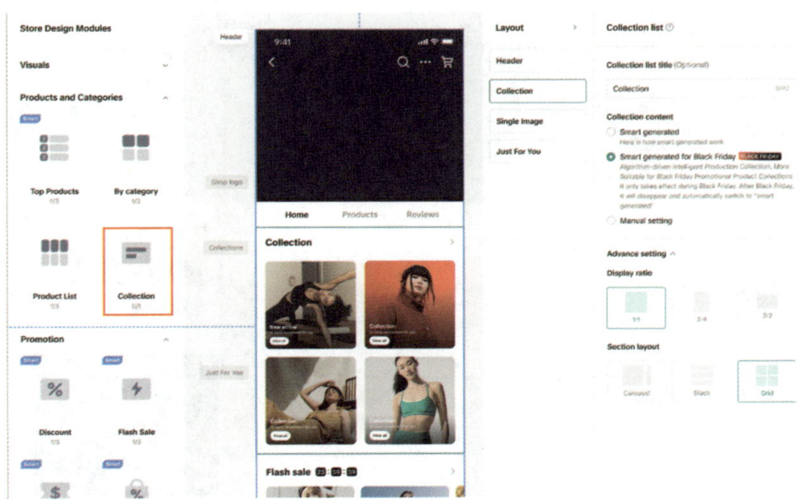

최대 4개의 컬렉션을 생성할 수 있다(컬렉션당 100개 제품). 'Smart Generate' 또는 수동 생성이 가능하며, 고객 메시지를 통해 특정 컬렉션을 직접 공유할 수 있다.

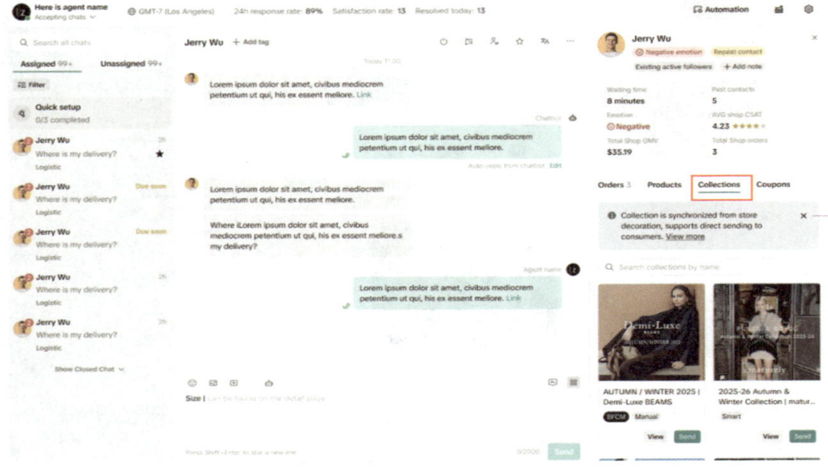

(6) Shop Sharing

샵, 컬렉션, 상품별로 링크 및 QR 코드 생성이 가능하다. SNS, 채팅 등 외부 채널을 통한 노출 및 트래킹을 지원한다(Seller Center PC에서만 지원).

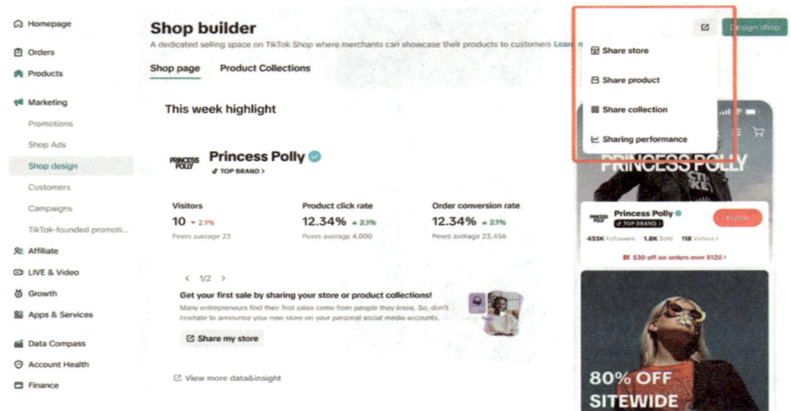

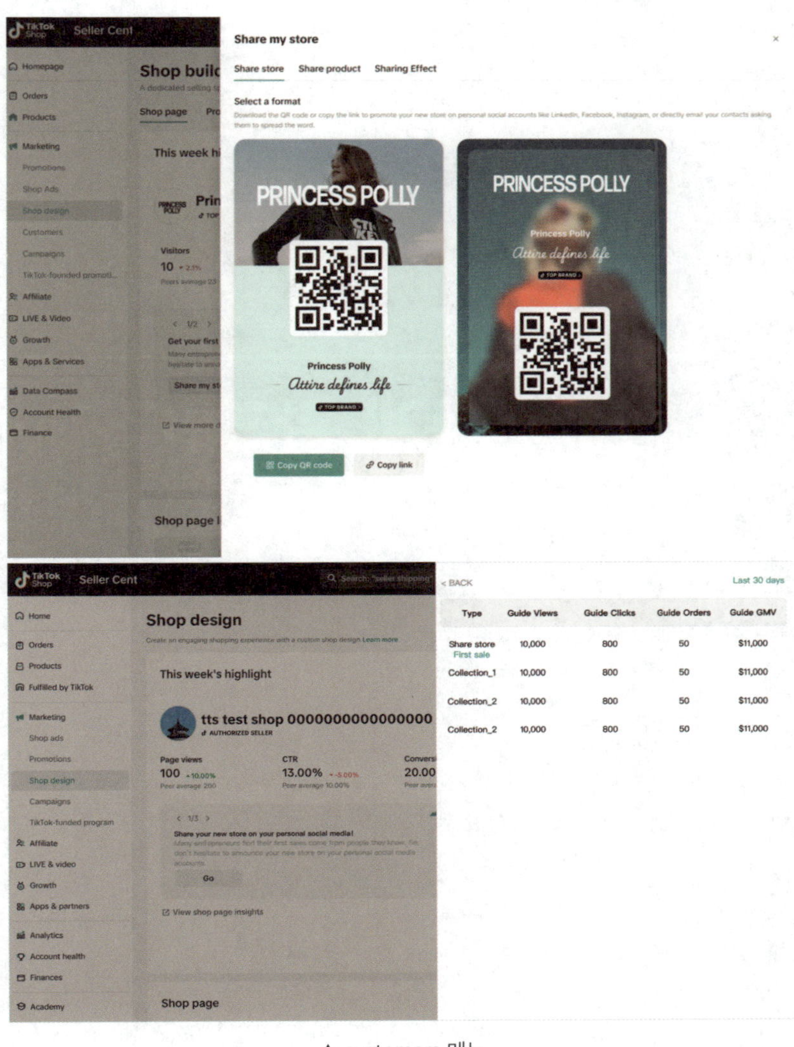

▲ customers 메뉴

7장

고객 관계 관리(CRM) 가이드

개요(Feature Overview)

TikTok Shop CRM(Customer Relationship Management)은 셀러가 고객과의 관계를 강화하고, 개인화된 마케팅 메시지를 통해 재구매를 유도할 수 있도록 돕는 무료 도구이다. CRM은 고객 행동 기반 메시지를 자동화하여 매출 증대, 충성도 향상, 이탈 고객 재활성화를 지원한다.

주요 기능 및 이점

- 개인화된 메시지로 매출 증대: 재구매·장바구니 방치 고객에게 맞춤 메시지 발송
- 자동화된 캠페인 운영: 주문 확인, 가격 인하 알림 등 반복 작업 자동 처리
- 고객 유지율 향상: 시기적절하고 관련성 높은 커뮤니케이션으로 관계 강화

접근 조건(Eligibility Criteria)

CRM 접근 권한은 Shop Performance Score(SPS)에 따라 매일 자동 갱신된다.

등급	SPS 범위	접근 권한	메시지 발송 한도(주)
✅ Advanced	≥ 4.5	고급 접근	6~8회
✅ Standard	3.5 ≤ SPS < 4.5	기본 접근	3~5회
🟡 Frozen	3 ≤ SPS < 3.5	신규·수정 제한	기존 계획만 유지
🔴 Revoked	< 3	접근 권한 박탈	모든 계획 중단

● Frozen 상태: 새 CRM 계획 생성·수정 불가, 기존 계획은 정상 발송

● Revoked 상태: CRM 기능 전체 사용 불가, 기존 발송 계획도 정지

(1) BFCM(Black Friday-Cyber Monday) 기간 특별 조정

(2025.11.1 ~ 12.1 적용)

● Permission Freeze: 기준 완화 → SPS 2.5 ~ 3.5

● Access Revoke: 기준 완화 → SPS < 2.5

● 자동 재시작: SPS가 2.5 이상으로 회복되면 자동으로 발송 재개

(2) 발송 빈도 제한

한 셀러가 동일 고객에게 주당 최대 3회 메시지 발송 가능(일반 메시지 1회 + BFCM 아웃리치 단계별 메시지 2회)

접근 경로(Accessing the CRM Tool)

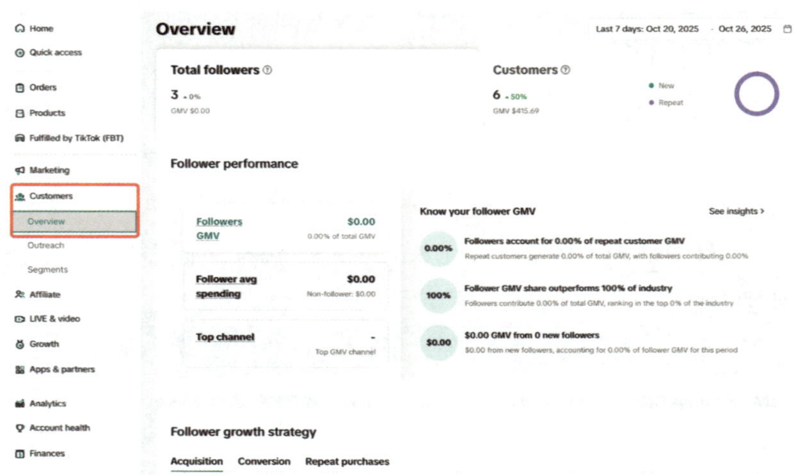

① Seller Center 로그인

② 좌측 메뉴 Customers 클릭 → CRM 기능 진입

상단 배지로 현재 상태(Ineligible / Standard / Advanced)를 확인할 수 있다.

작동 방식(How It Works)

Step 1 메시지 플랜 유형 선택

CRM에는 두 가지 메시지 계획이 있다.

유형	설명	활용 예시
One-Time Plan	특정 시점에 일회성 메시지 발송	신제품 출시, 시즌 할인, 이탈 고객 리마케팅
Automated Plan	고객 행동 기반 자동 발송	장바구니 미결제, 결제 미완료 리마인드

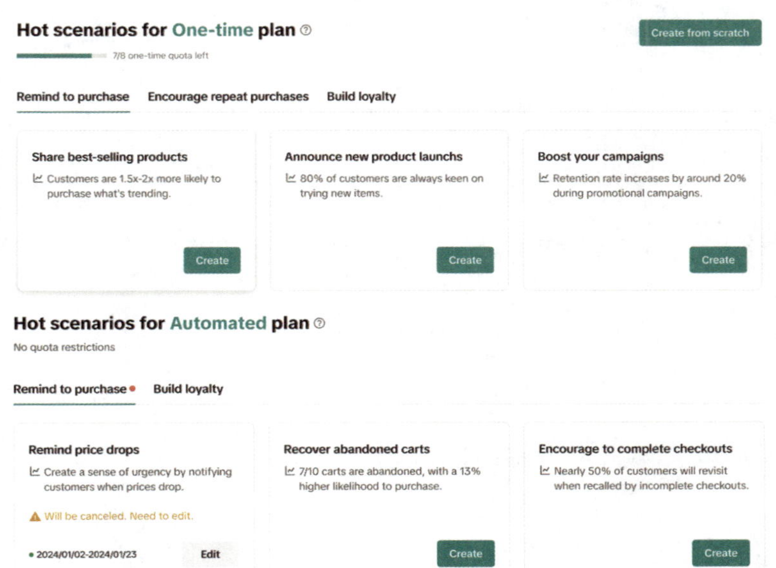

 시나리오 선택(Choose a Scenario)

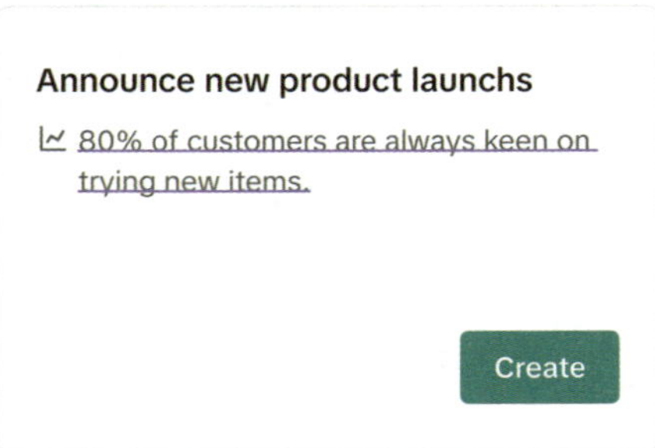

캠페인 목적에 맞는 전술(Scenario)을 선택 후 Create Plan를 클릭한다.
예 재구매 유도, 신규 팔로워 환영, 장바구니 리마인드 등

Step 3 고객 세그먼트 선택(Select Customer Segment)

CRM은 기본 제공 세그먼트 외에도 사용자 정의 세그먼트(Custom Segment) 생성이 가능하다.

1) 기본 세그먼트 예시

Send to

Segments with the "Recommended" label are recommended options for the scenario "Share best-selling products".

Select target customer segment

Default	>	Potential new customers Estimated size: 0
Custom	>	Recent customers **Recommended** Estimated size: 11
		Repeat customers Estimated size: 2
		Frequent customers

● Recent customers: 최근 90일 내 첫 구매 고객

● Repeat customers: 90일 내 다중 구매 고객

● Frequent customers: 반복 구매자

● Lapsed customers: 30일 이상 미구매, 1년 내 구매 이력 있음

● Potential new customers: 찜/장바구니 추가 고객(30일 내, 미구매자)

● New followers: 최근 30일 내 신규 팔로워

● Active followers: 최근 30일 내 콘텐츠 상호작용 팔로워

● Abandoned cart: 48시간 내 결제 미완료 고객

● Incomplete checkout: 48시간 내 결제창 진입 후 미결제 고객

2) Custom Segment 생성 방법

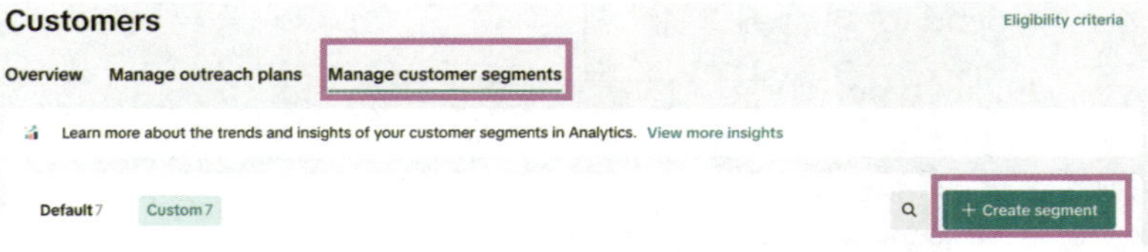

① Manage Customer Segments → Create Segment 클릭

② 세그먼트 이름 입력

③ 인구통계·구매 행동·참여도 등 최소 3개 조건 선택

④ 저장 후 목록에서 관리 및 수정 가능

 메시지 플랜 설정(Configure a Messaging Plan)

① 기본 정보 입력

Create segment for shop customers ⑦　　　　　　　　　　　　　　　　　×

Segment name

Enter segment name　　　　　　　　　　　　　　　　　　　　　　0/100

Conditions　　　　　　　　　　　　　　　　　　　　　　Estimated size: --
Use at least 3 conditions to achieve more accurate customer segmentation.

Select condition　　　　　　　　　　　　　　　　　　∨　🗑

＋ Add condition

- Plan name: 캠페인명 입력
- Send to: 타깃 세그먼트 확인
- Plan type: 선택된 세그먼트에 따라 자동 지정

② 발송 일정

- Send now: 즉시 발송(5분 내)
- Schedule for later: 특정 일시 예약

③ 메시지 콘텐츠 구성

Create one-time plan
Discard   Save Draft   Submit
Basic information
Name
Engage customers with promotions 10/06/2023 10:23   20/100
Send to
在(xx)场景下，选择较适合的人群
Recent customers (Estimated 370)   Recommended
Recent customers (Estimated 370)   Recommended
Potential new customer (Estimated 245)
Repeat customers (Estimated 124)
Lapsed customers (Estimated 2343)
Frequent customers (Estimated 23)   Available Next Week
Later   Select time
Channel and Content
You can only message each group once a week. The frequency limit is updated every Monday at 12:00 AM PT.
Chat
Message
Custom messages will be reviewed by TikTok Shop. Follow the TikTok Shop Customer Service Guidelines to pass the review and send messages to customers.
Recommended template   Change Template
Mark your calendar - Get ready for our upcoming campaign!   29/70
Hey there! We want to let you know about an exciting upcoming campaign.
Mark your calendar for the upcoming campaign that will start soon on Nov1 ~ Nov12 and get ready for some incredible deals and exclusive offers.
Stay tuned for more updates!   181/500
Coupon
Change coupon
Rp1000 off
Min. spend of Rp10k
For shop wide
Regular | Voucher name voucher name
Claim   00:00 05/01/2024 - 24:00 10/01/2024
ID   123761982376918743
Status   Upcoming
Product
Change products   Have no idea? Recommended by each consumer preferences
Remove All
Skechers for Work 77055 Ca...   Stock   8,888,888
Rp 888,888.88 - 999,999.99   ID   7238571323155597061
Button
Link to   BFCM store campaign page
Preview
Jones' Beauty
9:25 PM
Mark your calendar - Get ready for our upcoming campaign!
Hey there! We want to let you know about an exciting upcoming campaign.
Mark your calendar for the upcoming campaign that will start soon on [Edit date and time here] and get ready for some incredible deals and exclusive offers.
Stay tuned for more updates!
20% off
on orders over $10 up to $2 off
Brooklyn Travel Duffel Bag B...
$195.00
Shop now
Hello
The message shown above is what consumers see. Please try to use the local language.

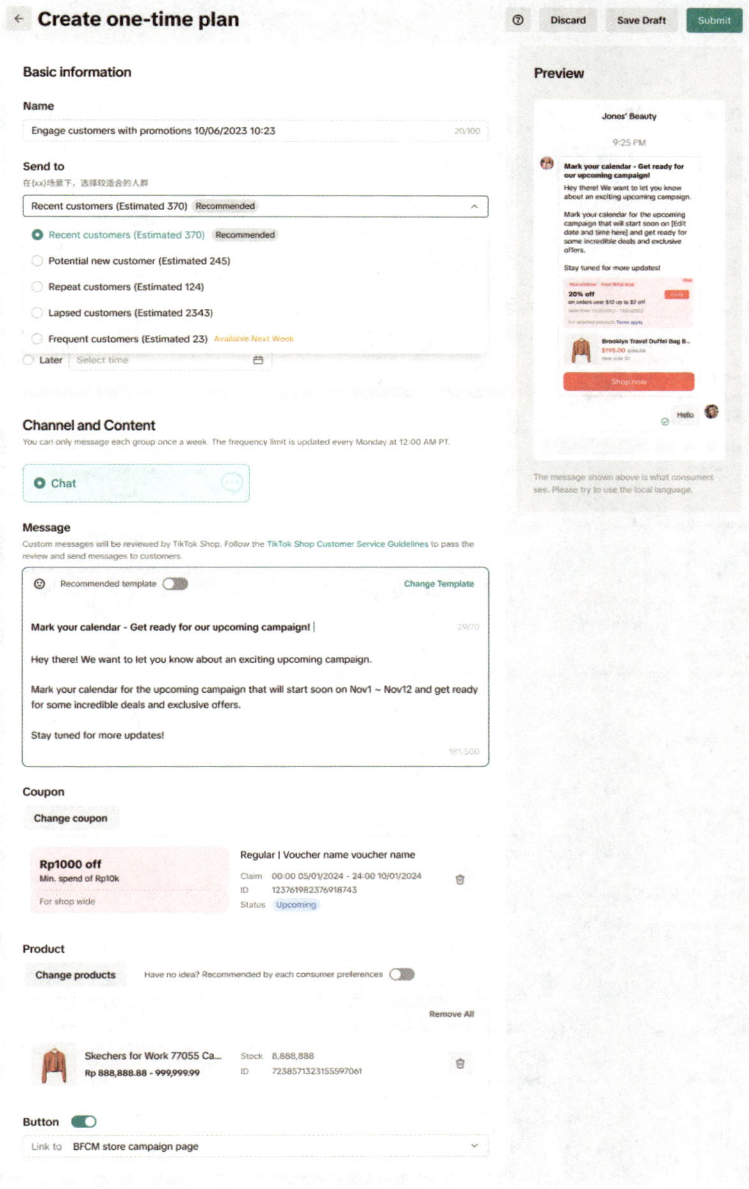

- 직접 작성 또는 템플릿 선택
- 쿠폰 추가(선택 사항)

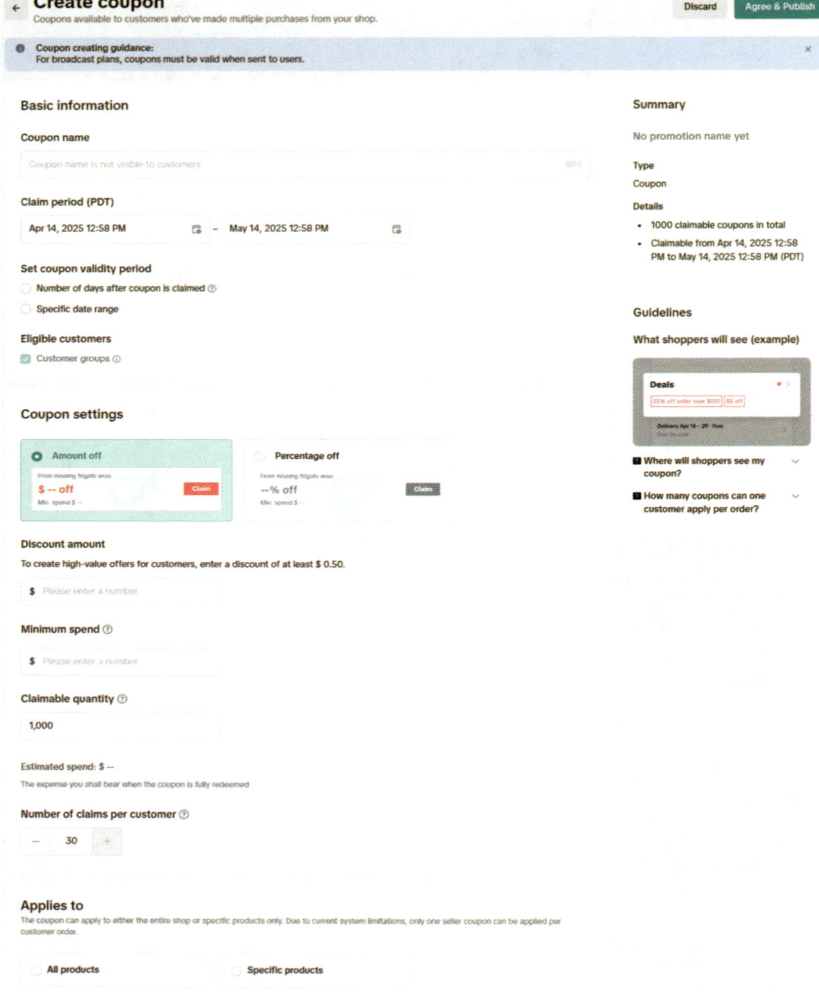

- Add coupon → Create coupon 클릭

- 쿠폰명, 할인율, 최소 구매금액, 수량 설정

- Agree & Publish 후 CRM 플랜 내에서 쿠폰 선택 및 적용

3) 쿠폰 유형별 차이

유형	설명
Regular	모든 고객에게 공개 노출
Targeted	특정 세그먼트 전용, CRM 내부 생성만 가능
Private	메시지 내에서만 노출, 일반 노출 불가

4) 상품 연동

메시지에 최대 4개 상품 링크 추가 가능

Step 5 미리보기 및 게시(Preview & Launch)

- Preview 기능으로 메시지 시각적 구성 확인
- 완료 후 Submit 클릭 → 즉시 활성화
- 미완성 시 Save draft 저장 가능

Customers   Qualifying criteria

Overview   **Outreach plans**   Customer segments

Outreach performance ⓘ Last 30 days

CRM GMV	CRM Orders	Total recipients	Recipients read
12,345 ▲ 2.1%	12,345 ▲ 2.1%	12,345 ▲ 2.1%	12,345 ▲ 2.1%

One-time   Automated   Campaign   All status ∨   All customer group ∨   + Create plan

Plan name	Channel	Status	Total recipients	Recipients reads	Orders	Action
Engage recent customers with... Recent customer	Chat	● Ongoing 15/05/2023 10:23:00	12	23	22	View ∨
Engage recent customers with... Recent customer	Email	● Sent 15/05/2023 10:23:00	8,888,888	2,000	2,000	View
Engage recent customers with... 3rd party	Chat	● Draft --	--	--	--	View ∨
Special offers for repeat custo... Frequent customer	Chat	● Draft --	--	--	--	View ∨
Special offers for repeat custo... Recent customer	Chat	● Sent 15/05/2023 10:23:00	8,888,888	2,000	2,000	View
Special offers for repeat custo... Frequent customer	Chat	● Cancel ⓘ --	--	--	--	View ∨
Special offers for repeat custo... Recent customer	Chat	● Sent 15/05/2023 10:23:00	8,888,888	2,000	2,000	View
Special offers for repeat custo... Frequent customer	Chat	● Cancel ⚠ --	--	--	--	View ∨
Special offers for repeat custo... Frequent customer	Chat	● Ongoing --	--	--	--	View ∨
Special offers for repeat custo... Frequent customer	Chat	● Cancel --	--	--	--	View ∨

1 - 10 of 500   ‹ 1 2 3 4 5 6 › 10/page ∨

CRM 상단의 Data Overview에서 주요 지표를 모니터링할 수 있다.

- CRM을 통해 발생한 GMV
- CRM 메시지 유입으로 인한 주문 수
- 수신 인원, 메시지 읽음률(Read Rate)

Recommendations 섹션을 통해 개선 제안과 향후 메시징 전략 방향을 확인할 수 있다.

CRM 활용 핵심 포인트 요약

항목	주요 내용
접근 조건	SPS ≥ 3.5 필요(BFCM 기간 한시 완화)
발송 한도	동일 고객 주 3회 이내
플랜 유형	One-Time / Automated
세그먼트	기본 9종 + 커스텀 생성 가능
쿠폰	Regular / Targeted / Private
분석 항목	GMV, 주문 수, 수신·열람률

8장

Analytics 메뉴

⊕ 메트릭 정의(Latest Shop Analytics Metrics)

모든 금액 지표는 기본적으로 결제 시점 기준, 취소/환불 포함 표기 (정의에 명시된 경우)

메트릭	정의 요약
GMV	(리스트가 × 수량 + 배송비 - 셀러 할인 - 플랫폼 할인 - 세금) 합계
GMV (with TikTok co-funding)	위 GMV + 플랫폼 공동보조액(co-fund) 포함
GMV with Tax	GMV + 세금
LIVE GMV	LIVE에서 발생한 결제 금액(날짜 경계 유의: 22:00~02:00 방송 시 자정 이후는 다음날 집계)
Affiliate LIVE GMV	크리에이터 LIVE 클릭 후 14일 내 발생 주문 금액
Linked Accounts LIVE GMV	링크드 계정(공식/마케팅)의 LIVE 주문 금액(일별 상태에 따른 귀속)
Video GMV	모든 쇼퍼블 비디오에서 발생한 주문 금액
Affiliate Video GMV	크리에이터 비디오 클릭 후 14일 내 발생 주문 금액
Linked Accounts Video GMV	링크드 계정의 쇼퍼블 비디오 주문 금액 (일별 상태에 따른 귀속)
Product Card GMV	모든 상품카드에서 발생한 주문 금액
AOV	주문당 평균 매출(= GMV ÷ 주문 수)
Items Sold	판매된 개별 아이템 총합(예: A 3개 + B 2개 = 5)
SKU Orders	결제 완료 주문 건수 (품목 변형 단위: SKU 기준, A 3개·B 2개 주문 = 2)

Customers	결제 고객 수(반품/환불 고객 포함)
Items Refunded	선택 기간 내 환불 개시 기준 환불 수량
Items Canceled & Returned	선택 기간 내 취소/반품 개시 기준 수량
Refunds	선택 기간 내 환불 정산 완료 시점 기준 환불 금액 (오프라인 임의지급 제외)
Tax	선택 기간 내 세금 합계
Shipping Fees	선택 기간 내 고객이 지불한 배송비 합계

(+) LIVE Performance Analytics

접근 경로(Where to View LIVE Performance)

① Seller Center → Analytics 진입

② 좌측 메뉴에서 LIVE & Video → LIVE → LIVE Performance 선택

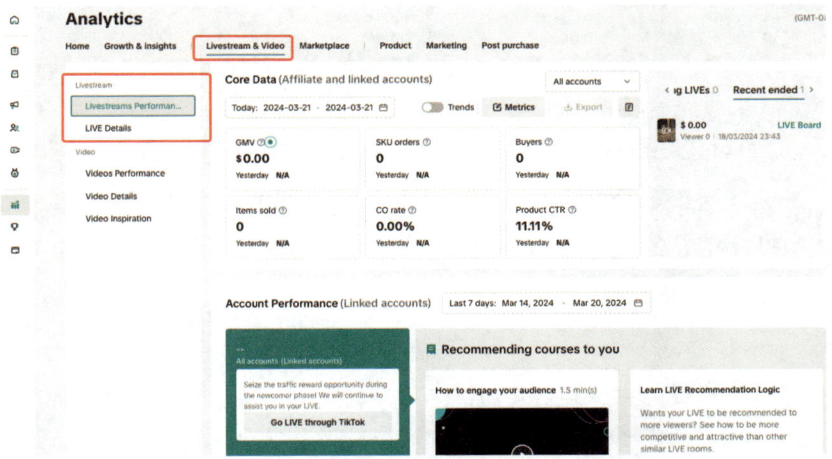

③ 오른쪽 패널에는 현재 진행 중인 라이브와 최근 종료된 라이브 목록이 표시된다.

주요 탭 구성(Main Tabs)

LIVE Performance는 아래 3개 주요 탭으로 구성되어 있다.

① Core Data(핵심 지표)

② Account Performance(계정별 성과)

③ LIVE Details(상세 내역, 별도 경로에서 접근)

Core Data 탭

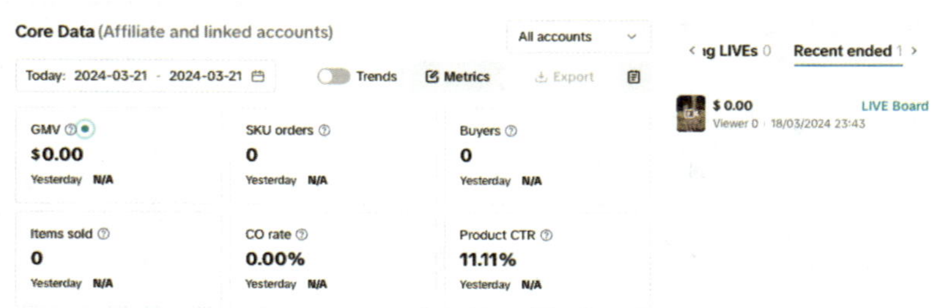

라이브 스트리밍 중 혹은 특정 기간 동안의 실시간/기간별 주요 퍼포먼스 지표를 확인할 수 있다. 기본적으로 6개의 지표가 기본 세트로 설정되어 있으며, 각 지표 옆의 '?' 아이콘에 마우스를 올리면 정의를 확인할 수 있다.

(1) 기본 지표(Default Metrics)

지표	정의 요약
GMV	LIVE 중 발생한 총 결제 금액
SKU Orders	LIVE 중 결제된 SKU 주문 수
Buyers	구매자 수
Items Sold	판매된 총 상품 수
CO Rate(Conversion Rate)	라이브 시청자 대비 구매 전환율
Product CTR	라이브 내 상품 클릭률(Product Click-Through Rate)

(2) 기타 선택 가능 지표(옵션)

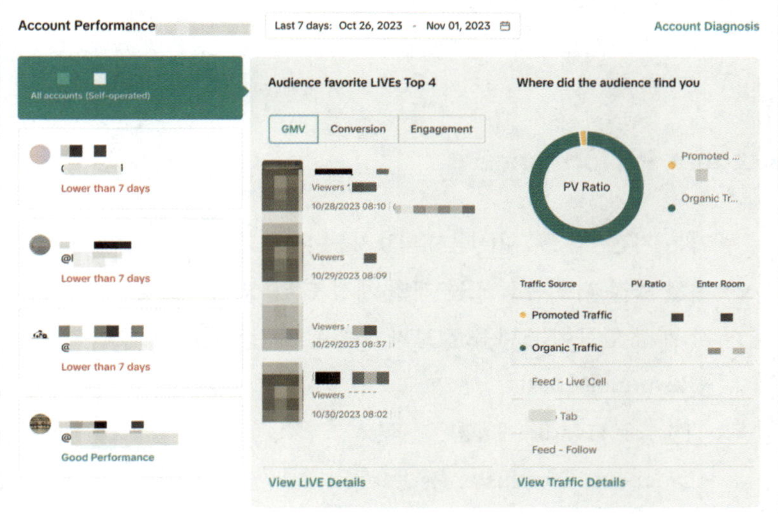

- LIVE Views
- Avg. Viewing Duration(평균 시청 시간)
- Livestreams(라이브 횟수)
- Show GPM(Gross Profit Margin per LIVE)
- Revenue-Generating Livestreams(매출 발생 라이브 수)

'Subscribe' 기능을 이용해 원하는 지표 세트를 새로 구성하거나 기본 6개와 혼합하여 조회 가능

(3) 기능 요약

- 데이터 다운로드 가능(Export)
- 트렌드 차트 확인(View Trend Chart)

Account Performance 탭

- 기본 기간: 최근 7일(사용자 지정 가능)
- 전체 계정 퍼포먼스 또는 개별 계정 단위 성과를 표시
- 각 계정 항목에는 다음 정보가 포함된다.
  - Revenue(매출액)
  - TikTok Handle(계정명)
  - Diagnosis Conclusion(진단 요약)
  - Diagnosis Reasons(결과 원인)
  - Violations(정책 위반 내역)

→ View Diagnosis 클릭 시, 해당 계정의 상세 진단 페이지(LIVE Diagnosis)로 이동하여 라이브 성과의 세부 인사이트를 확인할 수 있다.

Audience & Traffic Insights(유입 분석)

- 각 계정별 Top 4 인기 라이브가 GMV / Conversion / Engagement 기준으로 정렬되어 표시된다.
- View LIVE Details 클릭 시, 각 라이브의 세부 퍼포먼스(유입 경로, 전환율 등)를 확인 가능하다.
- 유입 경로(트래픽 소스)는 프로모션 / 오가닉 비율로 시각화되어 제공된다.

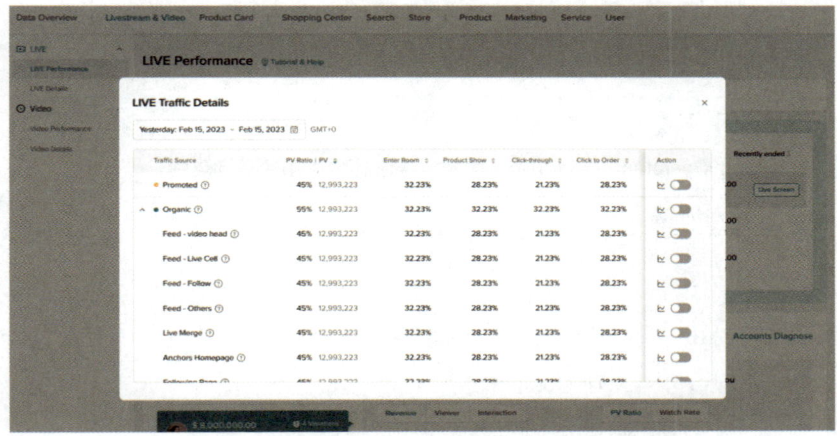

→ View Traffic Details 클릭 시 세부 유입 소스(For You / Search / LIVE Tab 등)별 분석 화면으로 이동한다.

LIVE Details(라이브 랭킹 및 상세 내역)

(1) 경로

Analytics → LIVE & Video → LIVE → LIVE Details

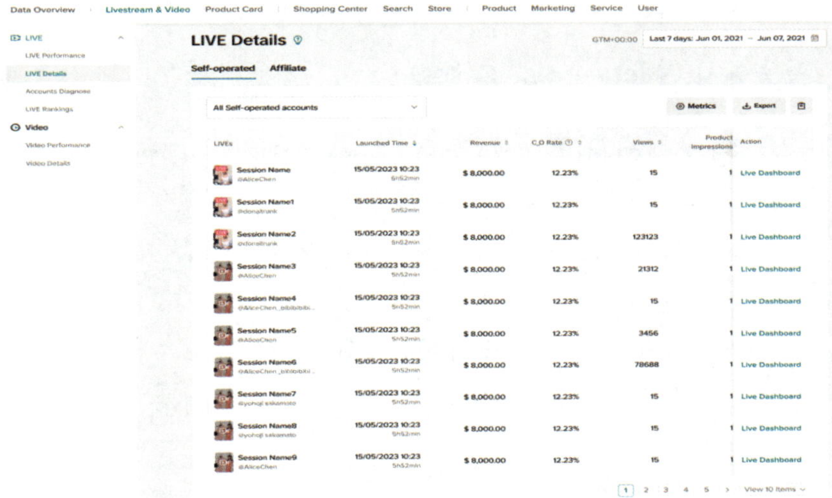

이곳에서는 모든 라이브 스트림을 기간·유형별로 정렬 및 비교할 수 있다. 탭은 크게 두 가지로 구분된다.

탭	설명
Self-Operated	셀러(자체 계정) 주도 라이브
Affiliate	크리에이터 제휴 라이브

(2) 기능

- 지표 기준 정렬 가능(Revenue, Views, CO Rate 등)
- 데이터 내보내기(Export)
- 각 카테고리별 '?' 아이콘을 통해 정의 확인

LIVE Dashboard(LIVE Board)

LIVE Details 화면 내에서 LIVE Dashboard(LIVE Board) 버튼을 클릭하면 업그레이드된 LIVE 퍼포먼스 보드로 바로 이동할 수 있다. 이 보드는 실시간 GMV, 시청자 행동, 상위 상품, 트래픽 소스 등을 한눈에 요약해 보여준다.

활용 예시(Practical Use Cases)

① 실시간 모니터링: LIVE Performance에서 GMV, CTR, CO Rate 등을 실시간으로 확인
② 채널별 비교: Account Performance에서 여러 LIVE 계정 성과를 한 번에 비교
③ TOP Performing LIVE 추적: Audience-Favorite 4개 라이브를 중심으로 재활용/재편성 전략 수립

④ 유입 효율 분석: View Traffic Details에서 오가닉 대비 프로모션 트래픽 효율 파악

⑤ 성과 진단 자동화: View Diagnosis → LIVE Diagnosis를 통해 시스템 기반 개선 인사이트 확보

(+) Video Performance Analytics

접근 경로(Where to View Video Performance)

① Seller Center → Analytics → LIVE & Video → Video 진입

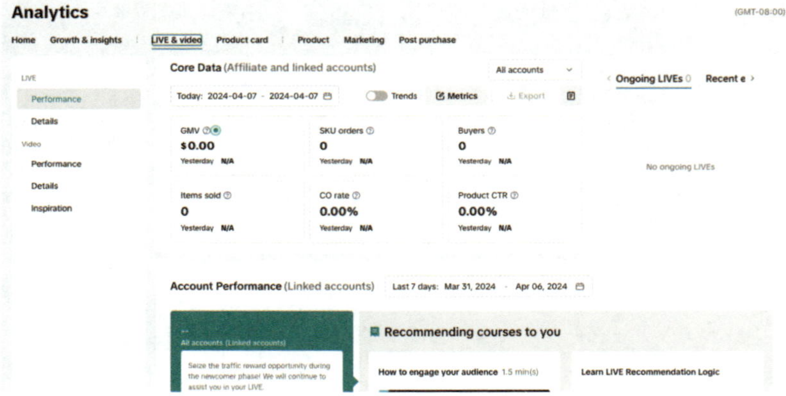

② Video Performance 선택(Video 헤더 하위 드롭다운 메뉴)

오른쪽 패널에는 Top Revenue Video와 Top Viewed Video가 요약 박스로 표시된다.

주요 탭 구성(Main Tabs)

비디오 퍼포먼스 페이지는 아래 3개 탭으로 구성된다.

① Core Data(핵심 지표)

② Account Performance(계정별 성과)

③ Peer Highlights(동종 셀러 인사이트)

Core Data 탭

선택된 기간 또는 실시간 기준으로 비디오 퍼포먼스를 측정한다. 기본적으로 7개의 핵심 지표가 표시되며, 각 항목 옆 '?' 아이콘을 통해 정의를 확인할 수 있다.

(1) 기본 지표(Default Metrics)

지표	정의 요약
GMV	비디오에서 발생한 총 결제 금액
SKU Orders	결제 완료된 SKU 단위 주문 수
Buyers	구매자 수
Click Through Rate (CTR)	비디오 내 상품 클릭률
Product Clicks	상품 클릭 총합
Product Impressions	상품 노출 횟수
Click to Order Rate (CO Rate)	상품 클릭 대비 주문 전환율

(2) 선택 가능 지표(Optional Metrics)

- Video Views
- Video Product Viewers
- GPM(Gross Profit Margin)

TIP

'Subscribe' 기능으로 원하는 지표 세트를 선택·혼합하여 커스텀 모니터링 가능

(3) 기능 요약

- 퍼포먼스 데이터 다운로드 가능(Export)
- 트렌드 차트 확인(View Trend Chart)

Account Performance 탭

- 기본 기간: 7일(1일 / 28일 단위로 변경 가능)
- 기본 표시: 모든 계정의 누적 퍼포먼스
→ 개별 계정 조회 시, 마우스를 해당 계정에 올리면 GMV / TikTok Handle 표시

상세 구성

- 계정별 Top 4 인기 비디오를 GMV / Conversion / Engagement 기준으로 정렬
- View Video Details 클릭 시 세부 데이터(조회수, 전환율, 노출, 트래픽 구조 등) 확인 가능
- 오디언스 유입 경로(프로모션 / 오가닉) 비율이 시각적으로 표시되며 View Traffic Details 클릭 시 상세 유입 출처(For You, Search, Shop Tab 등) 분석 가능

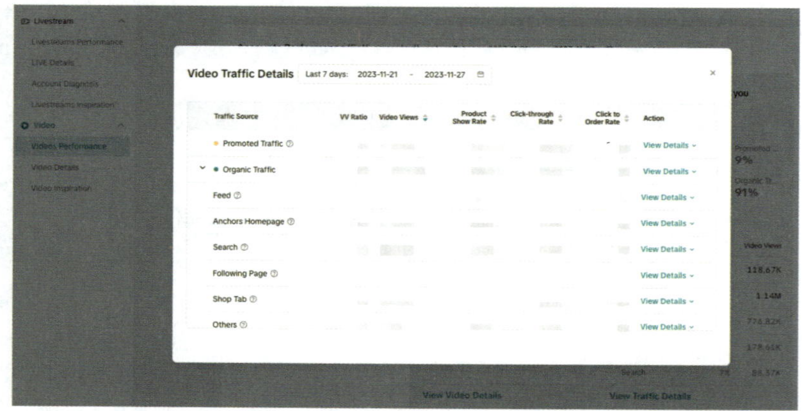

Peer Highlights(동종 셀러 인사이트)

Get Inspired from Peer Highlights 섹션에서는 유사 셀러의 비디오 퍼포먼스를 비교·분석하여 새로운 아이디어를 얻을 수 있다.

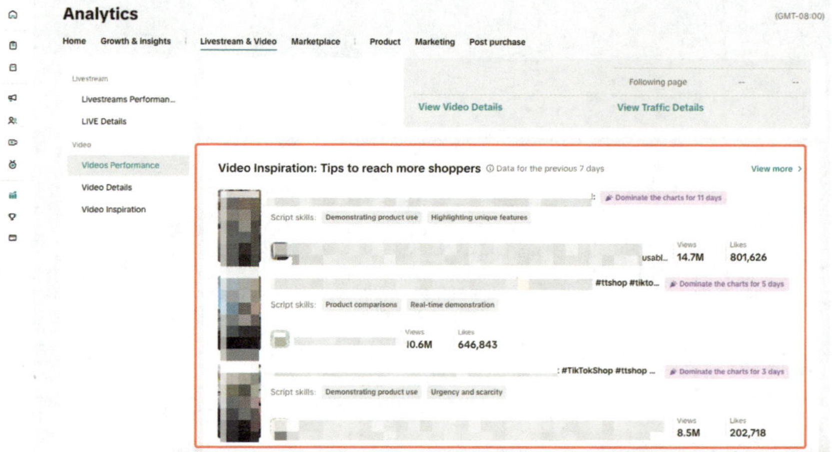

- Video Inspiration 클릭 시, 동일 카테고리 셀러들의 상위 비디오 리스트 제공
- 이를 통해 트렌드 콘텐츠, 상품 조합, 영상 포맷을 벤치마킹 가능

활용 예시(Practical Use Cases)

① 콘텐츠 성과 실시간 모니터링: CTR·CO Rate·GMV를 중심으로 비디오별 실시간 퍼포먼스 추적

② 계정별 콘텐츠 효율 비교: Account Performance에서 각 계정의 GMV 및 전환율 차이 분석

③ TOP Performing Video 분석: Audience-favorite 영상 4개를 기준으로 소재·후킹 포인트 파악

④ 유입 소스별 최적화: View Traffic Details에서 오가닉 대비 광고 유입 성과 분석

⑤ 트렌드 학습 및 벤치마킹: Peer Highlights(비디오 영감 탭)에서 경쟁 셀러 사례 참고

Shop Tab & Search 분석 가이드 (Shop Tab & Search Analytics)

개요(Feature Overview)

Shop Tab은 TikTok Shop의 핵심 진입 경로로, 사용자가 상품을 검색·발견·구매하기까지의 여정을 연결하는 중심 허브 역할을 한다.

신규 Shop Tab & Search Analytics는 ① Shop Tab의 주요 구성 요소를 시각적으로 이해하고, ② 스토어의 Shop Tab 성과를 분석하며, ③ 개선을 위한 인사이트를 제공하도록 설계되었다.

접근 경로(Where to View Shop Tab & Search)

① Seller Center → Analytics → Shop Tab & Search 선택

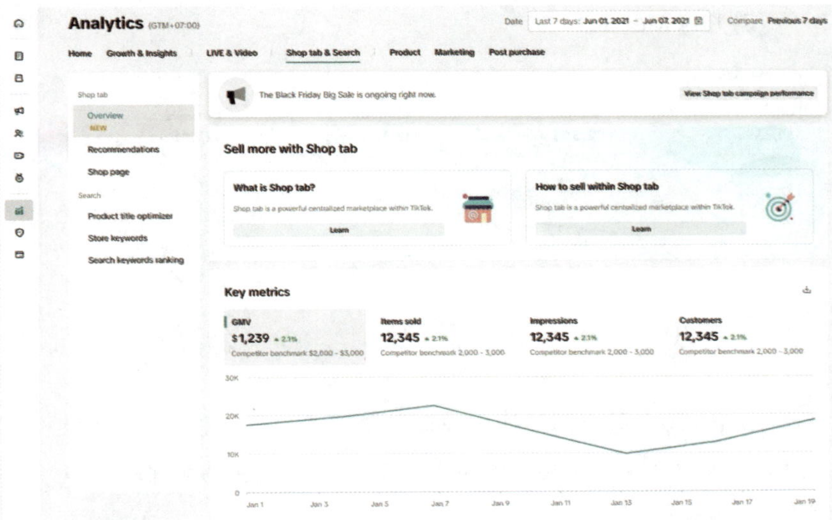

② 화면 상단의 헤더에서 Shop Tab & Search 탭 진입

Shop Tab Analytics는 다음 3개 주요 탭으로 구성되어 있다.

① Shop Tab Overview

② Recommendations

③ Shop Page

Shop Tab Overview

(1) Learn about Shop Tab

① What is Shop Tab?: TikTok 내에서 상품 탐색과 구매를 유도하는 메인 샵 허브

② How to drive Sales?: 상품 기회 탐색, 프로모션 생성, 트래픽 유입 전략 등 단계별 액션 플랜을 통해 Shop Tab 매출 향상 가이드 제공

(2) Key Metrics

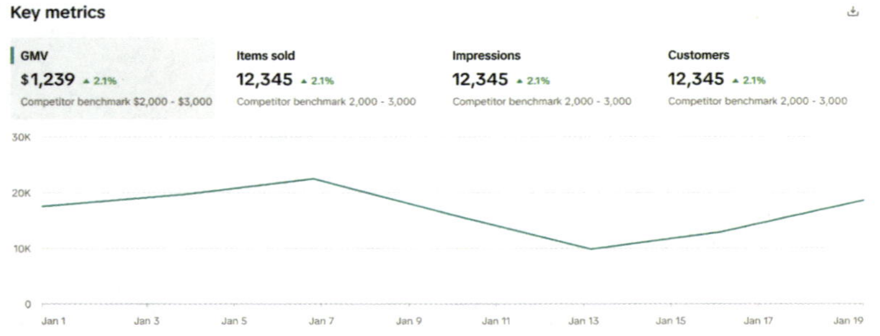

Shop Tab을 통해 발생한 매출 및 트래픽 데이터를 한눈에 확인할 수 있다. 조회 기간은 자유롭게 설정 가능하며, 주요 지표는 아래와 같다.

지표	정의
GMV	Shop Tab에서 발생한 총 결제 금액(반품·환불 포함)
Items Sold	Shop Tab을 통한 총 판매 수량(예: A 3개 + B 2개 = 5개)
Impressions	Shop Tab 내 상품 노출 횟수
Avg. Daily Customers	총 구매 고객 ÷ 기간(일수)

데이터는 XLS 파일로 내보내기(Export) 가능

(3) Shop Tab Breakdown

Shop Tab GMV는 아래 구성 요소별로 세분화된다. 이 구조를 통해 트래픽 및 매출의 주요 발생 경로를 파악할 수 있다.

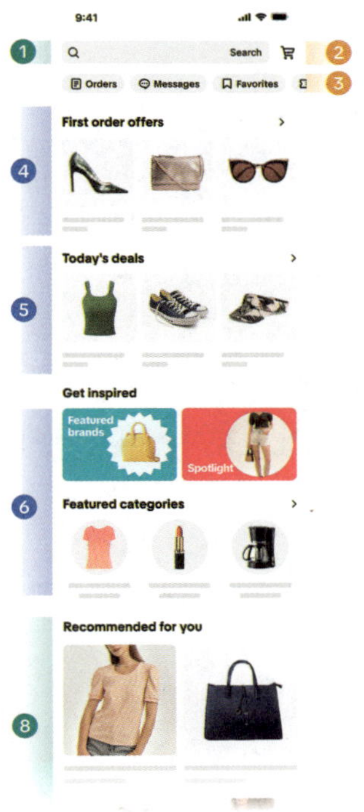

카테고리	구성 요소	설명
Search & Feed	① Search	검색창을 통한 상품 탐색 영역
	⑧ Feed	'Recommended for You' 알고리즘 기반 추천 피드
Promotion Channels	④ Clearance	재고 소진 프로모션용 할인 섹션
	⑤ Today's Deals	데일리 할인 코너(Deal Discovery 등록 시 노출)
	Other Promotions	브랜드 채널·캠페인 등 부가 트래픽 유입 경로
Other Shopping Tools	② Tools	장바구니·찜·주문 내역 등 구매 전후 단계
	③ Favorites	사용자가 저장한 상품 목록
	③ Orders	주문 내역 조회 페이지
Shop Page	—	상점 전체 상품을 노출하는 메인 상점 페이지

Recommendations(상품 추천)

TikTok의 Product Recommendations 기능은 상품 노출 확장, 브랜드 인지도 상승, 트래픽 및 전환율 향상에 기여한다.

(1) Recommendations Overview

조회 기간을 지정해 추천 상품의 성과를 측정한다.

지표	정의
Recommended Products per Day	선택 기간 내 일별 추천 상품 수(최소·최대값 포함)
GMV	추천 상품에서 직접 발생한 주문 총액(할인 제외)
Impressions	추천 영역에서 상품이 노출된 횟수
Orders	추천 상품에서 직접 발생한 SKU 주문 수
Customers	추천 상품을 통해 구매한 고객 수(환불 포함)

(2) Optimization Guide

- Optimize 버튼 클릭 시, 각 상품의 추천 노출 조건을 자동 진단
- 개선 필요 요소(예: 이미지 품질, 재고 수량, 상세페이지 완성도 등)를 리스트로 제공
- 조건 충족 시, Recommendation Channel 노출 자격 자동 활성화

Shop Page

Shop Page는 브랜드 아이덴티티를 반영하는 핵심 랜딩 페이지로, 고객 신뢰도와 전환율(Conversion Rate)에 직접적인 영향을 준다. 이에 따라 Shop Page Performance 분석 모듈이 추가되었다.

(1) Overview

4가지 핵심 지표를 통해 트래픽 및 전환 성과를 진단한다. 이전 기간과의 비교율 및 트렌드 차트로 성과 변동 원인 분석이 가능하다.

지표	정의
GMV	Shop Page에서 발생한 결제 총액
Orders	Shop Page 내 주문 건수
Items Sold	판매된 총 상품 수
Conversion Rate	유니크 페이지뷰 대비 구매 전환 비율

우측 섹션에서는 Top Selling Products를 GMV 또는 판매량 기준으로 확인할 수 있다. 고객 선호 상품군을 분석해 관련 제품의 확장을 제안한다.

(2) Traffic

트랜잭션 퍼널(조회 → 유니크 뷰 → 구매자) 기준으로 전환 손실 구간(Conversion Gaps)을 진단 가능하다.

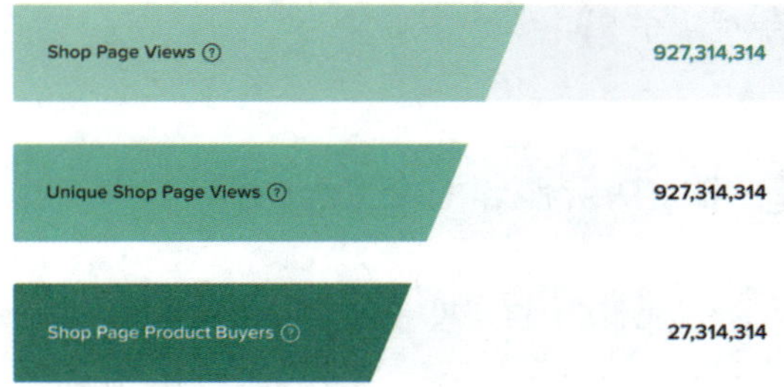

(3) Traffic Sources

- 파이 차트로 GMV / 판매량을 유입 채널별로 분해 표시
- 주요 소스
  - Shop Tab(추천 및 채널 포함)
  - Search
  - Order Center
  - Livestream & Video
  - Direct Message
  - 기타 채널

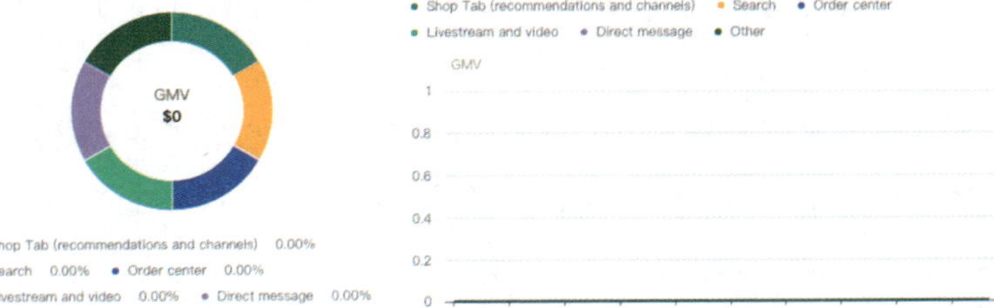

그래프에 마우스를 올리면 각 소스별 GMV / Units Sold / Impressions / PV 수치를 세부 확인 가능하다. 우측 트렌드 라인을 통해 일자별 변화를 추적할 수 있다.

활용 예시(Practical Use Cases)

① Shop Tab 트래픽 구조 분석: Search / Feed / Promotion 채널 중 어떤 요소가 매출에 기여하는지 파악
② 추천 상품 최적화: 이미지, 리뷰, 재고를 개선해 Recommendation Channel 노출 확대
③ Shop Page 전환 개선: Conversion Rate 하락 시, 트래픽 소스별 유입 품질 비교
④ 프로모션 전략 수립: Clearance 및 Today's Deal 활용으로 Shop Tab 내 노출 영역 확보
⑤ 실시간 성과 진단: Shop Tab Analytics와 Shop Page Performance 를 연계해 즉각적 수정 대응

요약(Summary)

Shop Tab & Search Analytics는 ① 검색 → 추천 → 전환 전 과정을 데이터로 연결하고, ② 스토어·상품·추천·페이지 단위의 매출 흐름을 통합 관리할 수 있도록 설계되었다.

이를 통해 셀러는 ① 노출 구조를 이해하고, ② 트래픽 품질을 개선하며, ③ Shop Tab 기반 매출을 체계적으로 확장할 수 있다.

Product Analytics 가이드
(Product Performance & Traffic Analysis)

개요(Feature Overview)

Product Analytics는 TikTok Shop 내 각 상품의 성과를 추적하고, 매출·트래픽·콘텐츠 기여도를 기반으로 상품 전략과 마케팅 효율을 최적화하는 핵심 분석 도구이다. 이 기능을 통해 셀러는 ① 상품별 GMV / 주문 / 노출 / 클릭 / 전환율을 실시간으로 모니터링하고 ② 가격, 콘텐츠, 재고, 프로모션 전략을 조정하여 매출 성장의 근거 데이터를 확보할 수 있다.

접근 경로(Where to View Product Analytics)

① Seller Center → Analytics → Product 탭 진입
② 상품 리스트 또는 SKU 단위로 데이터 확인

Product Analytics는 크게 두 페이지로 구성된다.

- Landing Page(상품 리스트 화면)
- Details Page(상세 분석 화면)

Landing Page(상품 목록 페이지)

(1) 주요 기능

상품별 주요 성과지표를 한눈에 볼 수 있는 페이지로, 필터 / 검색 / 기간 설정 / 지표 선택 기능이 제공된다.

모듈	기능 요약
Search	상품명, Product ID, SKU ID로 검색(SKU ID 검색은 SKU Table 한정)
Filter	카테고리 선택 / 상품 상태(활성·비활성)별 필터링
Time Range	최근 90일 내의 기간 선택 가능
Metrics Button	표시할 지표 커스터마이징
Sort	선택한 지표 기준으로 오름·내림차순 정렬
Actions	상품명 또는 'View' 클릭 시 상세 페이지로 이동

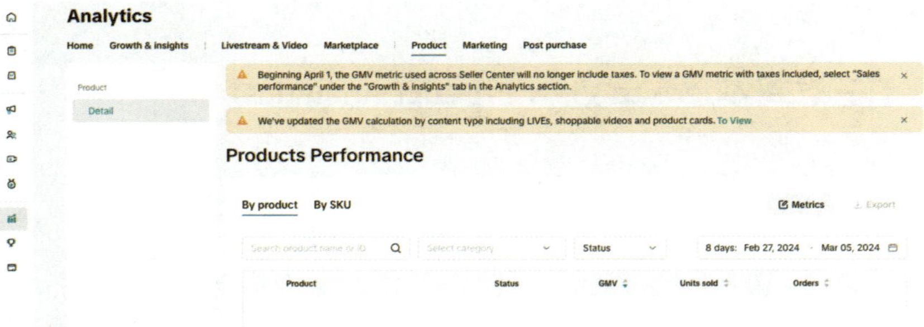

(2) 기본 지표

지표	정의
GMV	상품 결제 금액(반품·환불 포함)
Orders	주문 건수
Units Sold	판매 수량
Gross Sales	SKU별 총 매출액(SKU Table 전용)

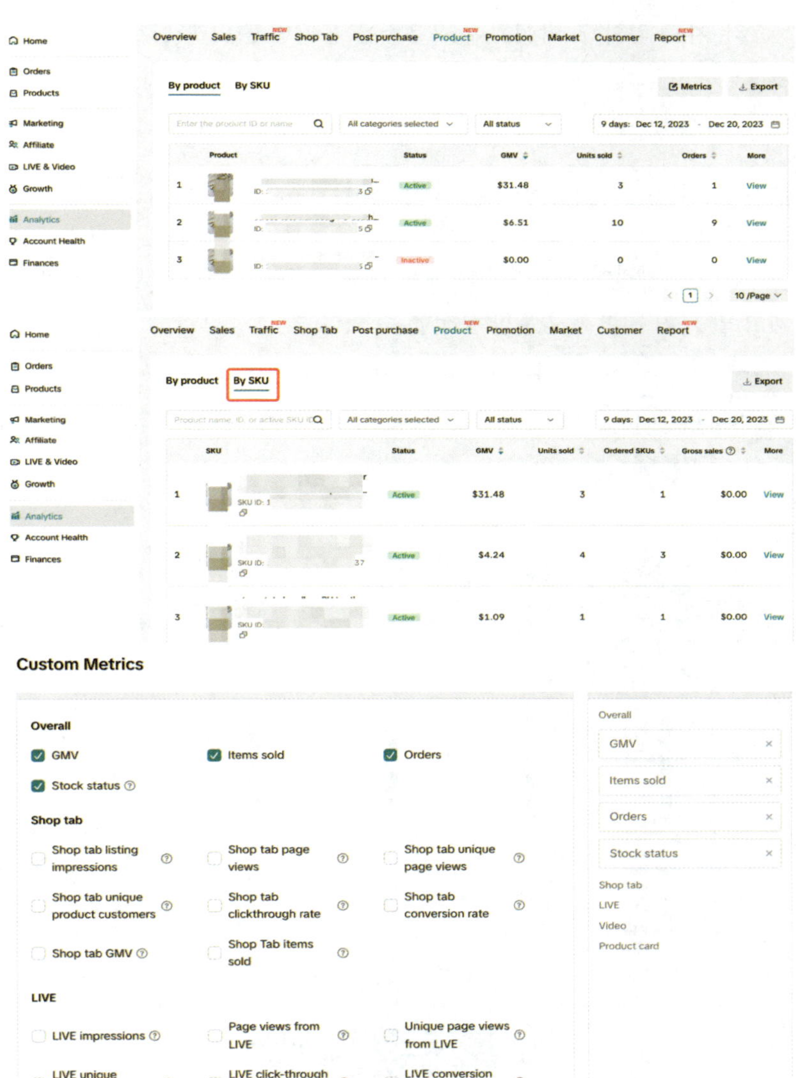

Custom Metrics

각 지표 옆의 '?' 아이콘에 마우스를 올리면 정의 툴팁 확인이 가능하다.

Details Page(상품 상세 분석 페이지)

상세 페이지에서는 상품별 성과 변동, 트래픽 구조, 콘텐츠 기여도, 재고 및 가격 전략까지 통합 분석할 수 있다.

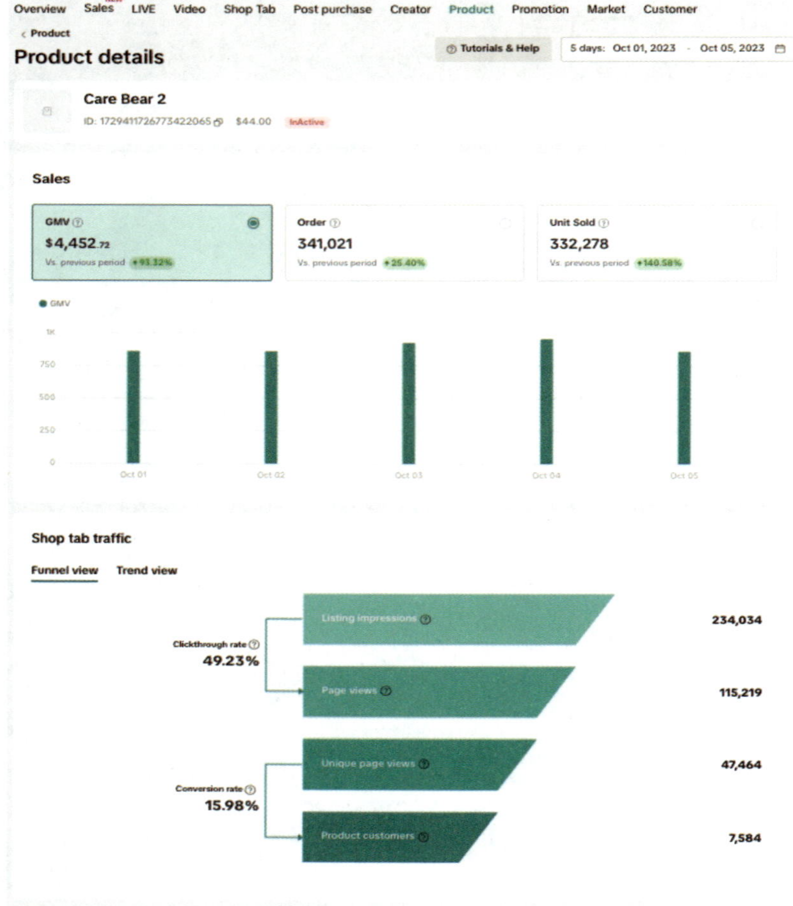

(1) 필터 & 기본 정보

- 조회 기간: 최근 90일 내의 날짜 또는 기간 선택 가능
- 상품 정보: 이름, ID, 가격, 상태 표시

(2) Sales Metrics

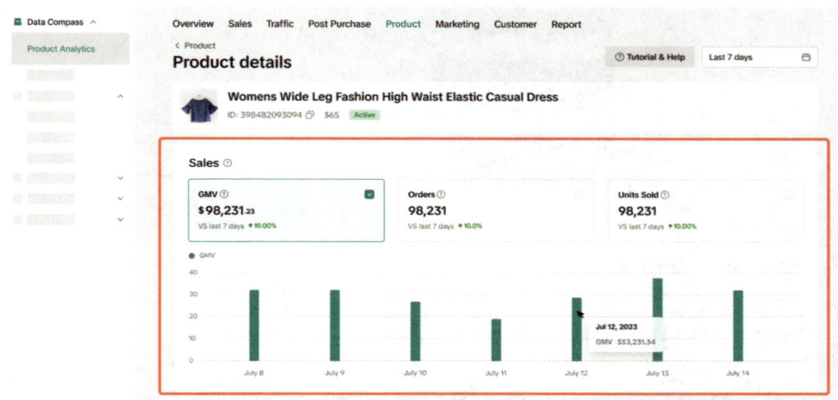

세 가지 핵심 매출 지표를 중심으로 분석한다. 각 지표 카드를 클릭하면 이전 기간 대비 트렌드 비교 차트가 표시된다.

지표	정의
GMV	총 결제 금액
Orders	주문 건수
Units Sold	판매된 수량

(3) Product Traffic(트래픽 퍼널 분석)

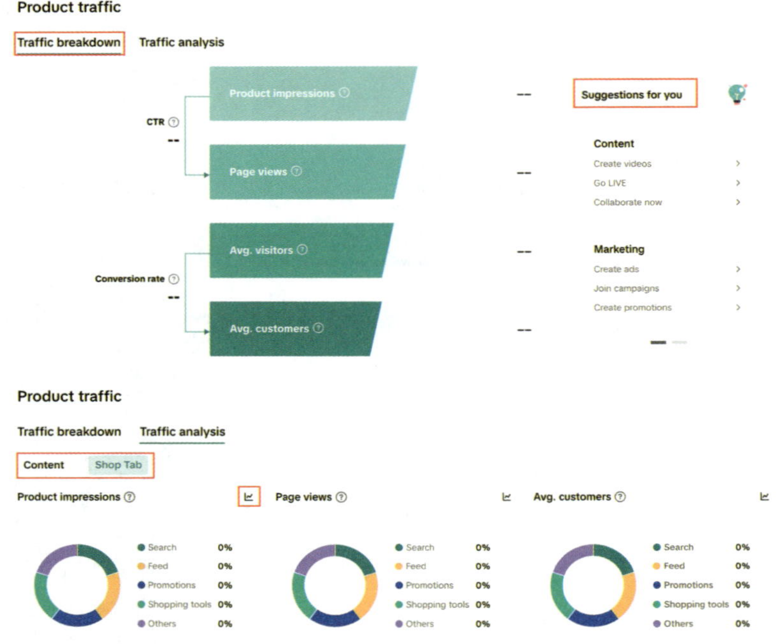

트래픽 퍼널 차트는 다음 4단계로 구성되어 있다.

Listing Impressions → Page Views → Unique Page Views → Customers

이 구조를 기반으로 CTR(클릭률)과 Conversion Rate(전환율)을 계산한다.

지표	정의
Click-Through Rate (CTR)	클릭 수 ÷ 노출 수 × 100
Conversion Rate (CVR)	주문 수 ÷ 유니크 뷰어 수 × 100

퍼널 단계별 데이터 비교를 통해 콘텐츠 품질 문제인지, 상품 경쟁력 문제인지 진단 가능하다. Suggestions for You 블록에서 트래픽 향상 팁 및 관련 리소스를 제공한다.

(4) Traffic Analysis(유입 경로 분석)

상품별 트래픽을 콘텐츠 / 광고 / Shop Tab 단위로 세분화하여 표시한다.

분석 항목	설명
Content	LIVE, Video, Product Card 등 콘텐츠 기반 트래픽
Ads	광고 캠페인 기반 유입
Shop Tab	검색 및 추천 피드 기반 유입
Metrics	Impressions / Page Views / Avg. Customers / GMV

차트 아이콘 클릭 시 기간별 상세 시각화 차트를 확인할 수 있다.

(5) SKU Overview

- 상품별 SKU 리스트 표시
- 각 SKU의 GMV / Units Sold / SKU Orders 데이터 제공
- 정렬 기능을 활용해 Best-Selling SKU 식별 가능

(6) Content Ranking

콘텐츠별 판매 기여도를 비교한다.

- Top 5 Transaction Livestreams / Videos 자동 표시
- See All 클릭 시 전체 순위 리스트 팝업(GMV·Units Sold 포함)

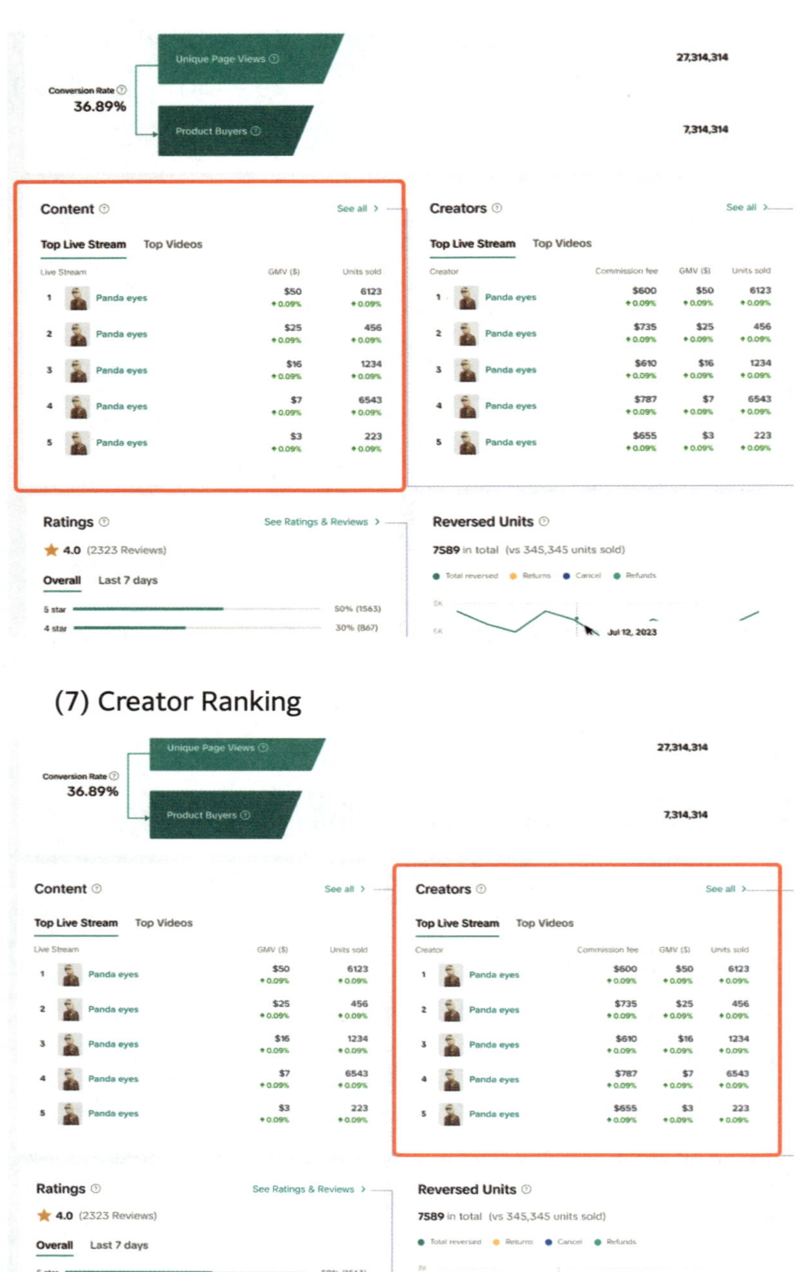

(7) Creator Ranking

- Top 5 Creators(LIVE / Video) 표시
- See All 클릭 시 커미션·GMV·판매수량 기준 상세 랭킹 확인 가능

(8) Ratings & Reviews

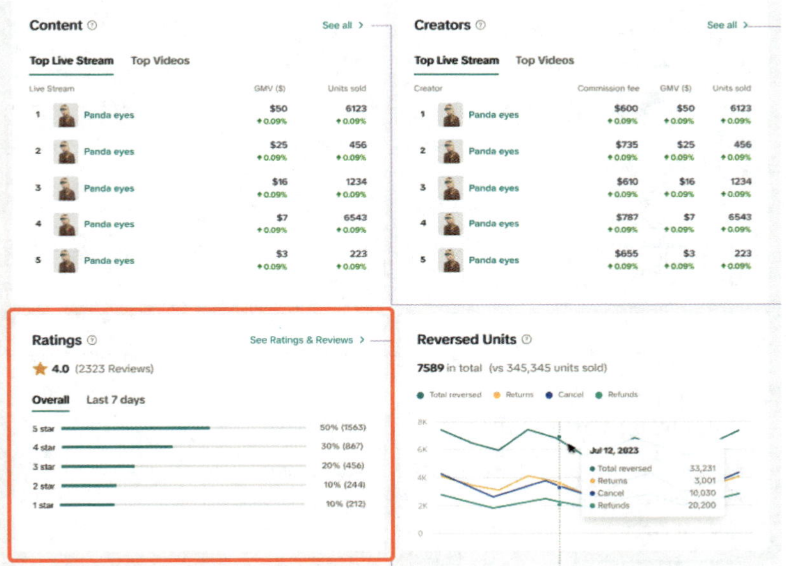

- 상품의 전체 평점 / 누적 리뷰 수 / 신규 리뷰 수 확인
- 기간 필터를 통해 신규 평점 추이 분석 가능
- See Ratings & Reviews 클릭 시 Product Ratings 페이지로 이동

(9) Reversed Units(취소·반품·환불 분석)

- 취소, 반품, 환불된 수량의 트렌드 라인 차트 제공
- 기간별 합산 수량 및 비율을 시각화하여 품질 이슈 파악

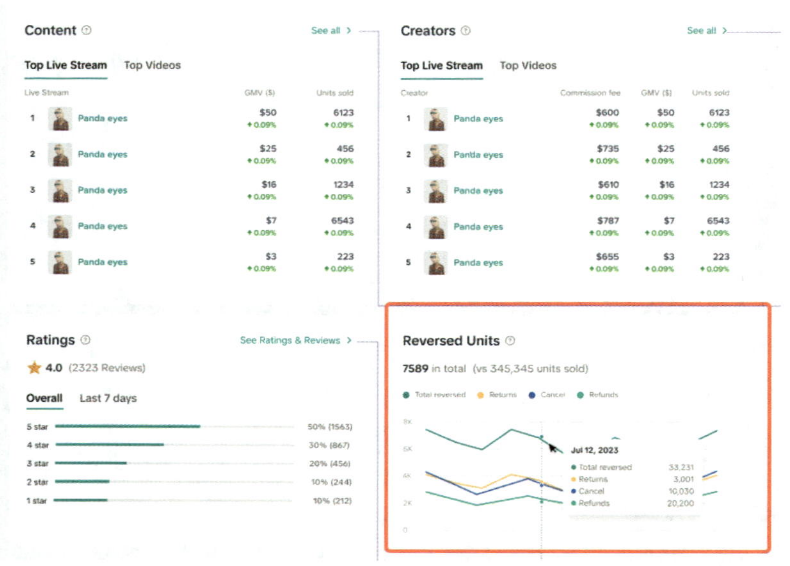

(10) Inventory(재고 분석)

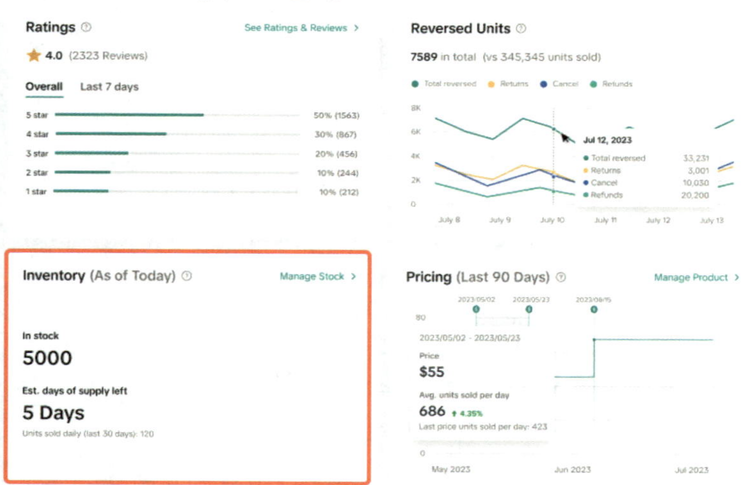

- 현재 판매 가능 수량 및 예상 소진 일수(최근 30일 평균 판매 기준) 표시
- Manage Stock 클릭 시 재고 관리 페이지로 바로 이동

(11) Pricing(가격 추이 분석)

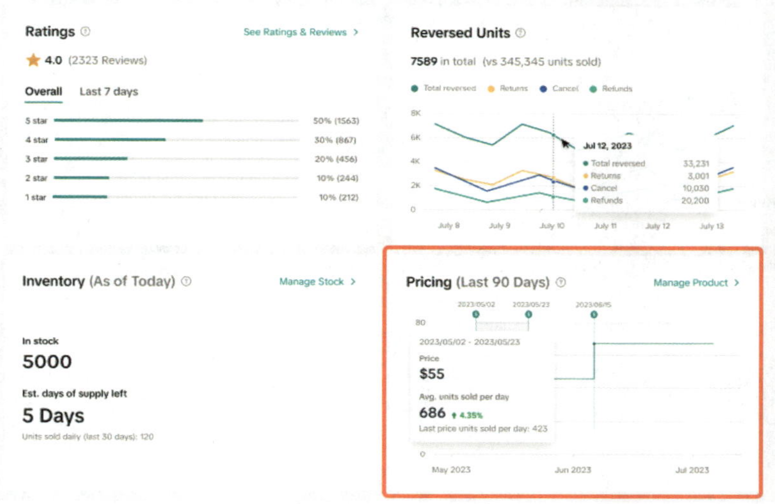

- 최근 90일간의 가격 변동 그래프 제공
- 특정 기간의 판매 단가 vs 일평균 판매량 비교 가능
→ 가격 변경이 판매량에 미치는 영향을 즉시 파악 가능

Product Traffic Page(상품 트래픽 세부 페이지)

(1) How to Boost Your Traffic

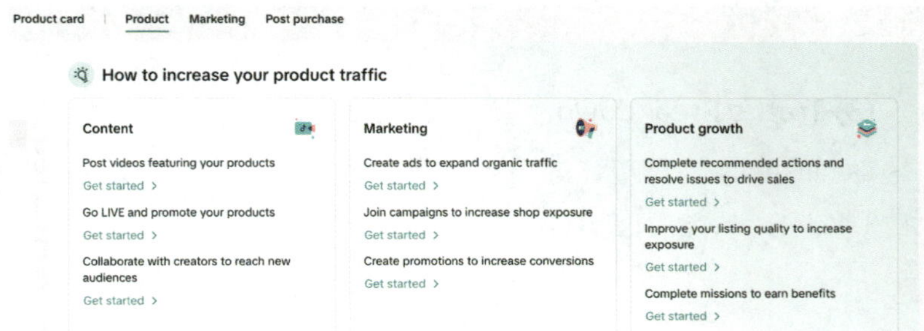

- 콘텐츠, 마케팅, 상품 개선 기회를 기반으로 트래픽 향상 액션 제안
- 'Get Started' 클릭 시 수행 가능한 태스크 및 프로그램 목록 표시

(2) Key Metrics

트래픽 및 매출 핵심 지표를 기간별로 시각화한다.

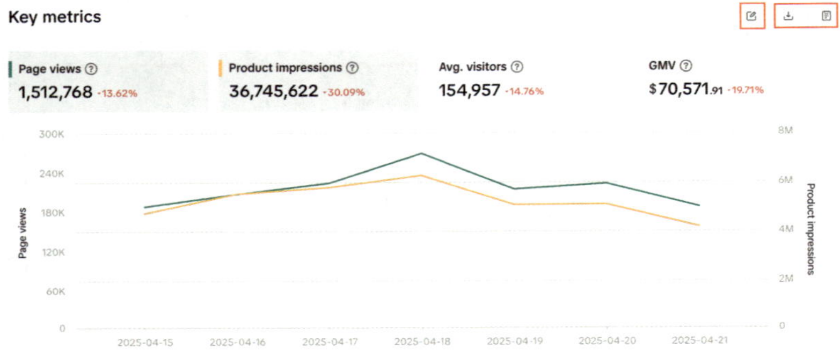

지표	정의
Page Views	상품 상세 페이지 총 조회수
Product Impressions	상품이 LIVE·Video·카드에서 노출된 총 횟수
Avg. Visitors	일평균 방문자 수
GMV	총 결제 금액(반품·환불 포함)

원하는 지표만 선택해 차트에 표시 가능하며, 데이터 Export를 지원한다. 날짜 선택 도구(Date Picker)로 기간을 조정할 수 있다.

(3) Traffic Breakdown

Details Page와 동일한 퍼널 구조를 기반으로 CTR·CVR를 계산하고 전환 손실 지점을 식별한다.

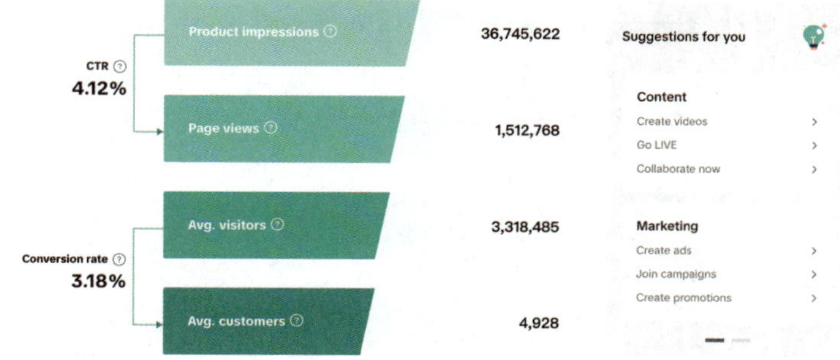

(4) Traffic Analysis

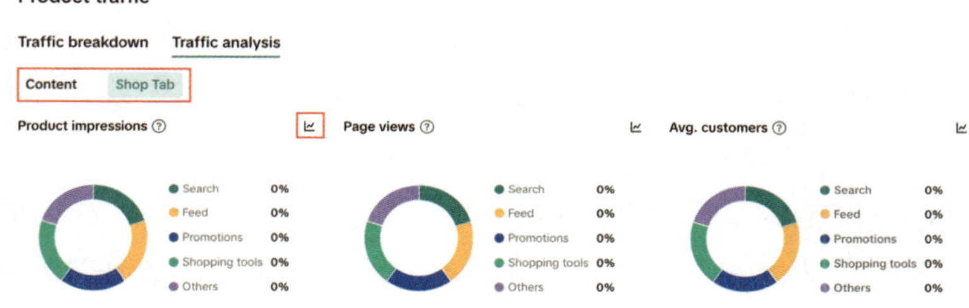

콘텐츠 및 Shop Tab 단위로 트래픽 기여도를 분석한다. 각 항목별 Impressions / Views / Customers / GMV 확인이 가능하다.

→ 차트 아이콘 클릭 시 상세 시각화 차트 열람 가능

(5) Performance Details

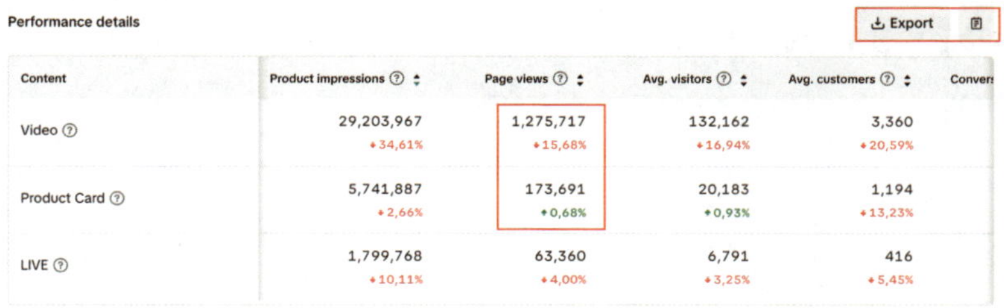

Content	Product impressions ⑦ ↕	Page views ⑦ ↕	Avg. visitors ⑦ ↕	Avg. customers ⑦ ↕	Conver
Video ⑦	29,203,967 +34,61%	1,275,717 +15,68%	132,162 +16,94%	3,360 +20,59%	
Product Card ⑦	5,741,887 +2,66%	173,691 +0,68%	20,183 +0,93%	1,194 +13,23%	
LIVE ⑦	1,799,768 +10,11%	63,360 +4,00%	6,791 +3,25%	416 +5,45%	

- 선택한 콘텐츠 또는 Shop Tab 기준으로 **핵심 지표 테이블** 표시
- **빨간/초록 수치**로 동일 기간 대비 증감률 표시
- 테이블 데이터는 Export 기능을 통해 외부 분석용으로 다운로드 가능

활용 예시(Practical Use Cases)

① 상품별 매출 추이 분석: GMV·Orders·Units Sold를 통해 성장/하락 상품 파악

② 콘텐츠 연계 전략 수립: 상위 전환 영상·라이브 데이터를 기반으로 신규 콘텐츠 기획

③ 전환 퍼널 진단: CTR과 CVR이 낮은 구간을 찾아 상품 이미지·가격·리뷰 개선

④ SKU 단위 성과 최적화: 판매 상위 SKU 중심으로 광고/리뷰 강화

⑤ 가격 전략 테스트: Pricing 모듈에서 가격 변동 대비 판매량 변화를 정량 검증

요약(Summary)

Product Analytics는 TikTok Shop에서의 상품별 퍼포먼스를 다각도로 분석하여 트래픽 구조, 전환 퍼널, 콘텐츠 영향력, 재고·가격 전략까지 통합적으로 진단하고, 이를 기반으로 상품 경쟁력 강화 및 마케팅 ROI 개선을 실현할 수 있도록 돕는 핵심 도구이다.

(+) Marketing analytics

개요(What is Seller Promotion Analysis?)

Seller Promotion Analysis는 셀러가 사용 중인 프로모션 도구 (Product Discount, Flash Deal, Coupon, Shipping Fee Discount, Buy More Save More)의 성과를 데이터 기반으로 분석하는 기능이다.

이를 통해 셀러는 ① 어떤 프로모션이 가장 높은 매출(Revenue)을 만들어내는지, ② 할인율과 ROI가 어떻게 연관되는지, ③ 신규 구매자 유입에 어떤 프로모션이 효과적인지를 체계적으로 파악할 수 있다.

주요 장점(Benefits)

항목	설명
1. 상위 매출 요약 확인	Revenue, Orders, Buyers 등 핵심 지표를 한눈에 파악
2. 프로모션별 성과 비교	GMV 기준으로 가장 성과 좋은 프로모션 도구 식별
3. 효율 지표(ROI) 분석	프로모션별 ROI, 평균 주문가, 할인액 비교
4. 테스트 및 학습 기반 개선	가설 설정 → 실행 → 결과 도출을 통해 지속적인 성과 향상

접근 경로

Seller Center → Data Analytics > Marketing > Promotion tab > Promotion Tools → Promotional Tools Performance 선택

분석 개요(How to Check Performance)

(1) Entry Points

- Seller Center → Analytics → Marketing → Promotion tab → Promotion Tools
- Promotional Tools Performance 클릭

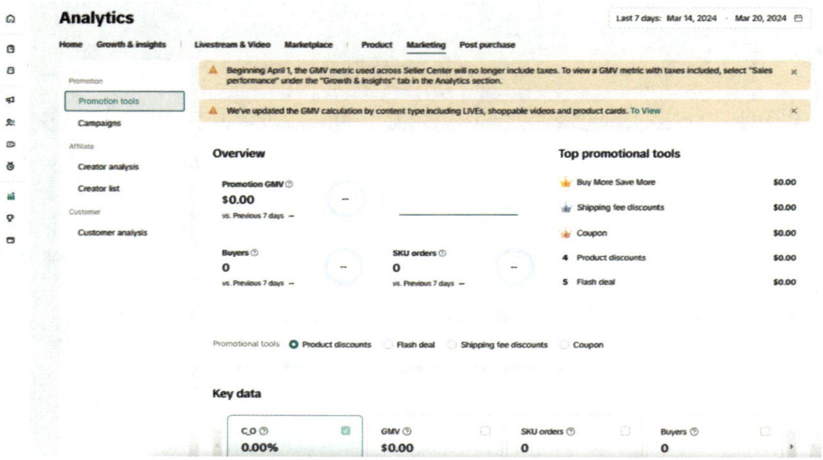

(2) 주요 기능 요약

분석 항목	설명
Top Promotion Ranking	선택된 기간 내 매출(Revenue) 기준 상위 프로모션 도구 순위 표시
Performance Breakdown	프로모션별 신규 구매자, ROI, 할인율 등 상세 비교
Promotion List View	모든 프로모션 이벤트의 상태·성과·전환율을 한눈에 확인

분석 가이드(Analysis Recommendation)

(1) 가장 높은 매출을 만든 프로모션 도구 찾기

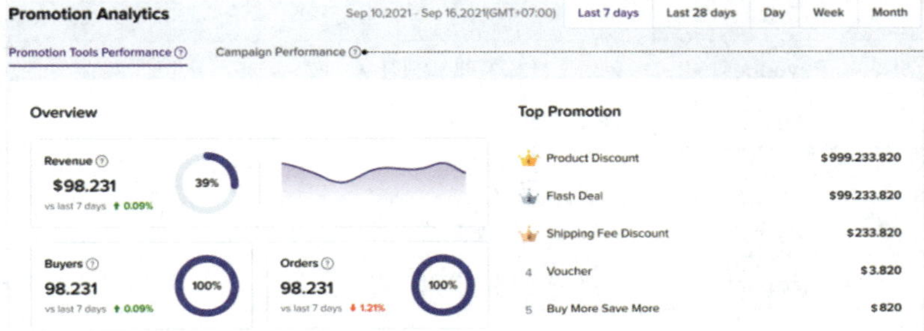

- Revenue 기준 Top Promotion을 식별
- 이후 해당 도구 선택 → 신규 구매자(New Buyers) 및 ROI 확인
- 신규 고객 유입과 매출 기여를 동시에 달성한 도구 중심으로 최적화

(2) 할인율과 매출 상관관계 분석

- 각 프로모션 도구의 평균 할인율(Discount Rate)과 매출 비중 (Revenue%) 비교
- 과도한 할인으로 ROI가 낮아지지 않는지 검토

(3) ROI 중심 효율 분석

- ROI = Revenue ÷ Discount Amount
- ROI가 가장 높은 프로모션 유형을 확인하여 해당 전략을 강화

(4) 이벤트 상태 및 전환율 분석

- 이벤트별 상태(Status) 및 C_O(Click-to-Order Conversion Rate) 확인
- 매출 발생 시점, 채널, 프로모션 조합을 패턴화하여 성과 높은 이벤트 모델 구축

세부 지표 설명(Metrics Detail)

(1) Promotional Tools Performance Overview

지표	정의
Revenue	프로모션을 통해 발생한 총 매출
Orders	해당 프로모션 기간 내 주문 건수
Buyers	구매자 수
% of Store Revenue	스토어 전체 매출 중 프로모션 기여 비율
Growth Rate	이전 기간 대비 증감률(%)

(2) Top Promotion

Product Discount, Flash Deal, Coupon, Shipping Fee Discount, Buy More Save More 등이 Revenue 순으로 랭킹 표시

(3) Core Data(프로모션 도구별 세부 데이터)

지표	정의
Revenue	프로모션을 통해 발생한 총 매출
Orders	주문 건수
Buyers	구매자 수
Items Sold	판매된 총 상품 수
New Buyers	신규 구매자 수
Average Price per Order	주문당 평균 결제 금액
Discount Amount	적용된 총 할인액
Discount Rate	할인액 ÷ 할인 전 금액
ROI(Return on Investment)	Revenue ÷ Discount Amount

(4) Promotion List(이벤트별 성과 비교)

항목	설명
Status	이벤트 진행 상태(Ongoing / Upcoming / Deactivated / Expired)
Type	프로모션 유형
Product Discount	고정가 / 퍼센티지 할인
Shipping Fee Discount	무료 배송 / 배송비 할인
Voucher	일반 쿠폰 / LIVE 인터랙티브 쿠폰

(5) 성과 지표

지표	정의
C_O(Click-to-Order Rate)	클릭 대비 주문 전환율
AOV(Average Order Value)	평균 주문 금액
Revenue	총 매출
Orders	주문 건수
Buyers	구매자 수
Items Sold	판매 수량
New Buyers	신규 구매자 수
Average Price Per Order	평균 주문가
Discount Amount	총 할인액
Discount Rate	할인율
ROI	매출 ÷ 할인액

활용 전략(Practical Use Cases)

① ROI 기반 프로모션 우선순위 설정: 가장 높은 ROI를 기록한 프로모션 도구를 중심으로 예산 재배분

② 신규 유입 중심 캠페인 설계: New Buyers 지표가 높은 프로모션
에 집중

③ 할인 효율성 검증: Discount Rate 대비 Revenue 증가율 분석으
로 손익 균형 확보

④ 프로모션 스케줄 최적화: 이벤트 시간대·기간·채널별 성과 패턴
분석을 통해 최적 노출 타이밍 도출

⑤ 복합 프로모션 전략 수립: Product Discount + Coupon +
BMSM(묶음 할인) 조합으로 전환율 극대화

요약(Summary)

Seller Promotion Analysis는 TikTok Shop에서 운영 중인 모든 셀
러 주도형 프로모션의 효율성을 한눈에 분석하는 통합 대시보드이다.

이를 통해 셀러는 ① 프로모션별 매출 기여도, ROI, 신규 고객 유입
구조를 명확히 파악하고, ② 최적의 할인·쿠폰·딜 전략을 수립하여 ③
'매출 효율 극대화 + 비용 최소화'라는 목표를 달성할 수 있다.

9장

Shop Tab 가이드
(TikTok Shop Commerce Portal)

Shop Tab 개요(Introduction)

Shop Tab은 TikTok Shop이 제공하는 새로운 전자상거래 포털로, 구매 의도가 높은 트래픽을 유입시키고, 상품 노출·검색 최적화·스토어 브랜딩·고객 리텐션을 가능하게 하는 통합 허브이다. 셀러는 Shop Tab을 통해 ① 검색(Search) 및 추천(Recommendation) 노출을 최적화하고, ② 상품 정보를 개선하여 전환율을 높이며, ③ 브랜드형 상점 페이지를 구성하여 '사적 유입(Private Domain)'을 관리할 수 있다.

구성 요소(Where to Find Shop Tab)

Shop Tab은 TikTok의 다양한 전자상거래 진입 채널을 통합한 구조이다. 각 채널은 라이브, 숏폼 비디오, 상품 카드(Product Card) 등 여러 콘텐츠 형식으로 노출된다.

주요 채널	설명
Search(검색)	• TikTok 통합 검색 및 Shop Tab 검색 포함 • 핫 키워드를 기반으로 상품 제목·정보·콘텐츠를 최적화 가능
Shop Tab Recommendations (추천 영역)	• 상품 상세 페이지, 구매 후 추천, Shop 추천 피드, 랭킹 페이지 등에서 노출 • 노출 → 클릭 → 구매 전환율 데이터를 기반으로 상품·가격·재고를 관리
First Order Offers (첫 구매 혜택)	신규 고객 유입을 위한 첫 구매 전용 프로모션 채널
Today's Deal (오늘의 딜)	한정 시간 동안 진행되는 할인 이벤트 채널
Favorites / Cart	사용자가 찜하거나 장바구니에 담은 상품 노출 공간

(1) Search

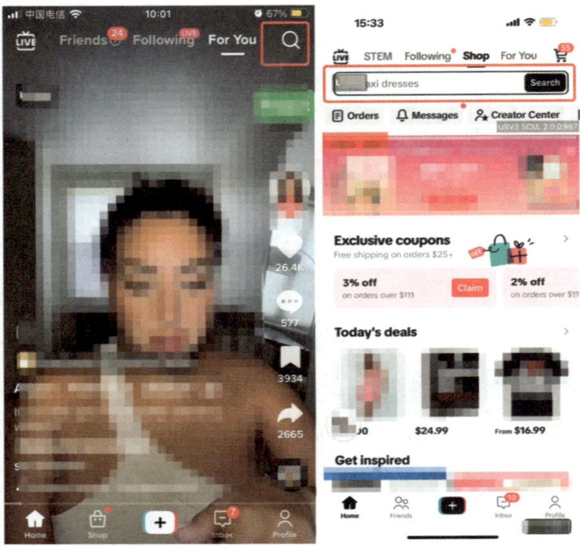

(2) Shop Tab Recommendations

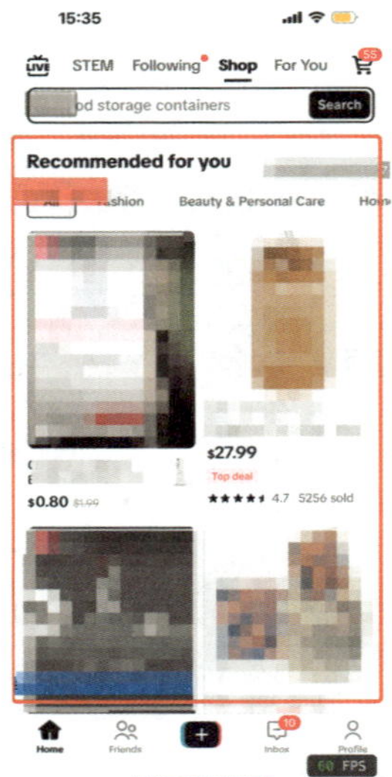

(3) First Order Offers

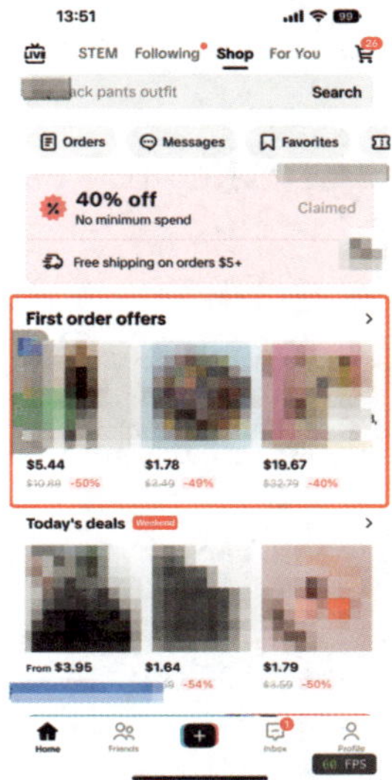

(4) Today's deal

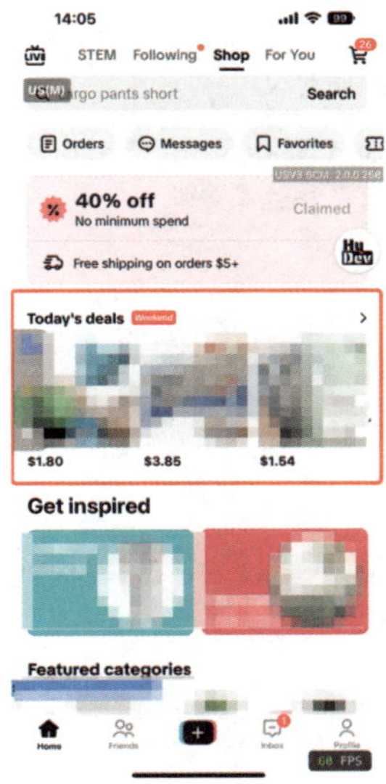

Shop Tab은 TikTok 내 '검색 → 추천 → 구매'의 전체 여정을 연결하는 구조로, 콘텐츠 기반 유입과 구매 전환이 결합된 상점형 생태계이다.

Shop Tab Analytics 개요(What You Can Learn)

Shop Tab Analytics는 셀러가 ① 전체 비즈니스 규모(매출, 주문, 트래픽, 환불 등), ② 전환 퍼널 단계별 성과, ③ 채널별 매출 기여도, ④ 상품별 매출 랭킹을 이해하고 운영 전략을 개선할 수 있도록 돕는 분석 도구이다.

활용 시나리오(Applied Scenarios)

시나리오	설명
Scenario 1. 거래 및 채널 분석	검색, 추천, 이벤트 등 각 채널별로 트래픽과 매출을 분류하여 어떤 경로가 가장 많은 구매를 유도했는지 파악
Scenario 2. 트래픽 전환 퍼널 분석	노출 → 상세페이지 클릭 → 주문 전환 단계별 이탈률 및 유지율 분석
Scenario 3. 인기 상품 분석	GMV 및 주문 기준 상위 상품을 식별하고, 고성장 SKU 중심으로 운영 최적화

주요 기능(Feature Details)

(1) Overview (개요)

Shop Tab에서의 판매 및 전환 실적을 실시간 및 기간별로 모니터링할 수 있다.

지표	정의
GMV	총 거래 금액(환불·취소 포함)
Orders	주문 건수
Units Sold	판매된 수량
Conversion Rate	구매 전환율(Product Buyers ÷ Unique Page Views)

- 기간 선택 가능(일/주/월 단위)
- Today 선택 시, 시간별 매출 트렌드까지 확인 가능

(2) Hot Products(인기 상품)

- Shop Tab 내 GMV 또는 주문 기준 상위 5개 상품 표시
- 이전 기간 대비 매출 상승률(Performance Uplift) 제공
- View All 클릭 시 Product Analytics로 이동하여 전체 상품 성과 확인 가능

(3) Traffic Funnel(트래픽 퍼널)

소비자 여정의 각 단계를 시각화하여 전환 효율을 분석한다.

단계	정의
Listing Impression	• Shop Tab 내 상품이 노출된 횟수 • 링크가 표시될 때마다 1회로 계산
Page View(PV)	• 상품 상세 페이지가 조회된 총 횟수 • 동일 사용자가 2회 방문 시 2PV로 계산
Click-Through Rate(CTR)	클릭 수 ÷ 노출 수 × 100 예 1,000회 노출, 5회 클릭 → 0.5%
Unique Page View(UPV)	개별 사용자 기준으로 집계된 상품 상세 페이지 조회수
Product Buyers	상품 상세페이지 노출 후 실제 구매한 고유 사용자 수
Conversion Rate(CVR)	Product Buyers ÷ Unique Page Views × 100

CTR과 CVR을 함께 분석하면, 콘텐츠 품질 문제인지 / 구매 유도 단계의 문제인지를 구분할 수 있다.

(4) Channels(채널별 매출 분석)

Shop Tab 내 다양한 유입 채널별로 GMV 및 주문 건수를 분리하여 표시한다. 선택 기간에 따라 트렌드 변화도 함께 확인할 수 있다.

주요 Revenue Channels	설명
Search	TikTok 및 Shop Tab 검색을 통한 매출
Recommended For You	알고리즘 기반 추천 피드
First Order Offers	신규 고객 첫 구매 혜택
Today's Deal	한정 시간 딜 섹션
Featured Brands	브랜드 카테고리 영역
Featured Categories	주제별 인기 카테고리
Favorites	찜목록 유입
Cart	장바구니 유입
Other	그 외 Shop Tab 관련 서브 채널

데이터 활용 팁(Optimization Tips)

(1) 검색 최적화(SEO for Shop Tab)

- 제목과 상품 설명에 핫 키워드 반영
- 트렌드 검색어 기반으로 제품명 + 효능 + 카테고리 조합

(2) 전환 퍼널 기반 개선

- CTR 낮을 경우 → 썸네일/영상 품질 개선
- CVR 낮을 경우 → 가격/리뷰/프로모션 수정

(3) 채널별 성과 추적

- Search vs Recommendations vs Today's Deal 간 매출 비율 비교
- 신규 구매자 유입이 많은 채널 중심으로 프로모션 예산 재분배

(4) 인기 상품 집중 육성

Hot Products 상위 5개 중심으로 콘텐츠 제작 및 광고 강화

10장

TikTok Account Health 가이드

(Creator Account Compliance Management)

개요(What is TikTok Account Health)

TikTok Account Health는 셀러가 연결된 공식 계정 및 크리에이터 (마케팅) 계정의 운영 상태와 위반 내역을 모니터링할 수 있는 관리 도구 이다. 입점 초기 프로베이션(Probation) 기간을 통과한 이후, 1개의 공식 TikTok 계정과 최대 4개의 크리에이터(마케팅) 계정을 연결할 수 있으며, 이 페이지를 통해 각 계정의 위반 이력, 상태 점수, 제재 내역 및 이의제 기(appeal)까지 한 번에 확인 및 처리할 수 있다.

접근 경로(Where to Find the TikTok Account Health Page)

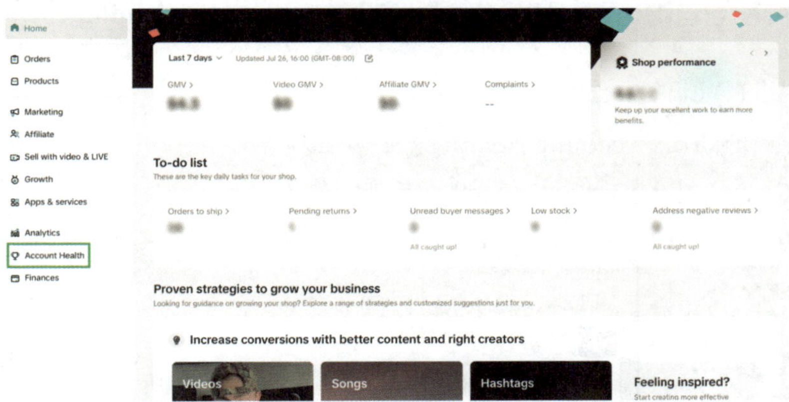

① Seller Center에 로그인
② 좌측 메뉴에서 Account Health 클릭

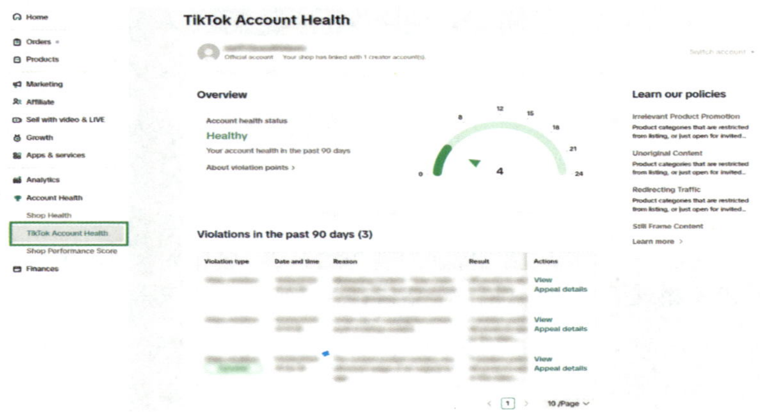

③ 하위 항목 TikTok Account Health 선택

본 페이지는 TikTok Shop과 연동된 TikTok Creator/Official 계정의 품질 관리 및 운영 안정성 모니터링을 위한 전용 섹션이다.

사용 방법(How to Use the TikTok Account Health Page)

(1) Link Account(계정 연동)

TikTok Account Health 정보를 보기 위해서는 먼저 TikTok Creator 계정을 Seller Center에 연동해야 한다.

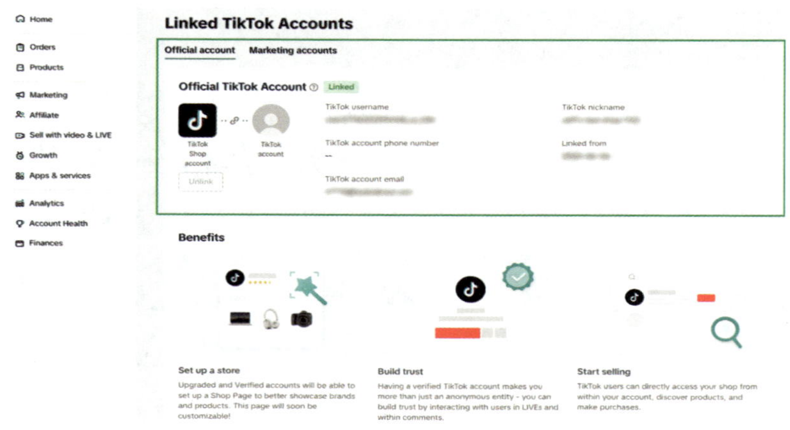

플랫폼	경로
Desktop (PC)	프로필 사진 클릭 → My Account > Linked Accounts
Mobile (App)	설정(Settings) → Linked TikTok accounts 선택

- 연동 완료 후, 각 계정의 상태가 Account Health 페이지에 자동 반영된다.
- 연결된 계정은 Official Account + 최대 4개의 Creator(또는 Marketing Account)로 구성 가능하다.

(2) Select Account(계정 선택)

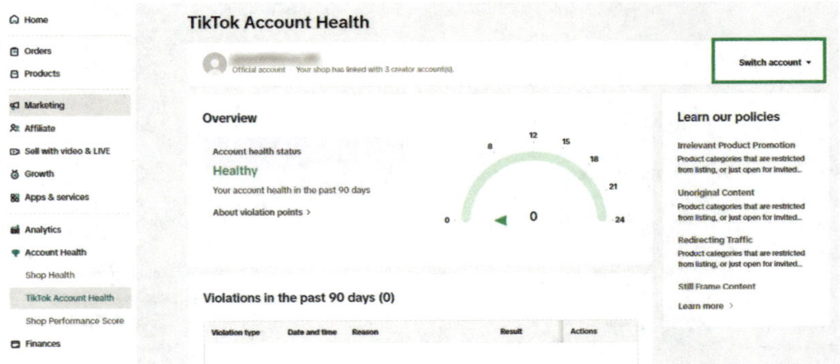

- TikTok Account Health 페이지에 진입하면, 기본적으로 '공식 계정(Official Account)'이 표시된다.
- 다른 Creator 계정의 상태를 확인하려면 'Switch account' 버튼을 클릭한다.
- 계정별 Health 상태 및 위반 기록(violation record)은 개별적으로 관리된다.

(3) Check Overview & Violation Records(상태 및 위반 기록 확인)

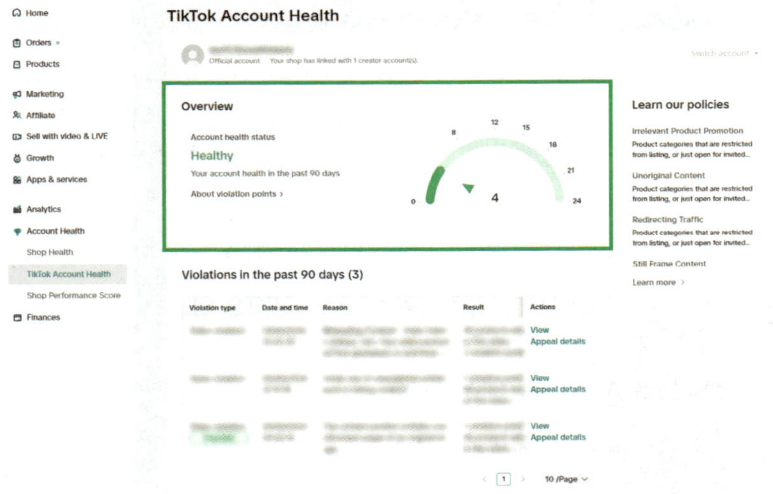

① Overview(상태 요약)

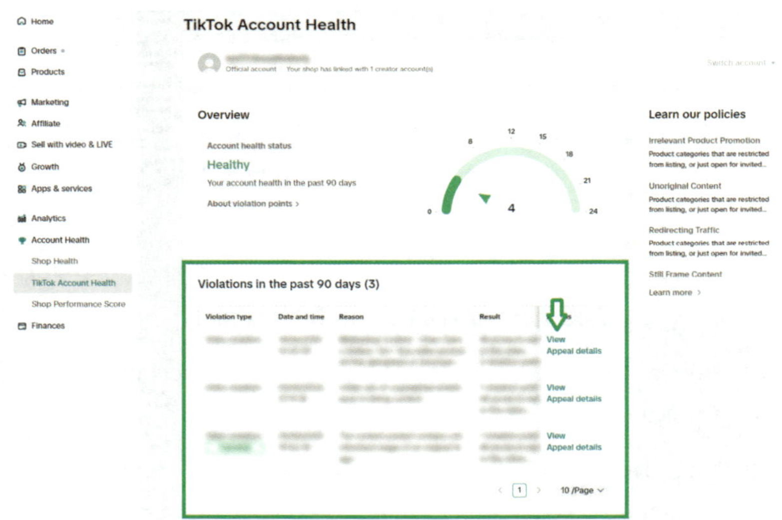

- 최근 90일간 누적된 위반 점수(Violation Points)를 요약하여 표시
- 계정의 Health Status를 종합적으로 평가
- 운영 안정성, 위반 추이, 점수 만료 일정 등을 한눈에 확인 가능

Violation Records(위반 이력)

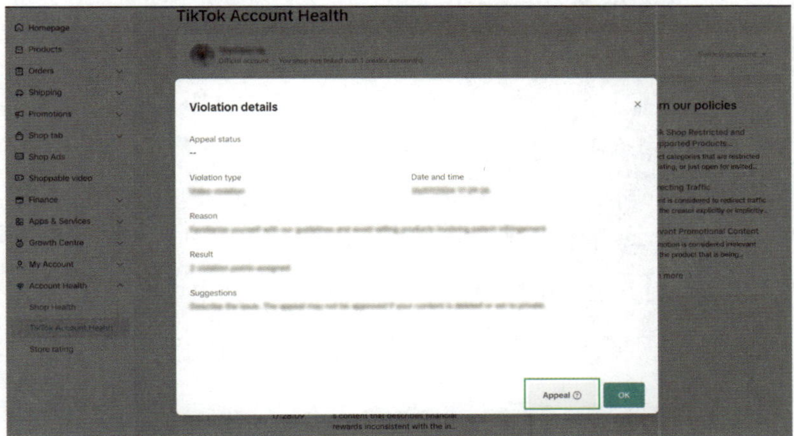

- 최근 90일간의 위반 내역이 리스트 형태로 표시됨
- 각 항목에는 날짜 / 위반 유형 / 상세 사유 / 조치 결과가 포함
- 세부 정보를 확인하려면 'View' 클릭

(4) Appeal (이의제기 절차)

- TikTok의 제재가 잘못 적용되었다고 판단될 경우, 'Appeal' 버튼을 통해 직접 이의제기 가능
- 제출 시 다음 자료를 준비해야 한다.
- 이의 사유에 대한 **명확한 설명**
- 증빙 자료(스크린샷, 대화 내역, 기타 문서 등) 첨부

제출된 Appeal은 TikTok 운영팀이 검토 후 결과를 업데이트하며, 해당 내역은 동일 페이지 내에서 추적할 수 있다.

활용 팁(Best Practices)

① 정기 점검: 최소 주 1회 Account Health 페이지를 점검하여 위반 누적 방지

② 다중 계정 관리: 여러 Creator Account를 연결한 경우, 각 계정별 위반 점수와 상태를 별도 확인

③ 사전 예방: TikTok Community Guidelines 및 Advertising Policy 숙지 후 콘텐츠 제작

④ 이의제기 프로세스 숙지: 제재가 부당하다고 판단될 경우, 신속히 Appeal을 제출하여 계정 제한 최소화

11장

Appeal 절차 가이드
(TikTok Shop Violation Appeal Process)

개요(How to Initiate an Appeal)

Appeal(이의제기)는 TikTok Shop이 내린 제재 조치(enforcement action)가 부당하거나 오류라고 판단될 경우, 셀러가 공식적으로 재검토를 요청할 수 있는 절차이다. 셀러는 아래 경로를 통해 직접 이의제기를 제출할 수 있다.

제출 경로

Seller Center → Shop Health page → Violation Records → View & Appeal → Appeal

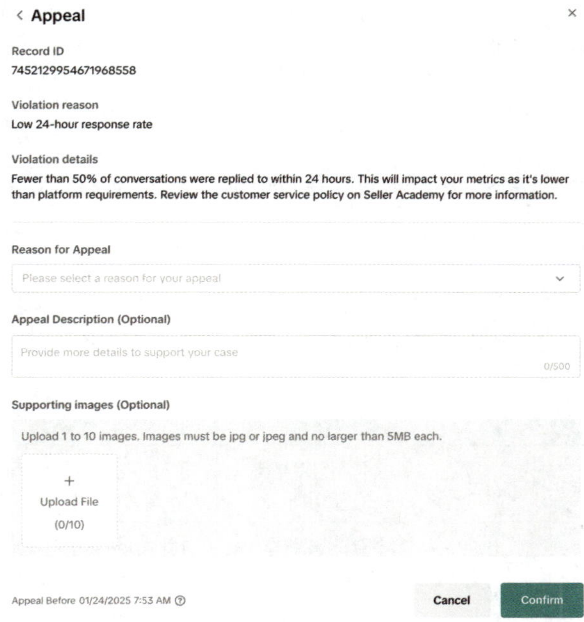

이 페이지에서 각 위반 건별로 상세 사유를 열람하고, 필요시 'Appeal' 버튼을 클릭해 즉시 제출할 수 있다.

필요 서류(Required Supporting Documents)

이의제기를 진행하기 위해서는, 셀러가 직접 모든 증빙자료(Supporting Documents)를 준비해야 한다. 조사 과정 중 TikTok Shop이 추가 서류를 요구할 수 있으므로, **명확하고 객관적인 자료를 확보하는 것이 중요하다.**

항목	설명
1. 서면 설명서 (Written Explanation)	제재가 부당하다고 판단한 이유를 명확히 기술 (상세한 경위, 오해 가능성 등 포함)
2. 증빙자료 (Evidence Materials)	관련 문서, 스크린샷, 이미지, 영상 등 위반 사유에 반박할 수 있는 모든 자료
3. 추가 요청 자료 (If required)	TikTok Shop 측이 요구하는 추가 정보 또는 공식 문서 (예: 계약서, 거래내역 등)

 **주의**

부정확하거나 누락된 자료는 심사 지연 또는 Appeal 기각의 원인이 될 수 있다.

처리 기간 및 유효 기간(Appeal Timeline & Validity)

단계	기간	설명
1. 1차 Appeal 제출 기한	위반 통지일로부터 30일 이내	통지를 받은 날로부터 30일 내 제출해야 함(이후에는 제출 불가)
2. 2차 Appeal 가능 기간	1차 결과 통보 후 15일 이내	1차 Appeal이 기각된 경우, 한 차례 재심 요청 가능

| 3. 처리 기간 (심사 소요) | 케이스별 상이 | TikTok Shop 내부 심사 완료 후 결과 통보 |
| 4. 최종 결정 | TikTok Shop 단독 재량 | Appeal 종료 후 내려진 결정은 최종적이며 재심 불가 |

결과 처리(Appeal Result & Enforcement Update)

결과	설명
1. Appeal 승인 (Successful Appeal)	• 제재 조치가 철회됨 • 계정 제재 또는 제한된 권한(Privileges)이 복원됨
2. Appeal 기각 (Unsuccessful Appeal)	• 기존 제재가 유지됨 • 계정 제한 및 권한 철회가 지속됨

TikTok Shop은 심사 종료 후 Seller Center 내 알림 및 이메일을 통해 결과를 통보하며, 모든 결정은 TikTok Shop의 단독 재량(Sole Discretion) 하에 이루어진다.

권장 사항(Best Practices)

① 기한 내 제출 필수: 30일 내 1차 Appeal을 놓치면 이후에는 접수 불가

② 근거 중심 설명: 감정적 호소보다, 사실 기반 증거 중심 서류가 설득력 높음

③ 파일 정리: 증거 파일명과 내용은 명확하게 정리

예 'OrderID1234_chat_screenshot.png'

④ 모든 서류 백업: Appeal 제출 전, 모든 자료를 로컬에 별도 저장

12장

Finances:
Settlement Report 가이드
(TikTok Shop 정산 보고서)

개요(What is Settlement Report)

Settlement Report(정산 보고서)는 지정된 정산 기간(Settlement Period) 동안의 계정 활동 및 거래 내역을 상세히 보여주는 재무 문서이다. 이를 통해 셀러는 판매 데이터와 실제 정산 금액을 대조(Reconcile)하여 수수료, 공제, 조정 금액(Adjustments)을 반영한 실제 수익성(Profitability)을 파악할 수 있다. 이 보고서는 주문 생성 시점(Order Creation)이 아닌, 정산 기준(Settlement-based) 관점에서 데이터를 표시한다. 따라서 TikTok Shop의 정산 규칙을 충족하지 않은 미정산 주문은 Seller Center > Finance > On Hold 섹션에 별도로 표시된다.

다운로드 방법(How to Download the Settlement Report)

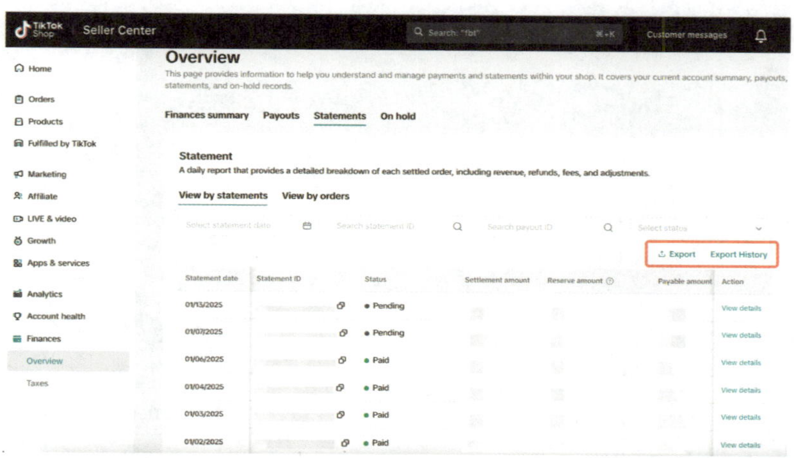

① Seller Center 접속 → Finances → Statements 또는 Payouts 이동

② Export 클릭

③ 날짜 범위(Date Range) 선택 후 Export 진행

④ Export History에서 다운로드 내역 확인

⑤ Download 클릭 후 파일 저장

구성 및 열(Column) 정의(How to Read the Settlement Report)

Settlement Report는 일 단위(Daily)로 생성되며, 지정된 정산 기간 내의 계정 활동을 Excel 형식으로 제공한다. 다운로드 시 5개의 시트(Spreadsheet)로 구성되어 있으며, 대표적으로 Order Details 시트에는 SKU 단위의 정산 상세 정보와 수수료 내역이 포함된다.

주요 컬럼 정의(Column Definitions)

Column	Definition
Statement Date	주문이 정산된 날짜(UTC 기준)
Statement ID	해당 거래의 정산 그룹 ID
Payment ID	TikTok Shop이 셀러에게 지급(payout)할 때 생성되는 ID
Status	정산 상태(Pending, Processing, Paid, Failed)
Currency	통화 단위(USD)
Type	거래 유형(Order, Adjustment 등)
Order/Adjustment ID	거래에 해당하는 주문 번호

SKU ID	주문과 연관된 SKU 식별 번호
Quantity	고객이 주문한 상품 수량
Product Name / SKU Name	제품명 및 SKU명
Order Created Date / Delivery Date	주문 생성 및 배송 완료 일자(UTC 기준)
Total Settlement Amount	Net Sales + Shipping + Fees + Adjustment Amount 합산액
Statement Date	주문이 정산된 날짜(UTC 기준)
Statement ID	해당 거래의 정산 그룹 ID
Payment ID	TikTok Shop이 셀러에게 지급(payout)할 때 생성되는 ID
Status	정산 상태(Pending, Processing, Paid, Failed)
Currency	통화 단위(USD)
Type	거래 유형(Order, Adjustment 등)
Order/Adjustment ID	거래에 해당하는 주문 번호
SKU ID	주문과 연관된 SKU 식별 번호
Quantity	고객이 주문한 상품 수량
Product Name / SKU Name	제품명 및 SKU명
Order Created Date / Delivery Date	주문 생성 및 배송 완료 일자(UTC 기준)
Total Settlement Amount	Net Sales + Shipping + Fees + Adjustment Amount 합산액

세부 항목별 계산 방식(Breakdown Structure)

(1) Net Sales(순매출)

Net Sales = Gross Sales + Gross Sales Refund + Seller Discount + Seller Discount Refund

항목	설명
Gross Sales	판매된 제품의 총 매출(세금, 배송비, 할인 전 금액)
Gross Sales Refund	환불된 주문의 매출(음수로 표시)
Seller Discount	셀러가 부담한 할인 또는 공동 프로모션 분담금
Seller Discount Refund	환불된 셀러 할인 금액(양수로 표시)

(2) Shipping(배송 관련 항목)

항목	설명
TikTok Shop Shipping Fee	TikTok 배송 이용 시 발생하는 배송 수수료
FBT Fulfillment Fee	FBT(풀필먼트) 주문의 처리비용
Signature Confirmation Service Fee	서명 확인 서비스 요청 시 부과되는 수수료
Shipping Insurance Fee	TikTok 배송 보험 구매 시 발생하는 수수료
Customer-paid Shipping Fee / Refund	고객이 부담한 배송비 및 환불 금액
TikTok Shop Shipping Incentive	TikTok Shop이 제공하는 배송비 보조금
Shipping Fee Subsidy	셀러 배송 방식에 적용되는 TikTok 보조금
Return Shipping Fee	반품 시 셀러가 부담하는 반송 배송비
Customer Shipping Fee Offset	TikTok 배송비 인센티브 상쇄 조정액(FBT 전용)
Limited-time Sign-up Shipping Incentive	Co-Funded Free Shipping 프로그램 한시적 인센티브

(3) Fees(수수료 관련 항목)

Fees = Transaction Fee + Referral Fee + Refund Admin Fee + Affiliate Commissions 등

항목	설명

Referral Fee	TikTok Shop에서 발생하는 기본 수수료(2023년 4월 3일 이후 주문에 적용)
Refund Administration Fee	환불 처리 시 발생하는 관리 수수료(환불된 Referral Fee의 20%)
Affiliate Commission	(제품가-할인액) × 제휴 커미션율
Affiliate Partner Commission	(제품가-할인액) × 제휴 파트너 커미션율
Affiliate Shop Ads Commission	(제품가-할인액) × 광고 제휴 커미션율

(4) Adjustment Amount(조정 금액)

조정 사유에 따라 정산 금액이 가감되는 보정 항목이다.

Adjustment Reason	설명
Logistics Adjustment / Reimbursement / Deduction	물류비 관련 오류, 손실 보상, 샘플 발송 공제 등
TikTok Shop Reimbursement	Refund Without Return 등으로 인한 셀러 손실 보상
Policy Violation Deduction	셀러 귀책으로 인한 구매자 피해 보상 공제
TikTok Fees Adjustment / Promotion Adjustment	수수료 또는 프로모션 관련 불일치 정정
Chargeback	결제 기관의 거래 취소로 인한 금액 환수
FBT Warehouse Service Fee	FBT 창고 이용에 따른 저장 및 취급 수수료

(5) Supporting Information(부가 정보)

항목	설명
Customer Payment / Refund	고객 결제 및 환불 금액
Seller / Platform Discounts	셀러 및 플랫폼이 제공한 할인 금액
Sales Tax Payment / Refund	세금 납부 및 환불 내역
Retail Delivery Fee Payment / Refund	특정 주(예: Colorado) 배송 시 부과되는 배송세

Mode of TikTok Shop Shipping Fee Discount	공동 보조(Co-Funded) 여부 식별 태그
Chargeable Package Weight / Collection Method	과금 중량 및 집하 방식
Delivery Option	배송 유형(Standard, Economy, Express)

13장

플랫폼 수수료
(Referral Fee)
정책 안내

개요

TikTok Shop은 모든 거래에 대해 일정 비율의 플랫폼 수수료 (Referral Fee)를 부과한다. 플랫폼 수수료는 **배송비와 세금을 제외한 순 매출액**을 기준으로 산정되며, 셀러의 판매 활동과 TikTok Shop의 거래 서비스를 지원하기 위한 운영 수수료의 개념이다.

플랫폼 수수료율

모든 유효 주문(Qualified Orders)에 대해 **6%의 플랫폼 수수료율**이 적용된다. 유효 주문이란 **결제와 배송이 완료된 주문**을 의미하며, 플랫폼 수수료는 아래의 계산식에 따라 산출된다.

> Referral Fee = 6% × (Customer Payment + Platform Discount – Tax)

예를 들어, 고객이 $100을 결제하고 $5의 할인 혜택을 받으며 세금이 $2인 경우, 플랫폼 수수료는 6% × ($100 + $5 – $2) = $6.18이 된다.

주요 용어 정리

용어	정의
유효 주문(Qualified Orders)	결제가 완료된 주문으로, 계산 기준은 Buyer Paid + Platform Discount – Tax
플랫폼 수수료(Referral Fee)	TikTok Shop이 모든 완료된 주문에 대해 부과하는 서비스 수수료

환불 및 반품 시 수수료 처리

구매자가 환불, 반품 또는 취소를 요청할 경우, 해당 주문의 플랫폼 수수료는 환불되지만 20%의 환불 관리 수수료(Refund Administration Fee)가 차감된다. 환불 관리 수수료는 SKU 단위로 계산되며, 1개 SKU당 최대 부과 금액은 $5를 초과하지 않는다.

> Refund Administration Fee = SKU 가격 × 플랫폼 수수료율 × 20% (단, 최대 $5)

환불 관리 수수료 계산 예시

시나리오	주문 내용	환불 관리 수수료	계산식	비고
A	1개 SKU, $10	$0.12	$10 × 6% × 20%	일반 계산
B	1개 SKU, $500	$5	$500 × 6% × 20% = $6 → $5 상한 적용	상한 제한
C	동일 상품의 2개 SKU(각 $10)	$0.24	($10 × 6% × 20%) × 2	SKU별 합산
D	SKU A $500, SKU B $10	$5.12	(A: $500×6%×20%=$6→$5) + (B: $10×6%×20%=$0.12)	SKU별 개별 계산

적용 예외

① 크리에이터 샘플 주문(Creator Sample Orders, 'Buy now, refund later')은 환불 관리 수수료가 부과되지 않는다.

② 배송 전 구매자 취소(Auto-Cancel) 주문은 환불 관리 수수료가 부과되지 않는다.

정산(Settlement)

TikTok Shop은 고객에게 상품이 배송 완료되고, 해당 주문에 대해 환불이나 반품 요청이 없는 경우 정산 절차를 진행한다.

- 지급 기준: 정산 주기 및 최소 지급 금액($1 USD) 충족 시 자동 송금
- 지급 방식: 셀러 계정에 등록된 은행 계좌로 자동 입금
- 추가 확인: Seller Center > Finance > Settlement Guidelines

플랫폼 수수료 계산 예시

구분	정상 주문	부분 환불 주문	전액 환불 주문
고객 결제액	$102	$102	$102
환불액	/	-$51	-$102
플랫폼 할인액	$5	$5	$5
할인 환불액	/	-$2.5	-$5
세금 및 배송세	$2	$2	$2
세금 환불액	/	-$1	-$2
적용 요율	6%	6%	6%
Referral Fee 계산식	6% × (Payment + Discount – Tax)	6% × (조정된 금액)	0
Referral Fee 금액	$6.30	$3.15	$0
Refund Admin Fee	/	$6.30 × 50% × 20% = $0.63	$6.30 × 20% = $1.26

14장

인플루언서 시딩 마케팅

시딩 전략

아마 브랜드들에서 가장 고민하는 지점은 시딩일 것이다. 만약 틱톡에 시딩했는데 성과가 없었다면, 다음 중 하나일 가능성이 높다.

① 크리에이터가 단순 명료하게 이해할 브랜드/제품 메시지가 미약한 경우: 미국은 직관적인 메시지가 필요한 나라라는 것을 이해해야 한다. 우리나라처럼 긴 상세페이지조차 존재하지 않는다. 그들이 단숨에 읽고 이해할 메시지를 만들어야 한다.

② 크리에이터 협업 가격을 너무 낮게 책정한 경우: 제값이어야 본전이다. 무가시딩의 낮은 효율은 너무나도 자명하고 유가협업의 경우도 가격을 너무 낮게 책정한 경우 동기를 잃고 콘텐츠 퀄리티가 딱 그 가격에 맞게 나온다. 영상이 좋으면 추가적인 베네핏이 있을 수 있도록 설계하는 노력이 필요하다.

③ 크리에이터와 라포 형성이 미약한 경우: 누가 봐도 대량 메시지를 한 번에 발송한 것 같은 협업 제안보다는, 그 크리에이터의 어떤 콘텐츠가 어떻게 좋아서 잘 보고 있었는데 이런 점이 우리 브랜드랑 잘 맞아 제안하게 되었다는 식의 '팬'의 시점에서 접근해야 한다. 이렇게 라포를 잘 형성하면 조금 더 저렴한 가격에 좋은 퀄리티의 영상들을 생성해낼 수 있다. 실제로 집필진의 시딩 담당자는 크리에이터가 남자친구와 언제 헤어졌는지, 출산일이 언제인지 시시콜콜한 이야기를 나눌 정도로 관계를 형성하는 데 총력을 기하고 있다.

틱톡 시딩을 할 때 기업들이 돈 낭비를 자주 하는 대표적인 이유 중 하나는 팔로워를 지표로 삼고 크리에이터를 선정하기 때문이다. 틱톡 알고리즘은 관심사 기반이기 때문에 팔로워가 영상 조회수를 보장하지 않는다. 때문에 120만 팔로워가 있다고 하더라도 영상 조회수가 2천이 안 되는 경우도 있고, 팔로워 100명이라도 100만 뷰 이상의 조회수가 나올 수 있다. 때문에 다양한 티어의 크리에이터를 골고루 사용하는 것이 중요하고, 우리가 진행하려는 제품의 방향과 크리에이터가 잘 맞지 않는다면 선택하지 않는 편이 낫다.

많은 브랜드들이 시딩에 열을 올리면서 크리에이터 섭외 단가 인플레이션도 심해지고 있다. 그럼에도 최근 규모가 있는 브랜드의 경우 인턴을 대거 채용해서 그들에게 크리에이터 섭외 업무만 시키는 경우도 많다. 10명 넘는 직원들이 하루 종일 크리에이터와의 협업에 열을 올리게 되는 것인데, 이런 투자를 할 정도로 모두가 영상 수급에 간절한 상황이다.

무가시딩 활용 전략

무가시딩을 똑똑하게 활용해야 비용 대비 효율을 높일 수 있다. 보통 무가시딩은 조회수 1K에서 많게는 100K 이하 정도 되는 나노급 크리에이터에게 진행하는데, 이들의 니즈는 브랜드와 협업을 계속할 수 있도록 포트폴리오를 쌓고, 최종적으로는 유가 협업을 진행할 만큼의 영향력을 키우는 것이다. 대부분 영상 제작을 갓 시작한 경우라서 영상 퀄리티가 사람마다 오차범위가 크다. 게다가 돈을 받고 하는 작업이 아니다 보니, 좋은 영상을 만드는 데 있어 동기가 부족한 상황이다. 제품만 받고 영상이 안 올라오는 경우도 허다하다. 이럴 때는 영상 퀄리티가 좋으면 광고 코드를 추가 구매한다거나, 조회수·좋아요·공유 수가 일정 수준을 넘으면 얼마를 지급한다는 등의 리워드성 조건을 넣어주면 좋다.

간혹 영상 퀄리티가 정말 좋은데 크리에이터 계정 자체 인게이지먼트가 낮거나, 우리가 타겟하는 나라의 계정이 아니라서 해당 국가 노출도가 떨어지는 경우에는 영상 자체를 저렴한 가격에 사는 것도 방법이다. 하여 브랜드 계정에 올리고 2차 활용으로 광고 소재로 쓰는 것도 좋은 대안이 될 수 있다. 틱톡에서는 규모의 경제를 이루어내는 것이 중요하기 때문에 양으로 승부 보기 위해서는 시딩으로 나간 제품들이 영상으로 올라와야 한다. 그리고 그 영상들의 퀄리티가 최소한 사람들이 보고 매력적으로 느껴야 하고, 일관된 메시지를 주어야 한다. 이를 위해서는 브랜드의 가이드를 따라갈 수 있도록 크리에이터들을 설득시킬 장치들을 잘 심어두는 것이 중요하다.

크리에이터 활용 전략

앞서 말한 무가시딩이 효율적으로 움직이려면 나노 크리에이터들이 보고 따라할 지표가 필요하다. 이는 어필리에이트(Affiliate) 마케팅을 위해서도 필요하다. 나노 크리에이터들과 어필리에이터들은 완벽한 통제가 불가능하기 때문에 브랜드가 원하는 메시지를 영상에 고스란히 담기는 어렵다. 때문에 1만~10만 정도 되는 마이크로급 크리에이터들을 통해 우리가 원하는 메시지를 담은 영상들을 '유가협업'을 통해 만들어내고, 이 영상들이 좋은 인게이지먼트를 얻으면서 우리가 바라는 '모범 답안'을 만들어야 한다.

시딩 영상을 활용할 때 한가지 주의해야 하는 사항은, 크리에이터의 영상을 브랜드 계정에 올릴 때 중복 영상이 아니어야 한다. 크리에이터가 이미 올린 영상을 공식 계정에 올리고 샵 링크를 거는 행위가 반복되면 샵이 닫힐 수도 있다. 이는 틱톡의 시스템이 중복 영상을 감지하기 때문인데, 가짜 계정이 복제한 영상을 통해 수익을 창출한다고 인식하기 때문이다(중복 영상 여부는 틱톡 측에 문의해서 확인하는 것 외에 방법이 없다). 그래서 만약 크리에이터의 영상을 활용할 계획이라면 브랜드 계정에 먼저 올리거나 영상을 재가공해서 업로드해야 한다. 특히 멀티 국가 샵을 운영하는 브랜드의 경우 영상 수급 문제로 같은 영상을 각 국가 계정에 똑같이 올리는 경우가 있는데 절대 하면 안 된다. 실제로 초창기에 집필진은 이 사유로 샵이 닫히는 바람에 새로 계정을 만들어서 시작해야 했다.

기본적으로 콘텐츠는 오늘까지 유행이었어도, 내일도 유행이라는 보장이 없다. 특정 포맷을 사용할 때는 속도전이 생명이고, 대기업이 긴 결재라인을 타느라 지체되는 동안 중소기업 브랜드들이 콘텐츠의 힘으로 무섭게 치고 올라오는 것이 가능한 이유다.

어필리에이트(Affiliate) 활용 전략

우리의 영업사원들을 '어떻게 하면 공격적으로 키울 수 있을지'에 대한 고민은 모든 브랜드들의 숙제다. 틱톡 본사가 늘 제안하는 방법은 '양을 늘리는 것'이다. 하지만 브랜드 입장에서 무턱대고 영상 수량을 늘리는 것은 재고부담, 배송비, 광고비를 고민했을 때 쉽게 결정할 수 있는 사항이 아니다. 특히나 예산이 정해져 있는 경우는 더더욱 조심스럽다. 그래서 보통 "그럼 어필리에이트 시딩 500개 하면 매출 얼마나 올라요?"라고 질문하는데, 정말 답변하기 어려운 질문이다. 초반엔 무조건 적자일 수밖에 없고, ROI가 4 이상 넘어가기 시작해야 BEP가 맞춰지기 시작한다. 규모의 경제를 만들어야 하는 틱톡 특성상 영상이 많이 깔리기 전까지는 적자를 감수해야 하나, 영상들이 많이 깔려 광고 소재가 많아지기 시작하면서부터는 Shop ads ROI가 무섭게 오르기 시작한다. 그래서 투자할 가치가 있고, 잘 터진 영상 하나가 전체 매출의 상당 부분을 견인하기 때문에 어떨 때 보면 가성비이기까지 하다는 생각이 든다.

문제는 브랜드 인지도가 없는 경우 어필리에이트를 구하기도 힘들단 것인데, 이것은 어떻게 보면 당연한 사실이다. 크리에이터 입장에서는 잘 팔리는 상품을 팔아야 많은 수익을 얻을 수 있는데 들어본 적도 없고, 틱톡에 검색해도 잘 안 나오는 제품을 하고 싶어 할 리가 없다. 대체 어떤 영상을 만들어야 하는지조차 감이 안 온다. 이때 브랜드가 내놓을 묘약은 커미션을 올리는 것이다. 보통 15% 수준으로 설정해두는데, 초반에 공격적으로 30~40%까지 올리는 것이다. 그리고 앞서 말한 다양한 티어의 크리에이터들의 시딩을 통해 인게이지먼트가 확보된 영상들을 꾸준히 생성하여 '핫한 브랜드'라는 인식을 지속적으로 심어주는 것이다.

그리고 당연하게도 많은 크리에이터들에게 협업 요청을 해야 한다. 보통 1천 개의 영상이 올라오면 그중 1개가 터지는데, 그렇게 터진 영상이 4개 정도가 모여야 브랜드 붐업이 시작된다. 그럼 4천 개의 영상이 올라와야 하는데, 5천 개의 영상이 올라오려면 5만 명한테는 협업 요청을 해야 된다는 역산을 할 수 있다. 현재 상위권에 있는 브랜드들 역시 초반에는 주에 1만 명에게 협업 요청을 하는 시기를 거쳤다.

이렇게 브랜드가 한번 자리 잡고 나면 크리에이터들이 먼저 어필리에이터가 되겠다고 몰려든다. 그렇게 되면 브랜드에서는 신규 어필리에이트 늘리기 + 기존 잘하고 있는 크리에이터에게 더 많은 영상을 찍게 하면 된다.

어필리에이터들에게는 잘된 콘텐츠들을 보여주며 참고하도록 이끄는 방법이 잘 먹힌다. 제품의 USP를 텍스트로 장황하게 늘어놓으면서 어떤 부분을 강조해야 한다는 식의 가이드라인은 의미가 없다. 게다가 한국식으로 이렇게 찍어달라, 저렇게 찍어달라 집요하게 요청했다가는 F로 시작하는 단어와 함께 강한 반발을 듣는 경우도 꽤 있다. 그들과 소통할 때는 가능한 친절하고, 조심스럽게 대응하도록 하자.

초반 어필리에이터들에게 커미션을 설정할 때는 앞서 설명했듯, 공격적으로 설정해야 한다. 이때 마진을 생각하고 공격적으로 세팅하지 않는다면 어필리에이터 입장에선 처음 보는 이 제품에 대해 판매를 진행하는 데 있어서 그 어떤 동기부여도 되지 않기 때문이다. 어필리에이터들을 최대로 끌어모으려면 그들에게 매력적인 커미션을 설정해야 한다.

틱톡샵에선 셀러 구분이 총 5가지 티어(tier)로 분류된다.
- Tier 1: Understanding TTS (GMV ≤ $12.5K)
- Tier 2: Build (GMV ≤ $65K)
- Tier 3: In momentum (GMV ≤ $200K)
- Tier 4&5: Mature (GMV ≤ $600K)

틱톡샵 티어별 어필리에이트(Affiliate) 운영은 다음과 같이 진행하는 것이 좋다.

Tier 1 네트워크 구축과 초기 확산 단계

운영의 핵심은 네트워크를 빠르게 확장하고 콘텐츠 볼륨을 확보하는 것이다. 이를 위해 높은 커미션(35~40%)을 설정하여 단기간 내 브랜드 노출을 극대화한다. 이 시기에는 Hero SKU 중심의 제품 브리핑, 명확한 USP 전달, 샘플 키트 제공을 통해 어필리에이트의 참여 진입장벽을 낮추고, 가능한 한 많은 크리에이터들이 콘텐츠를 제작할 수 있도록 지원해야 한다. 즉 Tier 1은 '속도와 볼륨'의 단계다.

Tier 2 & 3 성과 관리와 효율 중심의 최적화 단계

티어 2와 3에서는 운영 목표를 성과 관리 중심으로 전환해야 한다. 단순한 볼륨 확대에서 벗어나 효율 중심의 운영으로 나아가며, Paid Boosting(ACA)과 25~35% 수준의 차등 커미션을 적용해 성과 기반의 보상을 정교하게 설계한다.

이 단계에서는 소재 A/B 테스트를 통해 Conversion Rate을 높이는 것이 중요하다. 또한 등록된 전체 어필리에이트 중 실제로 콘텐츠를 업로드하고 매출을 발생시킨 비율, 그리고 콘텐츠 내 상품 링크 클릭자 대비 실제 구매자 비율을 광고 성과와 병행 분석함으로써, 실질적인 전환 효율을 정밀하게 측정해야 한다.

Tier 1, 2, 3단계에서는 볼륨과 더불어 spark ads code를 수급하여 광고로 사용할 수 있는 소재를 가져오는 것도 가장 중요한 포인트로 봐야 한다.

Tier 4 고효율 기반 확장 단계

운영의 초점은 고효율 파트너의 집중 관리에 맞춰져야 한다. 즉, 브랜드에 높은 기여도를 보이는 어필리에이트들과 긴밀한 관계를 유지하며, 1인당 평균 매출을 극대화하는 전략적 파트너십을 구축한다. 이 시기에는 상위 크리에이터에게 추가 보상(현금성 인센티브, 공동 브랜딩 콘텐츠 제작 등)을 제공하여 장기적 ROI를 쌓는 것이 핵심이다.

Tier 5 파트너십 강화 및 브랜드 자산화 단계

Tier 5는 진정한 파트너십의 단계다. 커미션율은 20~25% 수준으로 안정화시키되, 장기 계약이나 추가 오퍼를 통해 관계를 제도화해야 한다.

이 단계에서 브랜드는 단순히 보상을 넘어, 브랜드 자산 구축을 목표로 한다. 바이트댄스와 협력하여 전용 캠페인을 운영하거나, 브랜드 자체적으로 오프라인 이벤트를 기획해 브랜드와 어필리에이트 간의 관계를 더욱 공고히 할 수 있다.

가격 전략

틱톡샵은 쿠폰을 중심으로 한 가격 경쟁 플랫폼이다. 캠페인 내에서 틱톡은 쿠폰 금액의 50%를 부담하고, 나머지 50%를 브랜드가 부담하는 구조로 운영된다. 이 때문에 소비자들은 '틱톡은 언제나 제품을 저렴하게 구매할 수 있는 곳'이라고 자연스럽게 인식하게 된다. 브랜드 입장에서는 플랫폼이 금액을 절반 부담하기 때문에 실질적인 손해 없이 가격 프로모션 효과를 극대화할 수 있는 구조라 할 수 있다.

현재 틱톡 내 스킨케어 브랜드들은 단품 기준 $10~20, 번들 기준 $20~30 수준으로 가격대를 형성하고 있으며, 메이크업 제품 또한 단품 $10~20, 번들 $20~30으로 비슷한 분포를 보인다. 가격 전략 역시 샵 티어별 할인율 구간을 설정하여 운영하는 것이 효율적이다.

Tier 1~2

- 스킨케어 제품은 11~15% 할인율
- 메이크업 제품은 20~27% 할인율
- → 주로 신규 유입과 빠른 노출을 목표로 하는 구간이다.

Tier 3~5

- 스킨케어 제품은 3~10% 할인율
- 메이크업 제품은 4~13% 할인율
- → 효율 중심의 운영 단계로, 브랜드 가치와 마진을 유지하는 것이 중요하다.

즉, 틱톡샵은 단순한 '판매 채널'이 아니라, 직접적인 수익 창출보다는 마케팅과 브랜드 노출을 극대화하기 위한 전략적 플랫폼으로 이해해야 한다. 브랜드는 이 구조를 통해 매출보다 인지도, 콘텐츠 확산, 소비자 접점 강화라는 장기적 자산을 쌓게 된다.

번들 전략

틱톡샵에서 번들이 갖는 전략적 의미

틱톡샵을 직접 들어가 보면, 판매 성과와 무관하게 거의 모든 브랜드가 번들(세트) 제품을 운영하고 있는 것을 확인할 수 있다. 그렇다면 왜 모든 셀러가 번들을 내놓는가?

틱톡샵은 기본적으로 마진을 남기기 위한 플랫폼이 아니라, 브랜드 인지도와 노출을 극대화하기 위한 '마케팅 중심의 플랫폼'이다. 틱톡이 쿠폰 금액의 절반을 부담하는 구조 속에서 브랜드는 직접적인 수익보다는 노출·판매 속도·콘텐츠 확산에 초점을 맞춘다. 그렇기 때문에 브랜드 입장에서는 단품 판매만으로는 충분한 마진을 확보하기 어렵다. 이때 번들은 브랜드가 마케팅 중심 구조 속에서도 일정 수준의 수익성을 확보할 수 있는 유효한 장치로 작용한다.

소비자 입장에서는 단품보다 저렴하게 느껴지지만, 브랜드는 제품 단가를 조정해 패키지 내 평균 마진을 일정 부분 회복할 수 있다. 즉, 틱톡샵이라는 '프로모션 중심 생태계' 안에서도 번들은 브랜드의 수익 구조를 보완하며, 마케팅과 수익 두 가지 목적을 동시에 달성할 수 있는 수단인 셈이다.

AOV 상승이 가지는 의미

틱톡샵은 광고와 노출 구조상, 브랜드가 매번 새로운 고객을 유입시키기 위해 지속적인 비용을 지불해야 하는 구조다. 따라서 한 번 유입된 고객에게서 더 높은 구매 단가(AOV, Average Order Value)를 확보하는 것이 무엇보다 중요하다. AOV가 상승하면 광고비 대비 매출 효율(ROI)이 개선되고, 동일한 유입량에서도 브랜드의 지속 가능성과 재투자 여력이 커진다. 번들은 이 AOV를 자연스럽게 끌어올리는 핵심 수단이다.

어필리에이트에게 번들이 중요한 이유

번들은 브랜드만을 위한 전략이 아니다. 어필리에이트(크리에이터)에게도 실질적인 동기를 부여하는 구조다.

첫째, 수익 효율의 극대화다. 번들은 단품보다 평균 판매 단가가 높기 때문에, 어필리에이트 입장에서는 같은 노력으로 더 높은 커미션을 얻을 수 있다. 틱톡의 커미션 구조는 판매 금액에 비례하기 때문에, 번들을 판매할수록 자연스럽게 수익률이 올라간다.

둘째, 콘텐츠 퍼포먼스의 안정성이다. 번들은 소비자에게 '가성비 좋은 선택지'로 인식되기 때문에, 단품보다 클릭률(CTR)과 전환율(CVR)이 높은 경향이 있다. 즉, 어필리에이트 입장에서는 번들을 판매할수록 콘텐츠 성과가 개선되고 알고리즘 노출도 증가하게 된다.

셋째, 신뢰와 영향력의 강화다. 소비자는 단일 제품보다 '조합된 번들'을 제안하는 크리에이터에게 전문성과 신뢰감을 느낀다. "이 사람은 제품을 잘 알고 있다", "루틴을 추천해주는 전문가 같다"는 인식이 생기면서, 팔로워 기반의 장기적 판매에도 긍정적인 영향을 미친다.

이처럼 번들은 단순히 AOV를 높이는 장치가 아니라, 소비자·브랜드·어필리에이트 모두의 이해관계를 동시에 만족시키는 구조적 연결고리로 작용한다.

틱톡 알고리즘과 번들의 시너지

틱톡샵 내부 백엔드에는 'Virtual Bundle'이라는 메뉴가 별도로 존재할 만큼, 번들은 플랫폼 알고리즘과 깊게 맞물려 있다. 번들은 클릭률과 체류시간을 높이며, 구매 전환까지의 경로를 단축시킨다. 결국 알고리즘은 이러한 높은 전환 신호를 감지해 노출을 확대하고, 이는 다시 브랜드와 어필리에이트 모두에게 긍정적인 순환을 만든다.

특히 스킨케어 브랜드의 경우, '루틴 번들(Routine Bundle)', '문제 해결 번들(Problem-Solution Bundle)'과 같이 소비자 니즈에 직접적으로 대응하는 번들이 효과적이다. 이러한 구성은 소비자의 고민을 빠르게 해결하며, 구매 결정을 단축시키는 동시에 브랜드에 대한 신뢰를 높여준다.

또한 틱톡에서 화제가 된 단일 제품을 중심으로 체험형 번들 + 주력 제품을 함께 구성하면 소비자에게는 합리적인 가격에 만족감을, 브랜드에게는 효율적 노출과 안정적 마진 회복을, 그리고 어필리에이터에게는 수익 효율의 극대화를 주는 세 가지 효과를 동시에 얻을 수 있다.

결론

결국, 번들링은 단순히 가격 전략이 아니다. 틱톡이라는 마케팅 중심 플랫폼의 구조적 한계를 보완하며 브랜드에게는 수익성과 효율을, 어필리에이트에게는 동기와 신뢰를, 소비자에게는 만족과 합리성을 제공하는 삼자(三者) 선순환 구조의 핵심 전략이다. 틱톡샵에서 성공하는 브랜드일수록, 번들을 단순한 판매 상품이 아닌 '플랫폼과 함께 성장하는 구조적 장치'로 이해하고 있다.

시즈널 전략

틱톡샵은 연중 내내 다양한 캠페인을 운영하지만, 모든 시기가 동일한 의미를 갖는 것은 아니다. 틱톡은 명확한 시즌 구조를 중심으로 플랫폼 전체의 구매 집중도를 설계하며, 그 흐름에 브랜드와 크리에이터가 맞춰 움직인다. 이 시즈널 리듬을 이해하는 것은 단순한 참여의 문제가 아니라, 플랫폼 알고리즘과 매출 효율을 함께 읽어내는 일이다.

미국 시장의 연간 리듬

미국 틱톡샵은 전형적인 '하이 시즌 - 로 시즌 - 하이 시즌' 구조를 갖는다. 1월부터 3월까지는 비교적 완만한 소비 곡선을 보이지만, 4월부터 Mother's Day 시즌을 기점으로 GMV가 급격히 상승한다. 6월의 Summer Sale을 지나며 한 차례 피크를 형성하고, 7월 Deals for You Days와 8월 Back to School 시즌으로 이어진다.

그러나 진정한 매출 집중 구간은 하반기, 특히 10월부터 12월 사이의 Q4에 몰려 있다. 이 시기에는 ① Fall Deals & Halloween (10월), ② BFCM, 즉 Black Friday & Cyber Monday (11월), ③ Holiday Haul (12월)이 연이어 이어지며, 틱톡샵 전체 GMV의 약 40%가 이 세 달에 집중된다. 데이터상으로도 11월 블랙프라이데이 캠페인 시점의 GMV 기여도가 압도적이며, 틱톡샵에서의 '연간 클라이맥스'라 할 수 있다.

Q4의 우선순위 구조

틱톡샵의 Q4는 단순히 '할인 시즌'이 아니라, 브랜드 생태계 내의 전략적 피크다. 플랫폼 내부적으로는 아래와 같은 프로덕트 디스카운트(할인 집중도) 우선순위를 둔다(25년 기준).

① BFCM (Black Friday & Cyber Monday)
② Holiday Haul (크리스마스 전 프로모션)
③ Lead-in to BFCM (11월 12일~추수감사절 전)
④ Fall Deals for You Days (10월 말)

즉, 10월 말부터 12월 중순까지 이어지는 약 두 달간이 틱톡 내 최대 노출·최대 판매·최대 경쟁 구간이다. 이 시기를 중심으로 틱톡은 전사 차원의 광고비, 쿠폰 지원, 트래픽 우선순위를 집중적으로 배분하며, 브랜드 입장에서는 이 타임라인을 놓치면 올해 한 해의 매출 중심축을 잃는 것과 같다.

캠페인 캘린더와 소비자 행동 패턴

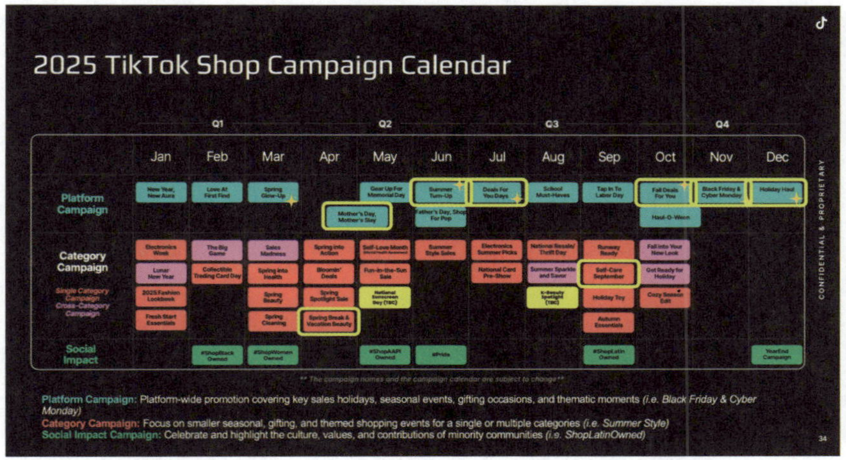

2025년 틱톡샵 캠페인 캘린더를 보면, 플랫폼은 단순히 세일을 반복하는 것이 아니라 소비자 심리의 계절적 변화를 세밀하게 포착하고 있다.

- Q1(Jan-Mar): 'New Year, New Aura'와 'Valentine's Day', 'Spring Glow-Up' 등
- → 새로운 시작과 자기관리 욕구를 자극하는 시즌
- Q2(Apr-Jun): 'Mother's Day', 'Summer Turn-Up', 'Father's Day'
- → 선물 수요, 휴가 준비, 여름 대비 루틴 제품 판매의 중심축
- Q3(Jul-Sep): 'Deals for You', 'Back to School', 'Self-Care September'
- → 일상 복귀, 자기관리, 효율 소비에 초점을 둠
- Q4(Oct-Dec): 'Fall Deals', 'BFCM & Cyber Monday', 'Holiday Haul'
- → 틱톡샵의 절정기. 브랜드와 크리에이터 모두 ROI를 극대화하는 마지막 승부 구간

이처럼 틱톡샵의 캠페인 구조는 단순한 판매 이벤트가 아니라, '소비자의 연간 감정 곡선'과 '브랜드의 마케팅 자산 구축 곡선'을 맞물리게 하는 설계다.

브랜드 전략 관점에서의 시사점

틱톡샵에서의 성공은 '시즌에 맞는 타이밍'에 달려 있다. Q4에 맞춰 미리 할인 전략, 번들 구성, 쿠폰 구조, 어필리에이트 운영을 설계한 브랜드만이 플랫폼이 집중적으로 트래픽을 흘려주는 시기에 최대 노출 효율을 확보할 수 있다.

특히 BFCM 리드 기간(11월 중순~추수감사절 전)은 브랜드가 메가 세일 직전에 알고리즘 상위권을 선점할 수 있는 '예열 구간'으로 활용되어야 한다. 이 시기에 적극적인 쿠폰 발행, 콘텐츠 업로드, 어필리에이트 협업을 통해 브랜드는 BFCM 본 시즌 진입 시 탐색(Discovery) → 구매(Conversion)로 이어지는 자연스러운 전환 흐름을 만들 수 있다.

결론: 틱톡샵의 시즌을 이해한다는 것

틱톡샵의 시즌 전략은 단순히 "언제 할인할까?"의 문제가 아니다. 그것은 플랫폼이 언제, 어떤 주제로, 어떤 방식으로 트래픽을 집중시키는가에 대한 이해다. 이 리듬을 정확히 읽는 브랜드만이 틱톡 알고리즘의 흐름 속에서 자신의 메시지를 소비자에게 가장 강하게 각인시킬 수 있다.

결국, 틱톡샵에서의 마케팅은 '계절을 파는 일'이다. 소비자의 심리가 움직이는 순간에 브랜드의 존재감을 포착시키는 것, 그것이 틱톡샵이 만들어낸 새로운 형태의 시즈널 커머스 전략이다.

키워드 전략

틱톡에서의 성공은 알고리즘을 이해하는 데서 출발하지만, 그 알고리즘의 핵심은 결국 '언어', 즉 키워드다.

틱톡은 단순히 해시태그만으로 콘텐츠를 분류하지 않는다. 영상 내 자막, 음성, 캡션, 그리고 해시태그까지 모든 언어적 신호를 종합적으로 인식해 콘텐츠의 주제와 맥락을 파악한다. 이때 어떤 키워드를 선택하고, 어떻게 활용하느냐에 따라 노출 범위와 콘텐츠의 수명이 결정된다.

키워드는 알고리즘의 지도다

틱톡은 영상을 이해하는 데 있어 텍스트 정보를 매우 중요하게 처리한다. 영상 속 음성 인식(voice-to-text), 자동 생성되는 자막, 작성된 캡션, 그리고 해시태그에 포함된 단어들이 모두 하나의 데이터 세트로 묶인다. 이 데이터는 곧 틱톡 알고리즘이 콘텐츠를 어디로 노출할지 결정하는 지리적 좌표가 된다.

따라서 브랜드가 아무리 완성도 높은 영상을 만들어도, 적절한 키워드를 선택하지 않으면 '발견되지 않는 콘텐츠'로 남게 될 가능성이 높다. 반대로 잘 작동하는 키워드를 타이밍 좋게 활용하면, 그 자체로 알고리즘의 노출 우선순위에 올라 빠른 도달과 확산 효과를 누릴 수 있다.

트렌드에 올라타는 타이밍

틱톡에서 키워드는 '트렌드의 징후'이기도 하다. 하나의 키워드가 갑자기 언급량을 늘리기 시작하면, 그것은 곧 플랫폼 내 소비자 관심의 이동 신호를 의미한다. 브랜드가 이 흐름을 빠르게 포착하고 콘텐츠를 제작하면, 알고리즘은 그 키워드를 '활성 트렌드'로 인식해 노출을 밀어준다.

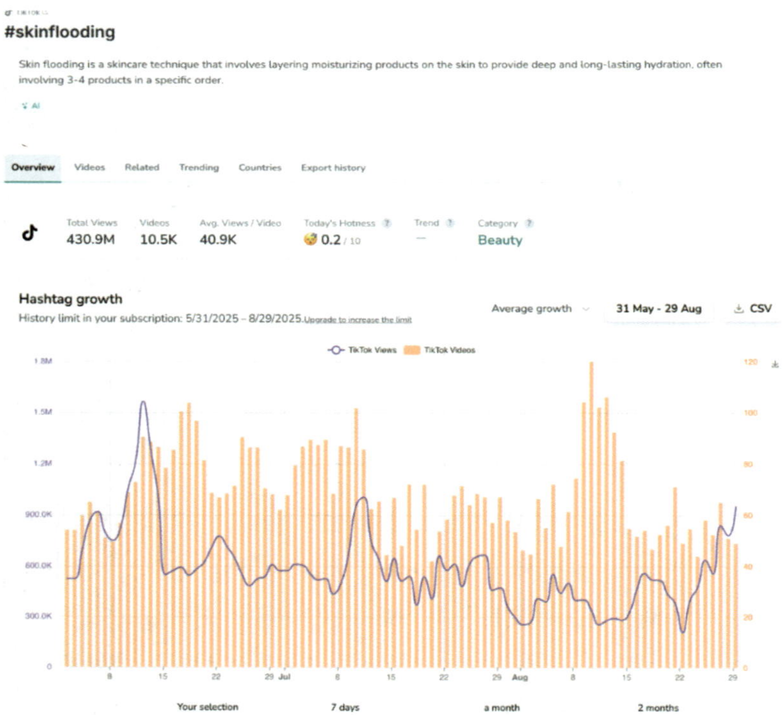

예를 들어, 최근 틱톡에서 빠르게 확산된 #skinflooding 트렌드는 '피부에 보습 제품을 여러 겹 레이어링해 수분 지속력을 높이는 루틴'을 뜻한다. 이 키워드는 3개월 사이 약 4억 3천만 회 이상의 조회수를 기록하며, 뷰티 카테고리 내 주요 확산 키워드로 자리 잡았다. 그래프를 보면 6월 중순과 8월 중순 두 차례의 조회 피크(Hashtag Growth Spike)가 나타나는데, 이는 해당 기간 동안 관련 콘텐츠 제작이 집중적으로 이루어졌음을 의미한다.

즉, 브랜드가 이 시점에 맞춰 '#skinflooding 루틴', '보습 레이어링', '수분 충전 루틴' 등의 키워드를 중심으로 콘텐츠를 발 빠르게 제작했다면, 틱톡은 그것을 '현재 뜨고 있는 주제'로 인식하고 노출을 강화했을 것이다.

어필리에이트를 움직이는 키워드

키워드는 브랜드만을 위한 언어가 아니다. 어필리에이트(크리에이터)에게는 판매 동기를 자극하는 신호이기도 하다. 트렌드 키워드는 곧 조회수와 매출로 이어질 가능성이 높은 콘텐츠 소재이기 때문이다.

브랜드가 '이 시점에서 잘되는 키워드'를 빠르게 공유하고, 해당 키워드를 중심으로 번들 구성(예: '수분 루틴 번들', '글로우 스킨 키트')을 제공하면, 어필리에이트들은 그 트렌드에 올라타며 자연스럽게 브랜드 제품을 판매 콘텐츠로 녹여낼 수 있다. 즉, 키워드는 단순한 해시태그가 아니라 브랜드와 어필리에이트를 연결하는 공동의 언어다.

실시간 트렌드 모니터링의 중요성

틱톡의 키워드 트렌드는 짧게는 3일, 길게는 2주 단위로 변화한다. 따라서 브랜드는 정기적으로 해시태그 성장 그래프를 모니터링하며, 조회수 급등(Spike) 구간에서 즉시 콘텐츠 제작 및 어필리에이트 안내를 해야 한다. 이는 단순한 데이터 분석이 아니라 '알고리즘의 리듬에 맞춰 브랜드 메시지를 배치하는 일'이다.

결론

틱톡에서의 키워드는 브랜드의 감각이다. 틱톡은 더 이상 광고 중심의 플랫폼이 아니다. 여기서의 경쟁력은 누가 더 빨리, 더 정교하게 키워드를 해석하느냐에 달려 있다. 키워드를 안다는 것은 단지 단어를 아는 것이 아니라 소비자의 언어, 알고리즘의 언어, 크리에이터의 언어를 동시에 이해하는 것이다.

결국 틱톡에서의 키워드 전략은 '검색엔진 최적화(SEO)'가 아니라 '문화 최적화(Cultural Optimization)'의 문제다. 브랜드가 키워드의 맥을 읽는 순간, 틱톡은 그 브랜드의 스토리를 세상에 대신 전파하기 시작한다.

Product life cycle(Super Hero SKU, Hero SKU, Growing SKU)

틱톡샵에서 하나의 제품이 '성공적인 SKU'로 성장하는 과정은 명확한 단계적 구조를 따른다. 이 여정은 First Sale → Growing SKU → Hero SKU → Super Hero SKU의 순서로 전개되며, 각 단계는 단순한 매출 규모가 아니라 콘텐츠 반응, 주문 속도, 광고 효율, 어필리에이트 반응성 등 플랫폼 전반의 신호를 기반으로 구분된다.

(1) First Sale: 생존의 문턱

대부분의 제품이 이 첫 단계에서 고전한다. 틱톡샵에 입점된 제품 중 약 90%가 첫 판매(First Sale) 구간을 넘지 못한다는 것은 유명한 사실이다. 이 시기는 말 그대로 '첫 주문을 만드는 싸움'이다. 콘텐츠 노출량이 적고, 소비자 리뷰가 없기 때문에 구매 전환율이 낮다. 즉, 브랜드는 제품의 USP(Unique Selling Point)를 명확히 드러내고, 짧은 순간 안에 소비자의 흥미를 자극할 수 있는 핵심 영상 메시지를 만들어야 한다. 이 첫 매출이 발생해야만 제품은 다음 단계로 넘어갈 수 있다.

(2) Growing SKU: 가능성을 증명하는 구간

첫 판매를 성공적으로 넘긴 제품이 진입하는 단계다. 이 시기에는 판매량이 꾸준히 늘어나며, 콘텐츠 - 리뷰 - 전환율의 선순환 구조가 만들어지기 시작한다. 틱톡에서는 이 구간의 제품이 전체 SKU의 다수를 차지하지만, 이 단계에서 콘텐츠의 양적 확장보다 효율적 반복(what works 반복)이 중요하다.

미국 기준으로 보면, 판매량이 증가함에 따라 평균 주문 성장률(Order Growth Rate)이 완만히 상승하며, 틱톡 알고리즘은 이 제품을 '신규 유망 상품(New Arrival)'으로 인식하기 시작한다. 브랜드는 이 시점에 소규모 Paid Boosting(ACA 광고)을 테스트하거나, 어필리에이트에게 번들 판매 기회를 제공해 추가 노출을 확보할 수 있다. Growing SKU 단계의 핵심은 '규모를 만들기보다 반응을 검증하는 것'이다. 여기서 전환율과 반응률이 안정적으로 유지된다면, 제품은 곧 Hero SKU로 성장한다.

(3) Hero SKU: 브랜드의 중심을 세우는 제품

Hero SKU는 틱톡 내 브랜드의 정체성을 대표한다. 이 단계의 제품은 이미 소비자 인지, 알고리즘 노출, 어필리에이트 판매율이 고르게 안정된 상태다. 틱톡은 Hero SKU를 추천 알고리즘의 우선 노출군으로 인식하기 때문에, 해당 제품은 Organic 콘텐츠와 광고 모두에서 높은 효율을 보인다.

미국 틱톡샵 시장 데이터를 보면, Hero SKU 단계의 제품은 전월 대비 평균 30% 이상 성장률을 기록하며, 이 시점부터 광고 ROI가 극적으로 개선된다. 즉, 이 단계의 제품은 더 이상 테스트 대상이 아니라 브랜드가 집중적으로 투자해야 할 중심 축(Product Core)이 된다.

또한 상위 셀러들의 구조를 보면, GMV 규모가 클수록 Hero SKU와 Super Hero SKU의 비중이 압도적으로 높다. 예를 들어, 미국 내 GMV 10만 달러 이상 셀러의 경우 Hero SKU가 전체 매출의 절반 이상을 차지한다. 이는 곧 '성공적인 틱톡 브랜드는 단 하나의 Hero SKU를 중심으로 움직인다'는 것을 의미한다.

(4) Super Hero SKU: 플랫폼이 밀어주는 대표 제품

Hero SKU를 넘어서면, 제품은 틱톡 내에서 'Super Hero SKU'로 진입한다. 이 단계는 브랜드에게 있어 규모의 폭발기이자, 틱톡 알고리즘이 가장 강력히 노출을 밀어주는 구간이다. Super Hero SKU는 단순한 매출 효자가 아니라, 브랜드의 콘텐츠 아이덴티티를 결정짓는 얼굴이다.

미국 기준으로 Super Hero SKU 단계에 진입한 제품은 전월 대비 주문 성장률이 두 배 이상 가속화되며, 틱톡 내 상위 판매 셀러일수록 이러한 SKU를 다수 보유하고 있다. 특히 GMV 30만 달러 이상 셀러의 경우 매출의 약 70%가 Super Hero SKU에서 발생한다. 즉, 틱톡에서의 규모 성장은 결국 '얼마나 많은 Hero SKU를 Super Hero 단계로 끌어올릴 수 있느냐'의 문제다.

(5) 전략적 시사점: Hero SKU 중심의 포트폴리오 운영

틱톡에서 성공하는 브랜드는 모든 SKU를 키우지 않는다. 대부분의 SKU는 Growing 단계에서 테스트되고, 그중 소수만이 Hero-Super Hero로 성장해 브랜드의 메인 매출을 책임진다. 따라서 브랜드는 ① 초기 단계(First Sale-Growing)에서는 폭넓은 제품 테스트를, ② Hero SKU 단계 이후에는 ROI 중심의 집중 투자를 해야 한다.

즉, 틱톡에서의 제품 생애주기는 '선별 → 집중 → 확장'의 구조로 이해해야 한다. 모든 제품이 히트 상품이 될 필요는 없으며, 하나의 Hero SKU가 브랜드를 대표하고, 또 다른 Hero SKU가 그 뒤를 잇는 구조가 틱톡에서 지속 가능한 성장 전략의 핵심이다.

틱톡샵 전용 제품 전략

틱톡샵은 단순한 이커머스 플랫폼이 아니다. 이곳에서 제품은 '판매되는 상품'이기도 하면서 '소비되는 콘텐츠'다. 즉, 제품이 광고의 일부가 아니라 광고 그 자체가 되는 플랫폼이다. 그렇기에 틱톡샵에서의 제품 기획은, 전통적인 상품 기획 방식과는 본질적으로 달라야 한다.

알고리즘이 좋아하는 제품을 만든다는 것

틱톡의 알고리즘은 '텍스트'보다 '시그널'에 반응한다. 영상 속 자막, 음성, 제형, 질감, 사용 장면 — 이 모든 것이 하나의 데이터로 작동한다. 그렇기 때문에 틱톡에서 팔리는 제품은 기능이 뛰어나야 하는 것이 아니라 보여지는 순간 이해되고, 감정적으로 공감되는 구조로 만들어져야 한다. 예를 들어 제형이 녹는 순간이 눈에 보이거나, 손등 위에서 빠르게 흡수되는 장면이 영상 한 컷에 담길 수 있다면 그 자체가 '좋은 제품'이 된다. 소비자는 설명을 듣지 않아도 이해하고, 알고리즘은 그 '반응' 자체를 학습한다. 틱톡에서 제품의 첫 번째 미덕은 '0.3초 안에 이해되는 직관성'이다.

Exclusive Bundle — 틱톡 전용으로 설계된 제품 경험

틱톡샵의 가장 흥미로운 구조는 '번들(bundle)'이다. 대부분의 브랜드가 단품보다 번들을 먼저 내놓는 이유는 단순하다. 번들은 소비자에

게는 혜택, 알고리즘에는 AOV(객단가 상승) 신호, 어필리에이트에게는
판매 동기로 작동하기 때문이다. 그중에서도 최근 브랜드들이 주목하는
개념이 바로 'TikTok 전용 상품(Exclusive Bundle)'이다.

이 번들은 단순히 여러 제품을 묶은 세트가 아니라, 브랜드가 틱톡
안에서만 경험할 수 있는 스토리를 설계한 결과물이다. 소비자는 '다른
채널에서는 볼 수 없는 특별한 구성'이라는 인식으로 인해 구매 결정을
빠르게 내리고, 브랜드는 이를 통해 자연스럽게 틱톡 내 브랜드 정체성
을 확립하게 된다.

예를 들어, 아누아의 "Affordable Full-Korean skincare routine"은
그 자체로 '루틴의 완성'을 제안하는 메시지다. 소비자는 세럼 하나를 사
고 끝내지 않고, '틱톡에서 본 그 루틴'을 따라 구매하게 된다. 즉, 번들은
경험 설계 전략이라고도 말할 수 있다.

콘텐츠로 재탄생할 수 있는 패키징

틱톡은 '영상으로 소비되는 쇼핑몰'이다. 따라서 제품의 외형은 그
자체로 콘텐츠의 일부가 되어야 한다. 패키지의 질감, 개봉 방식, 제형의
흐름, 색감의 대비, 심지어는 펌핑할 때의 소리까지. 이 모든 것이 소비
자의 몰입을 만든다.

브랜드는 이제 제품의 기능만큼이나 '카메라 앞에서의 존재감'을 설
계해야 한다. 영상 속에서 제형이 반짝이거나, 클렌징 오일을 사용하였
더니 피지가 바로 나오는 것을 보여줄 때, 사람들은 제품을 기억한다. 이
런 감각적 요소들은 단순한 디자인이 아니라 틱톡의 알고리즘이 좋아하
는 데이터 포인트가 된다. 결국 "어떻게 팔릴까?"를 고민하기 전에 "어떻
게 보여질까?"를 먼저 고민해야 한다. 이것이 틱톡 전용 제품의 시작점
이다.

트렌드에 반응하는 '유연한 제품'

틱톡의 트렌드는 빠르다. 하나의 키워드가 유행하고 사라지는 데에 길어야 3주다. 그렇다면 제품은 이 리듬에 맞춰 움직일 수 있어야 한다. 제품 전체를 바꿀 수 없다면, 패키징이나 구성, 콘셉트를 바꿔야 한다. 같은 제형이라도 '#skinprepping' 시즌에는 수분감 강조, '#glassskin' 시즌에는 광채 강조로 스토리라인을 바꾼다.

그래서 틱톡 전용 제품군은 '하이브리드'처럼 움직여야 한다. 하나는 브랜드의 중심을 지탱하는 Hero 제품, 다른 하나는 트렌드에 맞춰 재해석할 수 있는 Flexible 제품이다. 전자는 안정적 매출을, 후자는 주기적 바이럴을 만든다. 이 두 축이 함께 돌아갈 때, 브랜드는 끊임없이 새로워 보이는 생명력을 갖게 된다.

GMV MAX, 즉 AI가 학습할 수 있는 제품 구조

틱톡의 광고 시스템인 GMV MAX는 AI로 작동한다. 이 AI는 제품을 '단순한 상품'이 아니라, 성과 데이터의 집합체로 인식한다. 따라서 제품 구조가 단순하고 명확할수록, AI는 그 효율을 더 빨리 학습한다. 제품명, 썸네일, 설명 모두가 통일된 언어로 정리되어야 한다. 제품명이 길거나 SKU가 분산되면 알고리즘은 이를 서로 다른 제품으로 인식해 데이터가 쪼개진다. 반면 한 SKU를 일관된 구조로 관리하면 AI는 구매 패턴을 집중 학습하고, 그 결과 자동으로 광고 효율을 높여준다.

이처럼 틱톡에서 '잘 팔리는 제품'은 사실상 AI가 학습하기 쉬운 제품이다. 브랜드의 역할은 더 이상 모든 광고를 직접 관리하는 것이 아니라, AI가 효율적으로 학습할 수 있는 데이터 구조를 만들어주는 것이다.

제품의 수명을 설계하라

틱톡에서는 신제품이 매일 쏟아지고, 그중 90%는 첫 세일조차 넘지 못한다. 하지만 단 몇 개의 SKU는 꾸준히 영상에 노출되고, 어필리에이트들이 자발적으로 판매를 이어간다. 이 차이를 만드는 것은 '제품의 생애 설계'다. 제품은 한 번 출시하고 끝나는 것이 아니라, 콘텐츠·리뷰·라이브·번들·프로모션을 거치며 생애 주기를 가진다.

① Launch 단계: 크리에이터 협업 중심, 반응 데이터 확보
② Scale 단계: Hero 번들 구성, GMV MAX 광고 병행
③ Sustain 단계: 라이브 캠페인 + 어필리에이트 리텐션 강화

이 순환 구조를 꾸준히 반복할 때, 브랜드는 제품을 단순히 '판매하는 것'이 아니라 성장시키는 것으로 전환한다.

결론 — 제품이 아니라 이야기로 만들어라

틱톡샵에서 팔리는 제품은 단순히 기능이 좋은 제품이 아니다. 그것은 사람들이 영상을 끝까지 보게 만드는 제품, 그리고 AI가 학습하고 어필리에이트가 자발적으로 팔고 싶은 제품이다. 그 중심에는 언제나 '이야기'가 있다.

Exclusive 번들은 브랜드가 틱톡 안에서 스스로 세계관을 만드는 방법이며, 콘텐츠의 언어가 된다. 결국, 틱톡에서 성공하는 제품은 '좋은 제품'이자 '재미있게 보여지는 제품', '반응이 일어나는 제품'이다. 그것이 틱톡 전용 제품의 본질이다.

라이브 전략

틱톡샵의 라이브 커머스는 같은 플랫폼 안에서도 지역마다 완전히 다르게 작동한다. 특히 미국 시장의 라이브 전략은 동남아와는 전혀 다

른 리듬과 문화 위에서 움직인다. 동남아에서는 하루에도 수천 개의 라이브가 열리고, 그중 일부 크리에이터는 단 2시간 만에 수천만 원의 매출을 올린다. 동남에서의 라이브는 단순한 프로모션이 아니라, 하루 매출의 핵심 동력으로 작동하는 구조다.

하지만 미국은 그렇지 않다. 미국의 라이브 시장은 아직 성숙하지 않으며, 소비자들에게 '라이브 쇼핑'이라는 개념 자체가 낯설다. 미국 소비자들은 여전히 '직접 탐색하고, 비교하고, 리뷰를 통해 결정하는' 구매 여정을 선호한다. 그렇기 때문에 미국 브랜드 계정은 일반적으로 주 1~2회 정도의 라이브만 운영한다. 그 이상은 피로감을 준다고 미국 소비자들은 생각하며, 라이브를 보는 도중 이탈하기 때문이다.

미국 라이브 시장의 현실

미국 시장에서 라이브가 즉각적인 매출로 이어지는 경우는 드물다. 라이브를 본다는 것은 '구매하기 위해서'가 아니라 '새로운 제품을 구경하거나, 크리에이터의 개성을 즐기기 위해서'인 경우가 많기 때문이다. 즉, 라이브는 판매 채널이라기보다 브랜드 경험 채널에 가깝다.

그렇기 때문에 미국 브랜드들은 라이브를 자주 하지 않는다. 브랜드 계정이 직접 진행하는 라이브는 많아야 주 1~2회, 그마저도 신제품 런칭이나 세일 시즌에 집중된다. 미국의 라이브는 아직 '구매 문화'라기보다 '콘텐츠 문화'에 가까운 무대다.

그렇다면, 미국에서 라이브로 매출을 내는 사람들은 누구일까?

흥미롭게도, 미국 내에서 라이브로 매출을 내는 크리에이터의 상당수는 '미국에 거주하는 동남아 크리에이터들'이다. 이들은 이미 인도네시아, 말레이시아, 필리핀 등 라이브 커머스가 일상화된 지역 출신으로, '라이브를 통한 판매'에 대한 감각과 경험을 몸에 익히고 있다. 이들은 영어와 모국어를 섞어가며 진행을 하고, 라이브 중에 실시간으로 제품을 비교하고 시연하며, 시청자들의 반응을 즉각적으로 이끌어낸다. 그 결과, 미국 시장에서도 상당한 매출을 만들어낸다. 미국 내 동남아 커뮤니티는 규모가 크고 구매력도 높기 때문에, 이들을 타깃으로 한 라이브는 실제로 효율이 매우 높다.

즉, 미국 라이브의 핵심 전략은 미국 소비자를 직접 공략하는 것이 아니라, 미국에 거주하는 동남아 커뮤니티 등의 라이브를 시청하며 구매하는 게 익숙한 문화 중심으로 파급력을 만드는 것이다.

라이브 크리에이터 서칭 전략

이 시장의 특징 때문에, 브랜드가 미국에서 라이브 전략을 세울 때는 '누가 미국에 있느냐'보다 '누가 라이브 문화에 익숙하냐'를 먼저 봐야 한다. 단순히 영어권 크리에이터가 아니라, 라이브 호스팅이 자연스럽고 리액션이 빠른 동남아 지역 출신 크리에이터를 중심으로 서칭한다. 이들은 시청자 수가 적더라도 라이브 체류율과 전환율이 매우 높다. 구매를 유도하는 언어 선택, 제품 시연, 실시간 피드백에 익숙하기 때문이다.

미국 크리에이터 중에서도 라이브로 높은 수익을 내는 사례들이 있긴 하지만, 전체 비율로 보면 매우 적다. 오히려 브랜드 입장에서는 '동남아 감성의 진행력'을 가진 크리에이터가 미국 내에서 더 큰 성과를 낼 가능성이 높다.

미국형 라이브 전략의 핵심

결국, 미국 틱톡샵에서의 라이브 전략은 다음 한 문장으로 요약된다. "라이브의 무게 중심을 '빈도'가 아닌 '문화 적합도'에 두어라."

브랜드 계정은 라이브를 자주 하는 대신, 명확한 테마(신제품 런칭, BFCM 세일, Routine 소개 등)를 중심으로 주 1~2회만 집중 운영한다. 실질적 매출은 라이브 문화에 익숙한 커뮤니티형 어필리에이트(특히 동남아 출신 크리에이터)를 통해 끌어올린다.

미국인 소비자에게는 라이브 = 브랜드 경험 콘텐츠, 동남아 커뮤니티에게는 라이브 = 즉시 구매 콘텐츠로 구분해 접근한다. 즉, 미국의 라이브는 '많이 하는 라이브'가 아니라 '잘하는 라이브'여야 한다. 그리고 '잘하는 라이브'란 결국 문화적으로 익숙한 사람들과 함께하는 라이브다.

결론 — 미국 라이브의 진짜 전략

미국 틱톡샵에서 라이브는 단순한 실시간 방송이 아니다. 그것은 문화적 이해를 기반으로 한 설득의 장르다. 라이브 문화가 익숙하지 않은 시장에서, 라이브를 억지로 확장하는 것은 비효율적이다. 대신, 라이브에 능숙한 커뮤니티와 협업하여 미국 시장 안에서 라이브 커머스를 자연스럽게 '이식'하는 전략이 필요하다. 그것이 바로 지금, 미국 틱톡샵이 보여주는 가장 현실적이고 효과적인 접근 방식이다.

오프라인 행사

틱톡샵에서의 경쟁은 단순히 알고리즘 안에서만 이루어지지 않는다. 진짜 경쟁은 틱톡과 얼마나 가까운가, 즉 플랫폼과 브랜드가 '얼마나 긴밀히 교류하고 있는가'에서 시작된다. 틱톡은 매년 주요 시즌마다 다양한 오프라인 행사를 직접 기획한다. 이 행사는 단순한 PR 이벤트가 아니라, '브랜드와 크리에이터를 연결시키는 플랫폼 중심의 생태계 구축'의 일환이다.

그중에서도 대표적인 사례가 바로 Beauty Besties와 Super Brand Day다.

Beauty Besties — 크리에이터와 브랜드가 만나는 공간

'Beauty Besties'는 틱톡이 직접 주최한 Creator x Seller Matchmaking Salon이다. 로스앤젤레스의 한 공간을 통째로 꾸며 상위 퍼포머 어필리에이트들과 틱톡샵 셀러, 그리고 업계 관계자들을 초청해 네트워킹과 협업이 동시에 이루어지도록 기획된 행사다. 이 행사는 단순히 명함을 주고받는 자리가 아니다. 참가자들은 현장에서 직접 제품을 테스트하고, 브랜드 담당자와 크리에이터가 바로 협업을 논의한다. 틱톡은 이를 통해 '콘텐츠가 곧 커머스가 되는 구조'를 현실로 옮긴다.

이런 오프라인 행사는 누구나 참여할 수 있는 것이 아니다. 틱톡이 판매하는 광고 패키지(ads package) 중 하나로 운영되며, 해당 구좌를 확보한 브랜드만이 부스를 설치하고, 탑 어필리에이트와의 디너, 프라이빗 세션 등에 참여할 수 있다. 즉, 이 구좌는 '틱톡 생태계 안으로 들어갈 수 있는 초대장'인 셈이다.

이 기회를 잡은 브랜드들은 단순히 광고 노출 이상의 효과를 얻는다. 틱톡 본사 관계자, 주요 크리에이터, 그리고 업계 인플루언서들과의 직접적인 접점은 이후 캠페인 협업과 어필리에이트 확장에 실질적인 영향을 준다. 틱톡에서 팔리는 브랜드가 되기 위한 첫걸음은, 틱톡이 열어주는 이런 오프라인 장에서 얼굴을 비추는 것부터 시작된다.

Super Brand Day — 브랜드가 플랫폼이 되는 순간

Super Brand Day는 틱톡이 선정한 브랜드와 함께 만들어가는 플랫폼 레벨의 메가 캠페인이다. 이 행사는 단순히 '세일 이벤트'가 아니라, 틱톡 안에서 브랜드가 하나의 콘텐츠가 되는 구조로 설계된다.

예를 들어, 메디큐브와 아누아는 틱톡과 함께 Super Brand Day를 진행하며 LA와 뉴욕의 타임스퀘어 전광판에 동시에 광고를 노출했다. 그뿐만 아니라, LA에서는 팝업 스토어를 운영하고, 크리에이터 교육 세미나와 VIP 디너, 현장 글램봇 촬영 및 라이브 방송을 함께 진행했다. 이 모든 요소는 단일한 메시지를 향해 움직인다 "이 브랜드는 지금, 틱톡에서 가장 뜨겁다."

틱톡은 이런 기획을 '광고 패키지 상품' 형태로 브랜드에 판매한다. 브랜드는 일정 금액을 투자해 구좌를 확보하면 틱톡의 리소스를 활용해 글로벌 차원의 노출과 콘텐츠 자산을 얻을 수 있다. 즉, 브랜드는 틱톡의 광고주를 넘어, 틱톡의 파트너로 올라서는 것이다.

왜 오프라인이 중요한가

틱톡은 디지털 플랫폼이지만, 그 생태계의 가장 강력한 유대는 오프라인에서 형성된다. 오프라인 이벤트는 단순히 제품을 보여주는 자리가 아니라 틱톡 본사와 브랜드, 크리에이터 간의 '관계 구축의 무대'다. 이 관계를 통해 브랜드는 틱톡 내부 운영팀과 직접적인 커뮤니케이션 채널을 확보하고, 크리에이터와의 협업을 빠르게 현실화시키며, 플랫폼 내 우선 노출 기회를 간접적으로 얻는다. 이런 기회는 틱톡이 공식적으로 '열어주는 문'이기도 하지만, 그 문을 통과하려면 일정한 조건이 필요하다.

틱톡과 친해지는 법

틱톡의 오프라인 이벤트 구좌는 늘 열려 있지만, 아무 브랜드에게나 주어지지 않는다. 틱톡과 긴밀한 관계를 유지하기 위해서는 다음 세 가지 유형 중 하나에 속해야 한다.

① 잘 나가는 브랜드: 플랫폼에서 이미 성과를 입증한 상위 셀러. 판매 실적, 콘텐츠 반응도, 어필리에이트 협업 등에서 눈에 띄는 브랜드일수록 틱톡의 초청을 받는다.

② 돈을 쓰는 브랜드: 광고 패키지, GMV MAX, 대형 프로모션 등에

꾸준히 예산을 투자하는 인디 브랜드. 틱톡은 이들을 '성장 파트너'로 인식하고, 협업 기회를 확대해준다.
③ 대행사형 플레이어: 여러 브랜드를 동시에 관리하며 틱톡 내 크리에이터 및 캠페인을 운영하는 전문 에이전시. 플랫폼은 이런 대행사를 통해 시장 내 영향력을 확장하려 한다.

이 세 부류 중 하나로 자리매김하지 못한다면, 브랜드는 스스로 발품을 팔아야 한다. 현지에서 직접 팝업 스토어를 열거나, 독자적으로 크리에이터 이벤트를 개최하며 시장 감각을 쌓아야 한다. 이 과정은 쉽지 않지만, 플랫폼 밖에서 존재감을 증명하는 유일한 방법이기도 하다.

상위 셀러 티어의 전략은 오프라인에서 시작된다

앞서 설명했듯이, 틱톡의 셀러 운영 체계는 Tier 1부터 Tier 5까지 단계적으로 구분된다. 이 중 Tier 4~5 셀러는 단순한 판매자가 아니라 '플랫폼 파트너'로 간주되는 그룹이다. 틱톡은 이 단계를 Scaling & Optimization과 Partnership & Retention 단계로 정의하며, 브랜드가 효율 중심의 성장 단계를 넘어 관계 기반의 생태계 안으로 진입하는 시점이라고 말한다.

이 상위 셀러 티어의 핵심은 '관계 강화'와 '현장 접점'이다. 즉, 상위 셀러로 도약하기 위해서는 오프라인에서의 관계 구축이 선행되어야 한다. Beauty Besties나 Super Brand Day 같은 틱톡 주최 행사에서 브랜드가 직접 크리에이터를 만나고, 현장에서 협업을 기획하고, 틱톡 본사와 교류하는 과정이 곧 Tier 4~5 수준의 신뢰 관계를 만드는 과정이다.

틱톡은 이런 오프라인 경험을 바탕으로 어떤 브랜드가 단기적 판매를 넘어 '플랫폼의 파트너로 성장할 준비가 되어 있는가'를 판단한다. 결국, 상위 티어로의 승격은 데이터로 평가되지만, 그 시작은 오프라인에서의 관계로부터 결정된다.

결론 — 오프라인은 틱톡 생태계의 중심이다

틱톡에서의 성공은 단순히 '잘 팔리는 상품'을 만드는 것만으로는 충분하지 않다. 그 성공은 얼마나 플랫폼과 가까이 서 있느냐에서 결정된다. 오프라인 행사는 그 거리를 단축시킨다. 틱톡이 기획한 행사는 브랜드에게 플랫폼의 문을 열어주는 초대장이며, 브랜드가 직접 기획한 팝업은 틱톡이 그 브랜드를 다시 바라보게 만드는 계기가 된다.

결국, 틱톡에서 잘 팔리는 브랜드는 오프라인에서도 존재감이 강한 브랜드다. 스크린 안에서 끝나지 않고, 사람과 사람, 브랜드와 플랫폼이 직접 만나는 순간 그곳에서 진짜 '틱톡 생태계의 중심'이 만들어진다.

샵광고 전략

틱톡샵의 광고 전략은 더 이상 단순한 '노출형 광고 운영'이 아니다. 2025년을 기점으로 틱톡의 광고 시스템은 AI 기반 자동화 플랫폼인 GMV MAX 중심으로 완전히 재편되었고, 이와 함께 비딩, 인벤토리, 크리에이티브, 예산 구조, 라이브 캠페인까지 전 과정이 데이터 기반으로 통합 관리되는 체계를 갖추게 되었다. 이 장에서는 틱톡샵의 새로운 광고 메커니즘과, 브랜드가 이 시스템을 통해 효율적으로 성장할 수 있는 전략적 포인트를 정리한다.

비딩 & 인벤토리 알고리즘 — 광고 효율의 근간

GMV MAX의 비딩과 인벤토리 구조는 단순한 입찰 기반이 아니라, 유저 행동 예측 + 콘텐츠 매칭 + ROI 타겟 자동화를 결합한 AI 알고리즘 모델로 작동한다.

① 인벤토리 예측 모델링: 시스템은 하루 단위의 유효 노출 가능 시간을 분석해 광고 비용과 효율을 예측하며, 일별 인벤토리(노출 공간)를 산출한다. 이를 통해 광고가 노출될 수 있는 시간대와 빈도를 최적화한다.

② 잠재 고객 및 유저 행동 예측: 유저의 과거 클릭, 구매, 콘텐츠 체류 시간을 분석하여 어떤 콘텐츠 조합이 전환으로 이어질 확률이 높은지 예측한다. 이때 어필리에이트 및 오가닉 신호까지 함께 반영되어 '누가 어떤 크리에이티브를 봤을 때 구매할 가능성이 높은가'를 AI가 학습한다.

③ 타겟팅 & 비딩 자동화: AI는 유저 반응률과 인벤토리 경쟁도를 고려하여 ROI 타겟을 우선시하는 입찰 구조를 자동 적용한다. 결과적으로 브랜드는 경쟁사보다 유리한 입찰 환경을 유지하면서도 과도한 광고비 지출 없이 안정적인 노출을 확보할 수 있다.

④ 콘텐츠 버짓 필터링: 과도한 지출을 방지하기 위해 AI는 자동으로 버짓 필터(Budget Filter)를 적용한다. 설정된 ROI 기준 이하의 광고는 자동으로 비활성화되고, 효율이 높은 콘텐츠에 집중적으로 예산을 재분배한다.

크리에이티브 딜리버리 로직 — 학습, 테스트, 확장

틱톡샵의 광고 효율은 결국 콘텐츠(크리에이티브)에 의해 결정된다. GMV MAX는 크리에이티브를 단순히 '광고 소재'로 인식하지 않고, 성과 중심의 학습 시스템(Performance Learning System)으로 관리한다.

① 소재 우선순위 시스템: 이미 높은 반응을 얻은 소재는 우선 게재(Delivering) 상태로 유지된다. 일정 기간(보통 30일) 이상 성과가 없거나 ROI 하락이 감지될 경우 자동으로 'Not Active' 상태로 전

환된다.

② 학습 및 대기 단계 분류: 새로운 크리에이티브는 'Learning' 단계에서 일정 노출 데이터를 확보하며, 충분한 학습량을 확보하면 Delivering 단계로 승격된다. 반대로 데이터가 부족하면 'In Queue(대기)' 상태로 전환되어 추가 테스트가 진행된다.

③ Creative Fatigue(소재 피로도) 관리: 동일한 소재가 일정 기간 이상 노출될 경우 AI는 노출 효율 하락을 감지해 자동으로 새로운 소재로 교체를 유도한다.

이로써 브랜드는 지속적인 광고 신선도 유지와 CTR(클릭률) 안정화를 동시에 확보할 수 있다.

비딩 환경 개선과 점착력 높은 오디언스 확보

틱톡샵 광고의 핵심은 비딩 효율 + 브랜드 인지도 확장 + 지속 노출 유지력의 균형이다. GMV MAX는 이 세 가지를 동시에 달성하기 위해 세 가지 축으로 작동한다.

① 비딩 환경 개선: 캠페인 예산, 계정 잔액, ROI 목표치가 시스템 권장 수준을 충족하면 경쟁사 대비 유리한 입찰 환경이 자동 조성된다. 즉, ROI 대비 입찰 효율이 높은 브랜드에 인벤토리를 우선 할당한다.

② 점착력 높은 오디언스 확보: 브랜딩 광고와 퍼포먼스 광고를 병행함으로써 구매 전환뿐 아니라 '재방문 가능성이 높은 오디언스 풀'을 축적한다. 이는 장기적으로 오가닉 전환율 상승과 반복 구매 비율 개선으로 이어진다.

③ 크리에이티브 최적화: 캠페인당 최소 20~40개의 크리에이티브 확보가 권장되며, AI가 콘텐츠 매칭 범위를 확장해 가장 높은 반응

을 보이는 조합을 찾아낸다. 신규 소재를 지속 투입하는 브랜드는 인벤토리 점유율과 CPM 효율 모두에서 경쟁 우위를 확보한다.

예산 운영 전략 — Promo Days & Auto-Budget 시스템

틱톡샵의 예산 운영은 '유연성'과 '자동 최적화'가 핵심이다. 특히 쇼핑 시즌(Black Friday, 11.11, Holiday 등)에는 Promo Day 예산 최적화 모델과 Auto-Budget 자동 증액 기능이 함께 작동한다.

① Promo Day 모델: 쇼핑 시즌 동안 AI가 실시간으로 ROI를 분석해 예산과 입찰가를 자동 조정한다. 이를 통해 브랜드는 동일한 비용으로도 최대 40~60% 수준의 GMV 상승 효과를 기대할 수 있다.

② Auto-Budget 기능: ROI 90% 이상, 예산 소진율 80% 이상 도달 시 시스템이 자동으로 하루 최대 10회까지 예산을 추가 증액한다. 이는 예산이 부족해 노출이 끊기는 '광고 중단 현상'을 방지하고, 효율적인 시점에만 지출을 집중시킨다.

캠페인 운영 플로우 — D-14부터 D-day 이후까지

틱톡샵의 GMV MAX 캠페인은 3단계 구조(D-14 / D-3 / D-day)로 설계되어 있다.

단계	주요 활동	목표
준비 (D-14)	다양한 제품 테스트, 권장 ROI 세팅, 광고 예산 확보, ACA 활성화	학습 데이터 확보
예열 (D-3)	단일 제품 집중, 권장 ROI의 0.8배 수준 설정, 예산 1.5배 확대	GMV 상승 가속
판매 (D-day~)	히어로 제품 집중, Auto-Budget 활성화, 신규 영상 투입	최대 매출 달성

이 구조는 단순히 광고 집행 일정을 나눈 것이 아니라, AI가 학습-확장-집중의 3단계 효율 사이클을 완성하기 위한 시스템적 설계다.

Live GMV MAX — 라이브 캠페인 전략

라이브 스트리밍은 틱톡샵 광고 전략에서 가장 빠르게 성장하고 있는 영역이다. GMV MAX의 라이브 모드는 프로모션 전후로 BAU(일상 GMV) 대비 200% 이상 상승을 기록하는 것으로 분석된다.

- 준비 (D-6): 라이브 캠페인 생성, 권장 ROI 설정
- 예열 (D-4): 하루 20개 이상 영상 투입, ROI 0.5~0.8배로 세팅
- 판매 (D-day~): 매일 40개 이상 신규 영상 투입, 최대 게재 전략 실행

프로모션 종료 후에도 라이브 캠페인을 연속적으로 집행할 경우, 평균 +50% 수준의 GMV uplift 유지 효과가 발생한다. 이는 틱톡이 라이브 콘텐츠를 중심으로 지속 노출형 광고 구조로 진화하고 있음을 보여준다.

결론

틱톡샵 광고는 이제 '자동화된 성장 엔진'이다 틱톡샵의 광고 시스템은 더 이상 수동적 캠페인 관리가 아닌, AI 기반의 자율적 성장 엔진(Auto-Optimized Growth Engine)으로 변모했다. 브랜드의 역할은 이제 전략적 변수 설정(제품·ROI·예산)에 집중하고, 나머지는 GMV MAX가 맡는다. 이 자동화 구조를 잘 이해하고 활용하는 브랜드만이 틱톡이라는 동적 시장 안에서 꾸준한 GMV 상승과 브랜드 자산 확장을 동시에 달성할 수 있다.

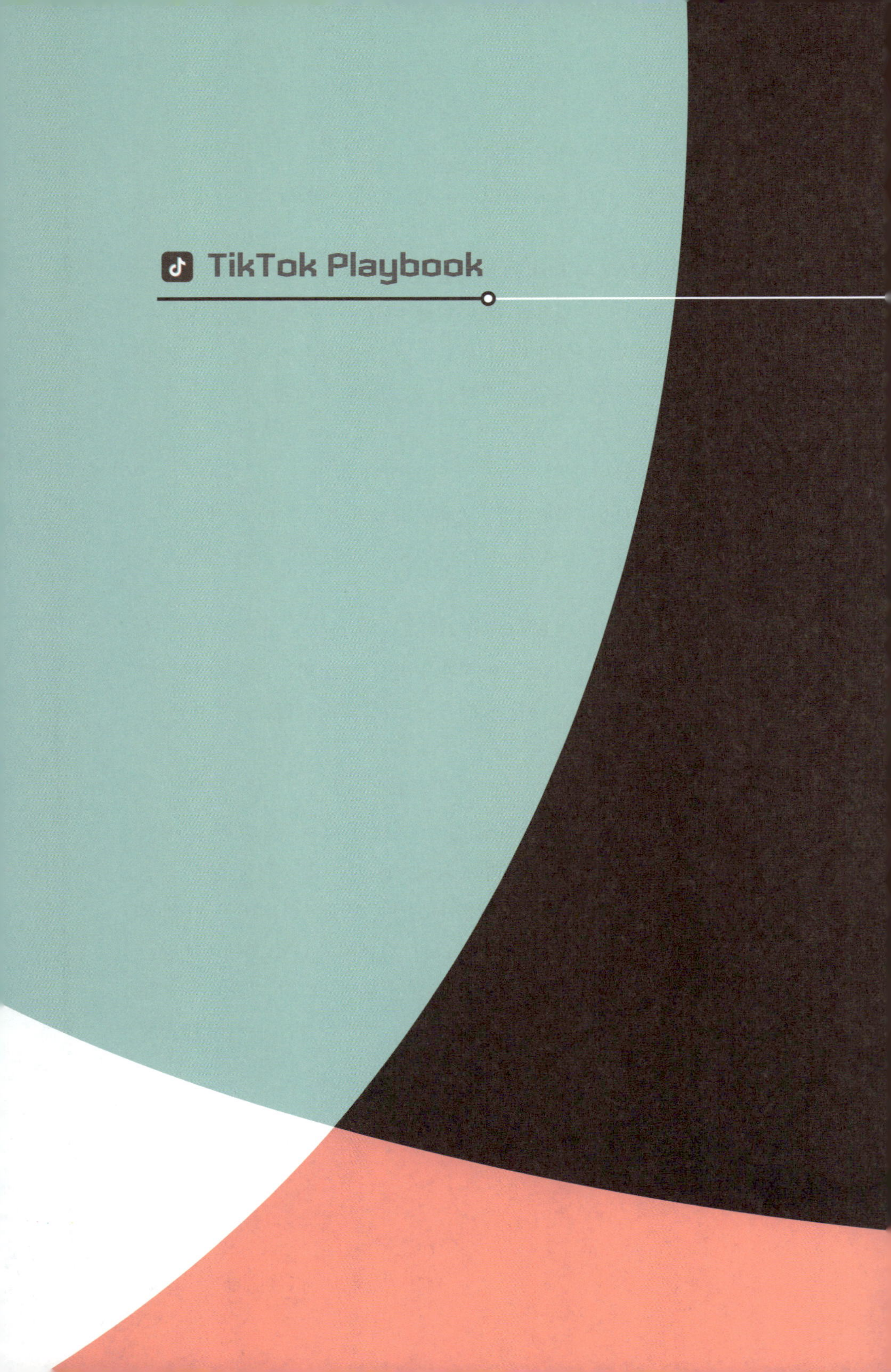
TikTok Playbook

6부

틱톡 계정
키우기 전략

1장

미국 UGC 크리에이터 도전하기

　20세기 재화가 석탄이었다면, 21세기 재화는 관심이라고 한다. 모두가 창작자가 될 수 있는 세상에 나만 소비자로 남는다는 것은 너무나도 동떨어진 행보 아닌가.

　한국은 크리에이터가 수익화할 수 있는 장벽이 꽤 높은 편이다. 사람들이 지갑을 열게 할 콘텐츠를 만드는 능력을 키워 기업들이 당신에게 돈을 내도록 하려면 상당한 노력이 필요하다. 한국 소비자들은 세계에서 손꼽히는 콧대 높은 사람들이기 때문이다.

　예를 들어 당신이 친구로부터 좋은 아이템을 추천받았거나 매체에서 접하게 되었다. 그럼 대체로 네이버에 검색해보고, 기나긴 상세페이지를 정독한 다음, 리뷰를 확인한다. 그리고는 다시 네이버로 돌아와 최저가를 확인해서 회원가입 쿠폰까지 챙겨 가장 저렴하게 구입한다. 몇만 원대를 넘어서는 고관여 상품의 경우, 유튜브 리뷰까지 모두 확인하고서야 구매한다.

　한국 커머스를 오래 하다가 글로벌 커머스로 넘어온 내가 충격적이었던 점은 소비자의 구매허들이 상대적으로 엄청나게 낮았다는 점이다. 때때로 단순히 포장만 벗기는 언박싱 영상을 보고도 구매가 이루어져서 도무지 이유를 찾을 수 없던 적도 많았다.

　또한 한국은 SNS채널이 거의 인스타그램에 집중되어 있고, 인스타그램 특성상 예쁘고 정제된 비주얼이 필요하다. 더불어 한국이라는 꽤 작은 시장 안에서 트래픽을 모아 인게이지먼트를 만들어내려면 해외에 비해 배의 노력이 필요한 것이 사실이다. 게다가 영상 편집에도 더 많은 트릭들이 필요해 공수가 많이 들어간다. 광고 표기법도 상당히 엄격하기 때문에 규정을 모두 지키면서 광고 영상을 만들려면 꽤나 큰 창의력이 필요하고, 그 때문에 대부분의 광고 영상이 비슷한 포맷을 벗어나지 못한다. 또한 한국인 시청자 특성상 만족시키는 기준이 꽤 높고, 사소한 지점에서 논란이 되기 쉽기 때문에 더욱 조심하여야 한다. 그래서 한국 컨텐츠는 정제되고 또 정제되어야 하는 한계점을 가지고 있다.

그에 반해 미국 시장은 광고 표기 의무가 한국에 비해 느슨하다. 기교 많은 편집 스타일을 오히려 촌스럽다고 생각하기 때문에 컷 편집과 적절한 자막이라면 꽤 쉽게 영상물들을 만들어내기 쉽다. 또 다양한 인종들이 모여있어 댓글이나 반응들도 꽤 우호적인 편이다. 게다가 날 것 그대로의 사실적인 표현들을 좋아하기 때문에 '내가 이렇게 적나라하게 모공을 보여도 되나? 주름이 잘 보여도 되나?' 싶은 정도로 촬영을 해야 한다. 게다가 광고 단가 자체가 달러이기 때문에 한국보다 훨씬 높은 편이고, 앞장에서 다뤘듯이 모든 브랜드들이 영상 수급에 총력전을 가하고 있기 때문에 한정적인 버젯 안에서 많은 영상들을 수급하려면 갓 시작한 저렴한 크리에이터들은 최우선 섭외 대상이다.

특히나 기업들에서는 미국 현지 크리에이터들과 리얼타임으로 소통하기에 시차도 클뿐더러 배송비도 많이 들고 컨트롤이 어렵다는 점에서 애를 먹고 있다. 이런 상황에 한국인처럼 센스있고 소통 잘되는 크리에이터들이 나타나준다면 기업들이 안 쓸 이유가 없다(물론 다양성을 위해 다양한 인종들을 사용해야 하지만).

2025년 2번의 미국 틱톡 크리에이터 챌린지를 진행했다. 글로벌에 진출하고 싶고, 부업으로 소득을 창출하고 싶어하는 여성들이 참여했다. 그녀들을 가르치면서 '영어를 못해도, 미국에 대한 아무런 정보가 없는 상태로 시작해도 모두 충분히 할 수 있구나'를 확인했다. 한국이었다면 지인들이 볼까봐 창피해서 혹은 사람들이 얼굴에 대한 평가를 할까봐 엄두내지 못했던 크리에이터 활동을 자유롭게 할 수 있다. 또한 완벽한 아름다움에서 벗어나 모공이 비치고, 잡티가 보이는 본인 있는 그대로의 모습을 세상에 내보이면서 스스로를 더 사랑하게 되었다는 이야기를 듣고 정말 감명 깊었다.

나는 크리에이터가 되어보기를 이 업계에 몸담고 있는 모든 이들에게 추천하는데, 특히 마케터를 비롯해 MD, BM 직군은 꼭 해보길 권장한다. 직접 해보면 틱톡이 가진 특성과 시청자들이 어떤 식으로 반응하는지에 대한 인사이트가 정말 빨리 생기고 저번 주까지만 해도 괜찮았던 인게이지먼트가 갑자기 급락하면 틱톡이 이용자들에게 공지 없이 변경되는 알고리즘 변화에 대해 빠르게 캐치할 수 있다. 당연히 업무에서 크리에이터들과 소통하고 그들에게 가이드를 줌에 있어서 더욱 효율적인 방법을 찾을 수 있다. 그리고 어떤 제품이 영상에서 보여주기 좋고, 어떻게 해야 제품의 USP를 잘 살릴 수 있는지 알 수 있어 우리 브랜드 제품을 내부자가 아닌 외부자의 시선에서 평가할 수 있다. 요즘은 업무의 범위가 혼합되어 MD 업무만 하는 MD 없고, 콘텐츠만 다루는 콘텐츠 마케터 없듯이 올라운더가 필요하다. 이런 상황에 잘 되는 계정을 가지고 있다는 것은 좋은 포트폴리오가 된다.

2장

다 같은 크리에이터가 아니다: UGC 크리에이터

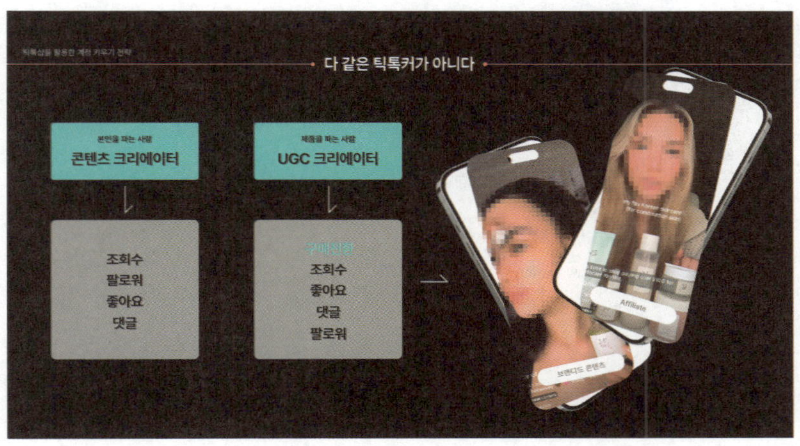

틱톡 크리에이터는 크게 콘텐츠 크리에이터와 UGC 크리에이터로 나눌 수 있다. 콘텐츠 크리에이터는 우리가 흔히 '인플루언서'라고 부르는, 본인의 개성이나 인지도를 활용해서 콘텐츠를 제작하는 사람이다. 그리고 한국에서는 조금 생소한 UGC 크리에이터가 있다. 브랜드나 기업을 위해 사용자 생성 콘텐츠(User-Generated Content)를 제작하는 크리에이터를 일컫는다. 보통 일반 소비자처럼 자연스러운 콘텐츠를 만들면서도, 브랜드가 원하는 메시지를 효과적으로 전달하는 것이 특징이다. 즉, 광고처럼 보이지 않으면서도 제품을 매력적으로 보여주는 콘텐츠를 만드는 사람들이다. 이들이 하는 일은 같은 라면을 끓이더라도 더 맛있게 끓이는 방법을 알려주는 것이다. UGC 크리에이터는 브랜디드 콘텐츠 크리에이터와 어필리에이터로 나뉜다. 브랜디드 콘텐츠는 제품에 더욱 집중하여 USP와 Before & After를 명확히 보여준다. 반면에 어필리에이트(Affiliate) 콘텐츠는 제품의 USP와 Before&After를 더욱 날것으로 보여주며(마치 홈쇼핑처럼) 할인 프로모션을 강조하여 충동 구매를 목적으로 만들어진다.

UGC 크리에이터의 장점은 작은 팔로워가 있을 때부터 수익화가 가능하다는 것이다. 영상 자체를 브랜드 공식 계정 혹은 아마존이나 자사몰 같은 사이트에 사용될 수 있도록 판매하기도 하고, 본인의 계정에 업로드할 수도 있는데 영상의 퀄리티만 좋다면 바로 수익화가 가능한 점이 가장 큰 장점이다.

3장

틱톡 콘텐츠로
수익화하는 방법

틱톡 콘텐츠로 수익화하는 방법에는 4가지가 있다.

① 무가 협업 + 광고 코드 판매

② 유가 협업 + 광고 코드 판매

③ 어필리에이트(Affiliate)

④ 콘텐츠를 브랜드 2차 활용 목적으로 판매

계정을 만든 직후에 본인이 가지고 있는 제품 또는 구매한 제품을 가지고 영상을 만들어보면서 포트폴리오를 쌓아본다. 그렇게 영상이 몇 개씩 쌓이기 시작하면 브랜드에서 먼저 연락이 오거나, 본인이 브랜드에 협업을 제안할 수 있다. 그럼 이제 첫 번째 무가 협업이 이루어질 수 있다. 브랜드에서 제품만 무료로 제공해주고 영상 제작을 의뢰하는 것이다. 그렇게 해서 만들어진 영상이 인게이지먼트가 좋다면 브랜드에다가 광고 코드의 구매를 제안하거나, 브랜드에서 먼저 제안할 수 있다.

여기서 광고코드는, Spark ads 혹은 Ads code라고 부르는데 영상 업로드 후에 오른쪽 점 3개 아이콘을 누르면 Ad settng이라는 메뉴를 볼 수 있다. 여기서 Ad authorization 토글을 켜고 원하는 일수만큼 지정한 다음 Authorise를 하면 Video Code가 생성된다. 이 코드를 브랜드에 전달해주면 브랜드가 퍼포먼스 광고에 당신의 영상을 소재 중 1개로 사용하게 되고, 브랜드가 그들의 돈을 써서 당신의 영상을 홍보해주는 것이다. 브랜드는 광고 소재를 확보할 수 있어 좋고, 크리에이터는 본인의 돈을 들이지 않고도 영상을 홍보할 수 있어 상부상조이다. 보통 30일 정도로 지정해두고 추가 구매를 유도하는 것이 일반적이다.

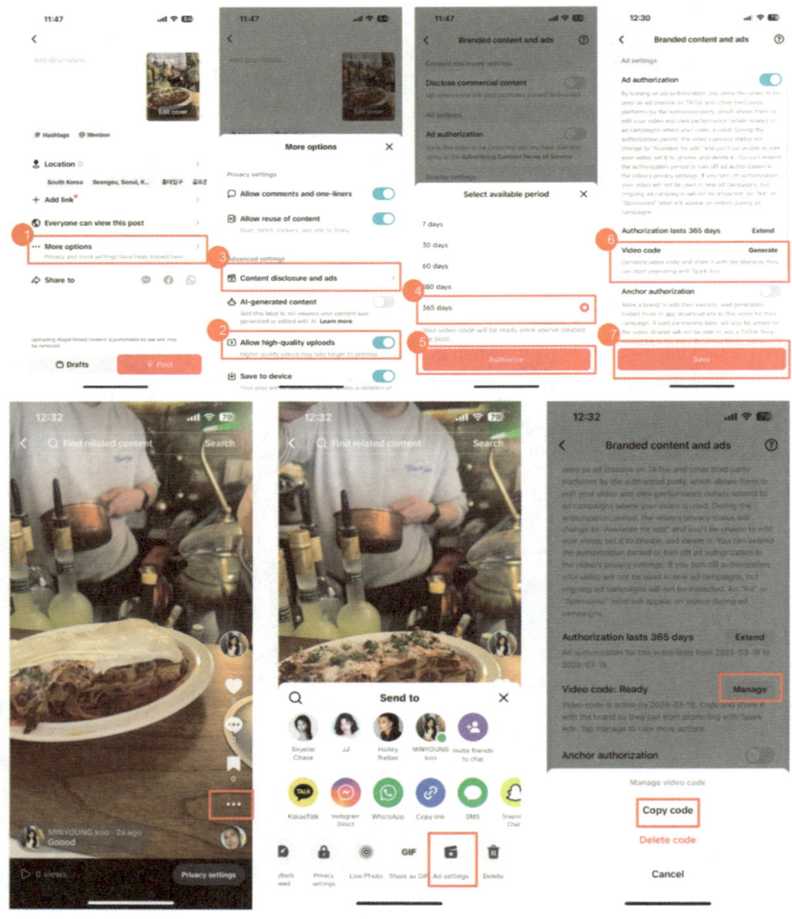

두 번째 유가 협업은 브랜드로부터 제품을 제공받고 영상을 제작하는, 대가를 받고 진행하는 것이다. 당신의 계정과 영상이 어느 정도 자리를 잡아서 10K 이상의 조회수가 평균적으로 나오고 영상의 퀄리티가 좋다면 브랜드가 당신에게 돈을 내게 할 수 있다. 추가로 광고 코드까지 판매하면서 금액을 높일 수 있다.

세 번째 어필리에이트는 앞서 설명한 바와 같이 브랜드로부터 무료로 제품을 제공받고 영상 판매 수익의 일정 수수료를 받는 것이다. 당신의 영상이 후킹하여 많은 사람들이 구매하면 구매할수록 더 많은 수익을 얻을 수 있다.

마지막으로 당신의 콘텐츠 자체를 브랜드가 자체 계정에 올리거나 상품 상세페이지에 활용하는 등의 2차 활용 목적으로 판매하는 것이다. 이런 협업이 이루어지려면 영상 퀄리티가 보장되어 있어야 한다. 이런 계약의 경우 해당 영상을 사용하는 범위와 기간을 계약서에 명확히 명시하여 진행하는 것이 좋다. 추후에 당신의 영상이 무단으로 사용되는 것을 방지할 수 있다. 당신이 영상을 잘 만들기만 한다면, 영상을 구매할 수요는 충분하다는 것을 명심하라.

4장

틱톡 알고리즘의 비밀

틱톡의 알고리즘은 모두에게 평등하다. 팔로워가 많다고 조회수가 많이 나오지 않는다.

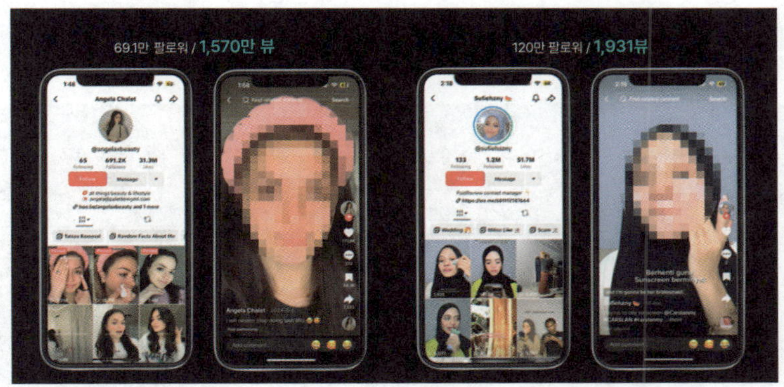

틱톡은 팔로워 수와 관계없이 콘텐츠의 질과 반응에 따라 노출을 결정한다. 따라서 팔로워가 1천 명인 크리에이터도 10만 회가 넘는 조회수를 기록할 수 있다. 때문에 신규 계정이라도 금방 성장할 수 있다.

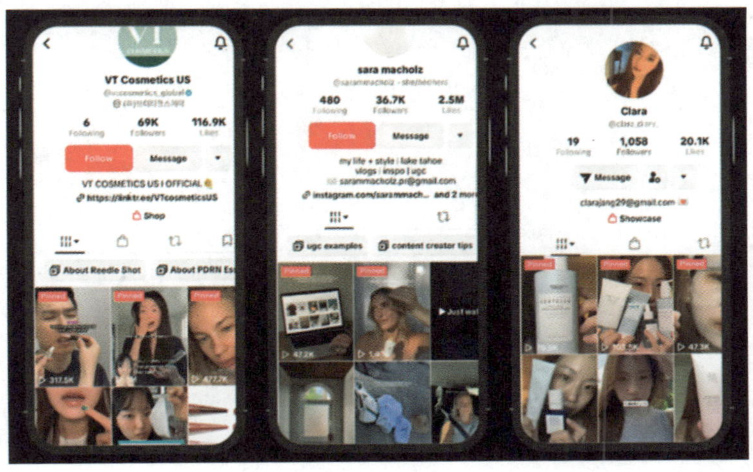

최근에 인스타그램 알고리즘도 팔로워 베이스에서 콘텐츠 기반으로 변경되었는데 틱톡은 훨씬 이전부터 이 알고리즘을 가지고 운영되어 왔다. 때문에 메가 크리에이터라도 하더라도 콘텐츠가 재미없어 사람들이 보지 않는다면 인게이지먼트는 좋게 나올 수 없다.

틱톡의 알고리즘은 팔로우 데이터 및 콘텐츠 자체의 뷰와 인게이지먼트 지표 기반으로 추천하는데 얼마나 오래 봤는지, 얼마나 반복적으로 봤는지, 얼마나 상호작용(좋아요, 댓글, 공유)했는지에 따라 움직인다.

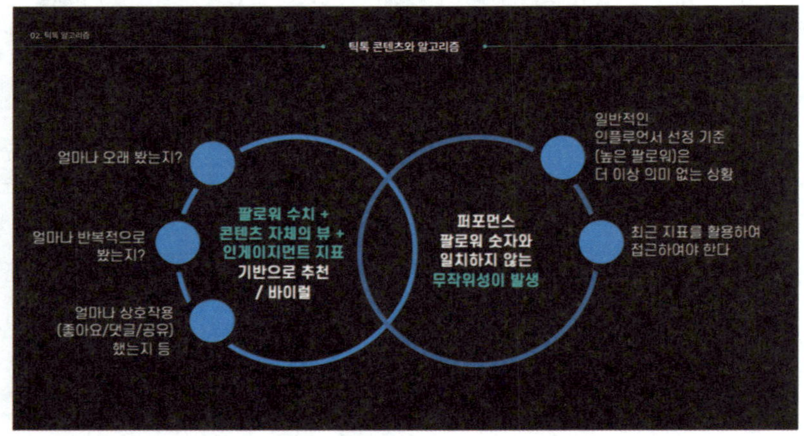

그리고 영상이 업로드되면 틱톡은 초기 300뷰 테스트를 시작한다. 무작위로 선정된 300명에게 당신의 영상을 보여주는데, 이 단계에서 영상이 최소 50포인트를 얻어야 확산된다. 여기서 5포인트 참여 시스템이 작동하는데, 아래 이미지와 같다.

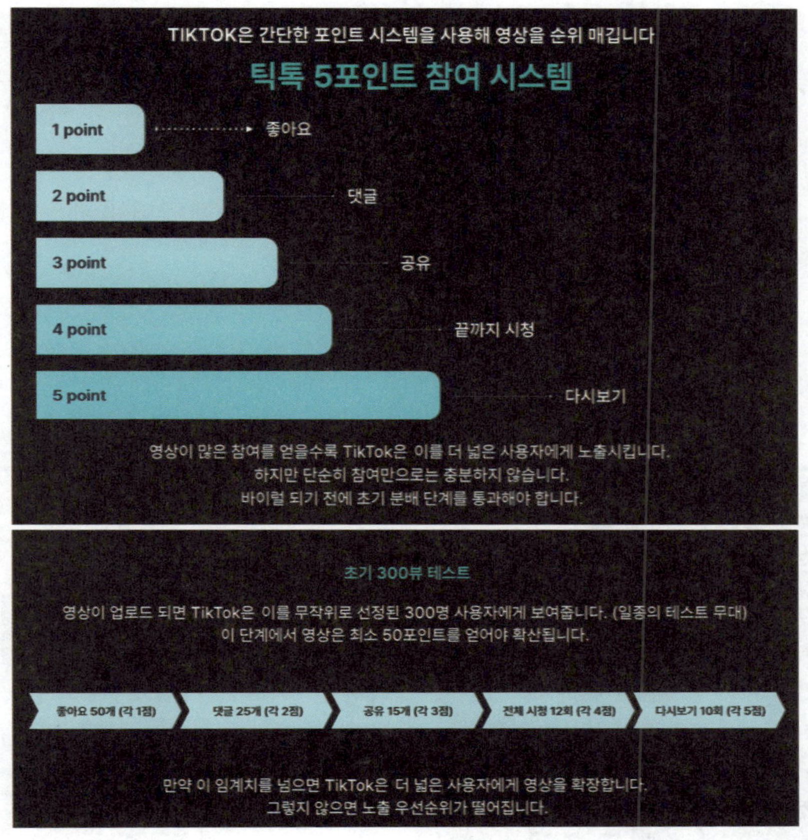

결론적으로 틱톡 알고리즘은 '참여도'를 중시한다. 특히 좋아요, 공유, 다시보기 활동이 많아지려면 매력적이고 반복 재생 가능하며 공유하고 싶은 콘텐츠를 만들어야 한다. 흔히 우리는 3초 훅(hook)이라고 부르는데, 초반 3초가 강렬하지 않는다면 사용자의 피드에 뜬 당신의 영상은 휙 넘겨질 것이다. 강렬한 초반 3초 훅, 지루하지 않은 편집, 그리고 다시 볼 수 있는 적정한 영상 길이(1분 내외)라면 더 많은 사용자에게 퍼질 수 있는 조건을 갖춘다.

여기에 더해 알고리즘이 좋아하는 1일 1콘텐츠 업로드(계정 활동성 강화), 업로드하는 콘텐츠와 같은 카테고리 영상 시청·참여(관심사 연관성 강화, 커뮤니티 노출 확대), 피크 시간 업로드 (초기 조회수 극대화, 노출 확장), 트렌디한 비디오와 음원, 필터를 활용한다면 확산성을 증가시킬 수 있다. 여기서 피크시간은 너무 늦은 밤~새벽 시간만 피하면 된다. 굳이 현지 시간에 깨어있을 필요 없이 예약 업로드 기능을 활용해서 해당 시간 업로드될 수 있도록 설정하면 된다.

트렌디한 음원을 사용하고 싶다면, 피드를 보다가 발견한 음원을 저장해두고 영상을 만들 때 사용할 수 있다.

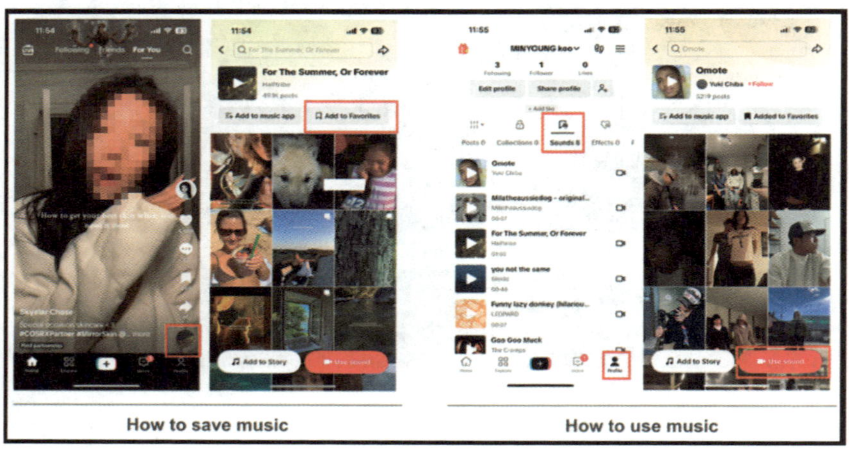

How to save music

How to use music

틱톡에서 검색어에 내 영상이 잘 노출되려면, 틱톡이 검색 플랫폼이라는 점도 잘 이해해야 한다. 'SEO 최적화'는 검색엔진에서 어떤 키워드를 검색했을 때 웹사이트나 콘텐츠가 더 상위에 노출되도록 최적화하는 작업을 말한다. 틱톡은 캡션에 있는 텍스트, 해시태그, 그리고 영상 내 자막까지도 인식하여 SEO에 반영한다.

SEO 최적화를 위해서 캡션 텍스트, 해시태그, 영상 내 자막을 효율
적으로 사용해야 한다.

① 검색키워드는 따로 영상 내 자막에 적어준다. 영상에서 말 혹은
나레이션으로는 "I love this product"라고 하더라도, 자막에는
"PDRN serum for dry skin"이라고 적어줘야 해당 키워드에서 내
콘텐츠가 노출된다.

② 해시태그는 최대 5개까지만 사용할 수 있도록 제한이 있는데, 3단
계로 섞어서 적어주면 좋다. 예를 들어 PDRN Collagen Mask
제품을 촬영했다면, #Koreanskincare(대분류) #Collagen(중분류)
#Collagenmask(소분류) 식으로 적으면 좋다.

어떤 키워드들이, 어떤 콘텐츠들이 잘되는지 궁금하다면 틱톡
Creator Search Insight를 잘 활용하면 좋다.

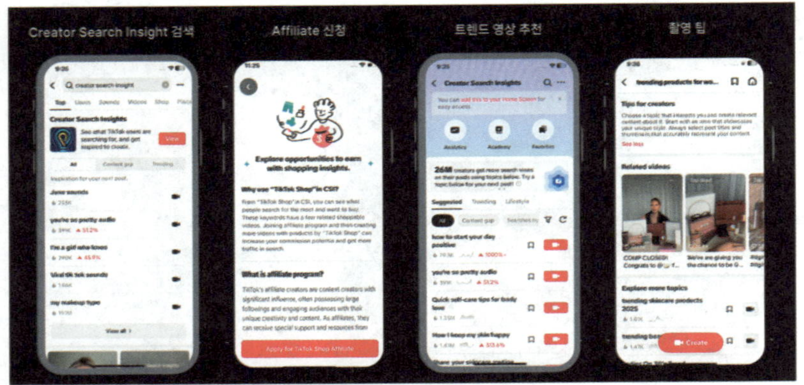

　검색창에 'Creator Search Insight'라고 검색하면 메뉴가 보이는데, 여기서 어필리에이트(Affiliate) 신청도 할 수 있고, 트렌드 영상도 추천해 준다. 촬영팁과 해당 키워드로 바이럴되고 있는 영상도 바로 확인할 수 있어서 어떤 영상을 찍을지 고민이 된다면 적극 활용하기를 추천한다.

5장

잘되는 콘텐츠의 공식

틱톡에서 잘 되는 콘텐츠에는 분명한 공식이 있다. 데이터는 '감(感)'이 아니라 '패턴'을 말해준다. 틱톡 내부 분석에 따르면, 아래의 공통점을 가진 콘텐츠일수록 ROAS(광고 수익률)와 CVR(전환율)이 유의미하게 높았다.

목표를 명확히, 그러나 한 가지만 두지 말 것

두 가지 이상의 최적화 목표를 설정한 캠페인은 단일 목표 대비 64% 더 높은 ROAS를 기록했다. 이는 알고리즘이 다양한 신호를 학습할 수 있도록 하여 간접적인 퍼널 효율을 함께 끌어올리는 결과를 낳는다. 즉, "판매만 보지 말고, 클릭·체류·조회까지 함께 보라." 틱톡의 알고리즘은 복합적인 학습을 선호한다.

브랜딩에 예산을 배분하라

예산의 20% 이상을 브랜딩 캠페인에 투자한 경우, CVR이 22% 향상, CPA는 13.4% 감소했다. 단기 판매 중심보다 브랜드 친숙도를 높이는 투자가 오히려 구매 전환을 가속화한다는 점을 보여준다. 브랜딩은 '인식'을 넘어 심리적 가격 저항을 낮추는 '방패' 역할을 한다.

유저가 어디서든 구매할 수 있게 하라

틱톡샵과 자사몰 캠페인을 동시에 운영한 브랜드는 단일 틱톡샵 광고 대비 45% 더 높은 ROAS를 기록했다. 유저에게 '결제 선택권'을 주는 것만으로도 신뢰감과 브랜드 노출이 증가해 전체 매출로 이어진다.

타깃을 좁히지 말 것

브로드 타깃팅 시 ROAS 11% 상승, CVR 21.6% 개선, CPA 17.6% 감소가 관찰되었다. 즉 '우리 고객만' 향한 캠페인보다, 잠재 수요층을 포함한 확장 타깃이 효율적이다. 틱톡은 '누구에게 보여줄지'보다 '얼마나 많이 실험할지'를 더 중요하게 본다.

크리에이티브의 다양성이 곧 성과다

하나보다 두 개 이상의 크리에이티브를 활용한 캠페인은 ROAS가 17% 높았고, CVR은 18.6% 향상되었다. 알고리즘은 실험을 좋아한다. 하나의 정답보다 다양한 시도를 학습할수록 효율은 올라간다.

콘텐츠 길이를 두려워하지 말 것

38초 이상 콘텐츠는 짧은 영상 대비 ROAS 55% 상승을 보였다. 구매를 유도하려면 '충분한 정보 제공'이 필요하다. 짧고 자극적인 훅만으로는 지갑을 열지 않는다.

다양성과 친근감

다양한 인종의 크리에이터가 등장한 콘텐츠는 ROAS 57%, CVR 51.3% 향상, CPA 17.9% 개선을 보였다. 특히 미국 시장에서는 유저의 44%가 "나와 비슷한 피부 타입의 사람이 제품을 사용할 때 더 신뢰가 간다"고 답했다. 즉, '친근함'이 구매의 언어가 된다.

기본기: The Brilliant Basics

틱톡이 정의한 '브릴리언트 베이직(Brilliant Basics)' 세 가지는 ① 목소리로 메시지 전달하기, ② 가격 보여주기, ③ 프로모션 제시하기이다. 세 가지 모두 적용한 캠페인은 ROAS 79.6%, CVR 65.8% 향상이라는 압도적 결과를 냈다. 판매를 결정짓는 건 '진정성 있는 전달'과 '명확한 정보'다.

목소리로 말하라

음성 내레이션이 있는 크리에이티브는 그렇지 않은 경우보다 ROAS 54%, CVR 53.6% 향상을 보였다. 브랜드의 인간적 측면을 보여주는 '음성 메시지'는 단순한 텍스트보다 훨씬 높은 신뢰도를 만든다. '말하는 콘텐츠'가 '팔리는 콘텐츠'다.

텍스트의 가독성에 유의하라

틱톡의 영상 구조상 자막이 하단 30% 영역에 가려지는 경우가 많다. 텍스트를 살짝 위로 배치하거나 색상 대비를 높이는 것만으로도 CPA가 13% 개선되는 결과가 나타났다. 화려한 이펙트보다 중요한 건 '읽히는 정보'다.

효과적인 키워드를 활용하라

크리에이티브 내에서 '틱톡샵' 등 구매 가능한 키워드를 언급했을 때 ROAS는 72% 상승, CVR은 35% 개선되었다. 'K-beauty', 'viral', 'hot selling' 같은 단어는 소비자의 기억을 돕는 동시에 즉각적인 탐색 행동을 유도한다. 틱톡은 키워드를 단순한 SEO가 아닌 구매 신호(signal)로 인식한다.

명확한 액션(CTA)은 언제라도 유효하다

초반 3초 내 CTA가 등장하면 ROAS가 39.8% 상승하지만, 7초 이후 등장해도 여전히 21.4%의 개선 효과가 있었다. 즉, 늦게 등장하더라도 "Buy now"는 결코 늦지 않다.

가격 정보를 숨기지 말 것

가격을 보여준 크리에이티브는 ROAS 87% 상승, CVR 54% 개선, CPA 22% 감소를 기록했다. 특히 7초 이후 가격이 등장할 때 효율이 가장 높았다. 유저는 '지금 살 수 있는 이유'를 숫자로 확인하고 싶어 한다.

프로모션 메시지는 유저를 행동하게 만든다

프로모션 문구가 들어간 콘텐츠는 ROAS 81%, CVR 56% 향상을 보였다. '1+1', '20% OFF', '쿠폰 코드를 입력하세요' 같은 메시지는 틱톡 안에서도 여전히 강력한 전환 트리거다. 단, 초반보다는 중반부(6~8초)에 노출될 때 가장 설득력이 높았다.

제품 시연으로 호기심을 자극하라

제품을 직접 사용하는 장면이 포함된 콘텐츠는 ROAS 47% 상승, CPA 33% 감소를 기록했다. 특히 뷰티 제품의 경우, 제형과 사용감을 보여주는 장면이 가장 높은 구매 전환율을 보였다. "말로 설명하기보다, 직접 보여주는 것이 팔린다."

유저의 고민을 들어주고 해결하라

질문 - 응답형 구조("요즘 이런 고민 있으시죠?")를 사용한 콘텐츠는 ROAS 46%, CVR 35% 향상, CPA 10% 감소를 보였다. '문제 제기 → 공감 → 해결 제안'의 스토리라인이 유저의 심리를 설득하는 가장 간단한 구조다.

하나의 브랜드, 여러 제품을 함께 보여줘라

한 브랜드 내 다양한 제품을 함께 노출한 콘텐츠는 ROAS 45%, CPA 20% 개선 효과를 보였다. 유저는 브랜드 단일 제품보다 '라이프스타일 전체'를 상상할 때 더 깊은 구매 욕구를 느낀다. 즉 '브랜드 경험'을 보여주는 것이 '제품 기능'을 설명하는 것보다 강하다.

결국 공식은 단순하다.

다양하게, 길게, 사람답게. 틱톡에서 잘 되는 콘텐츠는 '트렌드'가 아니라 '구조'다. 메시지를 입체적으로 전달하고, 여러 버전으로 실험하며, 브랜드와 사람을 연결할수록 효율은 기하급수적으로 커진다. 진정성 있게 말하고, 정확하게 보여주고, 공감으로 설득하라. 이것이 바로 틱톡에서 팔리는 콘텐츠의 공식이다.

저자 약력

김민혁

- 숭실대 글로벌통상학과 임용 (2022년)
- 2020년 이후, 전국 지자체 및 KOTRA, 무역협회 등서 멘토로 활동, 약 300여회 이상 출강
- 해외 직구 및 역직구로 매출 30만 원에서, 200억까지 [직접 해외 지사 설립(미, 유럽, 중국, 홍콩 등)을 통하여 3PL, 포워딩, law, tax, accounting 노하우 보유]
- MCN (인플루언서 마케팅) 운영 기반으로 유튜브 전문가 타이틀
- 삼정 KPMG 비즈니스 컨설턴트 출신

김이삭

- 숭실대 글로벌통상학과 임용 (2023년)
- 중소벤처기업부, 소상공인연합회, 무역협회, 국내 대기업 등에서 국내외 이커머스, 브랜딩, 마케팅 강의 및 멘토로 활동
- 다양한 비즈니스 파트너쉽을 통해 온, 오프라인 수입/수출/유통으로 6개국 이상에서 연 350억까지
- 광고업계에서 출발, 브랜딩/마케팅 관련 10년 이상 실무경험의 전문가 타이틀
- 신생/중소기업 맞춤형 컨설팅을 통해 연 매출 평균 150% 이상 성장에 기여

구민영

- 글로벌 틱톡샵 커머스 및 틱톡 마케팅 전략 담당
- 미국, 동남아 등 4개국 이상 틱톡샵 운영 및 시딩 캠페인 리딩 (2024년~)
- 뷰티, 식품 글로벌 7개 브랜드 틱톡샵 및 마케팅 프로젝트 수행
- 미국 틱톡 UGC 크리에이터 양성 및 교육 프로그램 운영
- 대기업 및 유니콘 기업 MD 출신으로, 5년 이상 실무 경험을 바탕으로 매출 10배 이상 성과를 만든 커머스 실무 전문가

장다연

- 글로벌 뷰티 브랜드 MD 출신으로, 미국 틱톡샵 커머스 운영 및 마케팅 전략을 주도
- 미국, 동남아 주요 글로벌 시장에서 틱톡샵 운영 및 시딩 캠페인 리딩 (2023년~)
- 글로벌 뷰티 브랜드 8개 틱톡샵 전반적인 대행 운영 및 마케팅 캠페인 수행
- 틱톡샵 운영을 통해 미국 및 동남아 주요 국가에서 매출 400% 성장을 견인한 틱톡샵 전문가
- 미국 틱톡 UGC 크리에이터 활동 및 크리에이터 육성 및 교육 프로그램 운영

ONE & ONLY 틱톡 플레이북

초판발행	2026년 4월 10일
지은이	김민혁·김이삭·구민영·장다연
펴낸이	안종만·안상준
기획/편집	김민경
기획/마케팅	차익주·양운철
표지디자인	김도연
제 작	고철민·김원표
펴낸곳	(주) **박영사**
	서울특별시 금천구 가산디지털2로 53, 210호(가산동, 한라시그마밸리)
	등록 1959.3.11. 제300-1959-1호(倫)
전 화	02)733-6771
f a x	02)736-4818
e-mail	pys@pybook.co.kr
homepage	www.pybook.co.kr
ISBN	979-11-303-9806-8 13320

*파본은 구입하신 곳에서 교환해 드립니다. 본서의 무단복제행위를 금합니다.

정 가	22,000원